別讓壞情緒

影響你的健康

失眠、憂鬱、自卑、暴躁……
身體的每個器官都在反映著你的心情

安旻廷，禾土 —— 著

食療不如心療，藥補不如心補

所謂的災難，基本上歸結於人們對現實採取的態度，
在嘗試過避免而未成功時，若我們同意面對並樂觀的忍受，
它的毒刺也往往會脫落，變成一株美麗的花。

看得深，想得開，放得下，生活過更好

崧燁文化

目錄

目錄

目錄

第五章　做情緒的主人

第六章　學會選擇和放下，別讓心太累

第七章　學會寬容與包容，樂享健康快樂

目錄

第九章　換個角度看幸福

目錄

前言

當今社會，人們都非常關心自身的健康問題。對於如何防疫疾病，獲得健康的身體，不同的人卻有各自的見解和慣用的方法。例如：有些人喜歡多運動、鍛鍊身體，有些人喜歡飲食養生、注意食補，有些人重視醫療保健，喜歡做體檢等等。但是，很多人卻忽略了另一個更重要的問題，那就是：食療不如心療，藥補不如心補 —— 健康源自良好的心態。無數事實告訴我們，心態對一個人的健康有著巨大的影響 —— 心態影響健康，甚至決定健康，心態才是健康生命和人生的真正主人。

心態會從裡到外地影響一個人，包括身心健康。古人云：「養形不如養神，調身不如調心」、「百病皆生於氣，萬病皆源於心」，均說明調整好人的心態對健康至關重要。科學研究也表明，人體許多種疾病的發生和改變，都同心態變化有關。可以說，心態對一個人生活品質和健康水準有著決定性的作用。紅樓夢中多愁善感，體弱多病的林黛玉恰好證明了這一點。

良好心態包括很多方面，例如：樂觀自信、積極主動、心胸豁達、勇敢堅強、幽默智慧等等。不良的心態主要包括：自卑、自大、自命清高、妒忌、怨恨、憂愁、惱怒、消極厭世、悲觀、冷漠等等。

擁有良好心態的人，就算是自己身臨險境、病魔纏身，他也能坦然面對，滿懷對生活和戰勝疾病的勇氣，更樂觀向上，積極進取，鼓舞自己去追求和享受美好的未來。相反，擁有不良心態的人，萬念俱灰、以鄰為壑，就會導致更加消極和不幸的結果。

應該說，絕大多數人都能擁有一個基本的良好心態，否則難以立足社

會。但要一個人一輩子總是心態良好，千事不憂，萬事不愁，這是不實際的，關鍵就在於學會如何適應環境，適應生活，學會調整和改變自己，化消極的不良的心態為積極的良好的心態。一個人擁有良好的心態，是在長期的生活和實踐中逐步累積總結而成的，也是個人素養和修養培養出來的，更是在逆境和困境中磨練出來的。

總之，心態決定健康，健康的關鍵在於自己，在於堅持鍛鍊和保持一個良好的心態。

你想獲得並保持身體的健康嗎？那麼先調節好自己的心態吧。

做自己心態的主人，你就永遠是健康的主人。

第一章　好心態成就好人生

　　現實生活中到處都有人因為他們內在的挫折、仇恨、恐懼或罪惡感，而造成自己的健康損害。顯然，要保持健康身體的祕訣是，擺脫所有不健康的思想。我們必須潔淨自己的心靈。要想擁有健康的身體，先得去除心中的消極念頭。

健康離不開好心態

　　健康是生命的基石，是一個人可以擁有的最大財富。有了健康，其他一切的擁有才有意義。有這樣一個比喻：健康是 1，事業、財富、家庭、愛情……是 0，有了健康，後面加 0，就能成百上千，失去健康，一切歸零。因此，健康是別人奪不走的資本，擁有這筆資本，你就能取得更多的財富，使你終生受用不盡。

　　世界衛生組織提出健康的定義是：「健康不僅是沒有疾病和衰弱，而是保持身體、心理和社會適應上的完好狀態。」可見，對於健康，我們不能只把它理解為沒有疾病，在精神上，我們也應該讓自己保持積極放鬆。一個人要有一副好身體，首先就必須擁有一個好心態。

　　積極的心態，對你的健康，乃至對你的生活和工作都有著重要的作用。積極的心態會促進你的心理健康和生理健康，延長你的壽命，而消極的心態會逐漸破壞你的心理健康和生理健康，縮短你的壽命。有些身患疾病的人由於具備了積極樂觀的心態，從而戰勝了病魔，贏回了健康。

　　因此，我們一定要以積極健康的意念來激發出積極健康的心態，因為只有心態健康了，我們的身體才能健康。

　　20 世紀科學領域發生了一次重要革命，被稱為「量子物理學」，它處理的是個體世界。科學家們透過相關實驗得出的結論是：意識可以改變能量波。後來，有科學家再一次證明了意識有可能瓦解能量波的結論。這就是人的心態確實在影響著人的健康和幸福，甚至在決定著人的一切。

　　科羅拉多大學的富蘭克林·耶伯博士認為，在一般醫院的疾病案件中，有三分之一在性質及發作症狀方面是因器官上的障礙，三分之一為感情上和

器官上的疾病所造成的結果，剩下的三分之一屬於感情因素。

許多人認為，在運用積極心態時，多使用積極的表述，也有利於身體健康。如果你經常運用消極的話語來描述你的健康，便可能激發對你身體不好的消極力量。你習慣性使用的一些字眼會反映出你內在的某些消極性思想。而你的思想是積極還是消極，會影響你內在的各種器官。

為了獲得健康與活力，必須選擇那些積極的態度（創造性、熱情、愛、信念、希望），同時拋棄那些消極的態度（憎恨、恐懼、不安、憤怒、憂慮），保持健康的身體。為了做出這樣的選擇，就需要具備明確的思考和堅毅的信念。信念一虛弱就會被懷疑取代，懷疑到最後會殘害所有人。只要一有鬆懈，消極的態度就會乘虛而入，纏住你不放，一旦被纏住了，以後就會不斷的產生消極的結果，也就會使活力、創造力或意願減退，最後奪走寶貴的健康。

查爾斯‧梅約博士說：「我沒有聽說過有誰因為工作過多而死亡，但因疑念而死亡的人可就太多了。」

積極的心態，對你的健康有著積極的促進作用。「我每天過得越來越好。」就某種意義來說，說這句話的人正在運用積極的心態，正在把生活中美好的東西吸引到他的身邊。

現實生活中到處都有人因為他們內在的挫折、仇恨、恐懼或罪惡感，而給自己的健康造成損害。顯然，要保持健康身體的祕訣是，擺脫所有不健康的思想。我們必須潔淨自己的心靈。要想擁有健康的身體，先得去除心中的消極念頭。

情緒上的積怨和不滿，多年以後會在生理上造成病痛。不過，也有人因為日常生活的不愉快引起頭痛、背痛、關節痛。

事實上擁有積極心態，僅是重要的第一步；第二步是將這種積極心態付諸行動。當你在做的時候，你心裡必須想著，這些都是存在的事實。行動有活力而積極，將會使你很驚訝的發現自己可以享有新的充滿活力的生命能量。

如果你的健康情況不甚良好，那麼從現在開始慎重的做一下自我分析吧！你必須真實的反省是否有惡意、怨恨及憤怒等情緒，如果有，一定要把這些情緒迅速加以根除，不要讓這些壞情緒影響了你的身體健康。

心底無私天地寬

現實生活中，我們判斷成功的標準開始發生變化。那些能夠發財致富的人受到人們的普遍肯定。致富者畢竟是極少數，大多數人還是過著平常的日子。

在這種情況下，我們每個人的內心世界或多或少的都有一些不平衡心理。某人賺了錢，某人升了官，某人買了車，某人蓋了別墅……我本來比他們優秀，可是我卻不如他們風光體面！對比產生了心理不平衡，而這種心理不平衡又驅使著人們去追求一種新的平衡。倘若在追求新的平衡中，你能不昧良知、不損害別人，自覺接受道德的約束和限制，透過正當的努力和奮鬥去實現自己的人生價值，達到一種新的平衡，倒也是值得稱道和慶幸的。倘若在追求新的平衡的過程中，不擇手段，毫無廉恥，喪失道義，膨脹自私貪欲之心，讓身心處於一種失控的狀態中，那麼就必然會產生一些意想不到的可怕後果。由此，你的人生必將陷入難以挽回的敗局之中。

有個人，原本是個表現不錯、很能幹也有實力的地方官員，因政績突

出，不斷受到提拔。但在最近這幾年，當他知悉過去的同事、同學透過各種途徑生活條件都比他好時，心裡總不是滋味。想想自己的能力至少不比他們差，職位也比他們高，可是錢卻比他們少。而且自己作為一地諸侯，擔子比他們重，責任比他們大，工作也比他們辛苦，經濟上卻不如他們，於是深感不平衡，由此也就有了一定要超過他們的想法。於是在他任職期間，大肆收受賄賂，欲望的洪水頓時傾瀉而下。一發不可收，最終成了貪汙囚犯。

有一名年輕的教師，原先在教學上精益求精、兢兢業業，對學生無私奉獻，贏得學生和家長的一致好評。但在一次朋友聚會的晚宴上，他看見有些老同學變得很富有時，心裡開始不舒服起來。此後他總在想，我該如何變富有？於是，經常利用上班的時間做發財的夢，開始對教書不負責任。學生和家長對此很不滿，他被學校警告，但他不悔改，每天還是想著發財。一次在一個朋友的鼓動下去做走私生意而被逮捕。其結果是財沒發成，還成了階下囚。

不平衡使得有些人心理自始至終處於一種極度不安的焦躁、矛盾、激憤之中。他們滿腹牢騷，不思進取，工作中得過且過，心思不專，更有甚者會鋌而走險，玩火自焚，走上了危險的境地。我們必須要走出不平衡的心理盲點。

怎樣才能從這種不平衡的心理盲點中突圍出來呢？以下幾點值得考慮：

首先你要學會比較。常言道：比上不足，比下有餘。在比較中，你就會獲得心理平衡。

不平衡心理源於比較方式不當，源於比較「參照對象」選擇的失誤。前文所說的地方官員和教師，他們所選擇的比較「參照對象」自然是那些風流倜儻的有錢人，自認為能力、才華不比他們差，而收穫卻比他們少，這是多

麼不公平啊！其實，只要我們多想一想那些普通勞動者，我們的心理又何嘗會有這麼多的焦躁、急躁與失落，甚至是憤憤不平呢？面對著眾多普通人，我們的心靈必然會多一份平靜豁達，甚至多一份愧疚。如果我們這樣想，還有什麼不平衡的呢？

　　無私是治癒心理不平衡疾病的良藥。在當今社會生活中，各種物質誘惑，特別是金錢、權力、地位，令一些人失去理智，頭暈目眩，忘記了做人的基本原則和起碼的準則，在追求心理平衡的過程中，倒向了腐敗、墮落的深淵。在他們身上缺少的就是聖潔的信念、奮鬥的理想。我們唯有樹立正確的世界觀和人生觀，就能夠自知、自明、自重、自省、自尊、自愛、自警、自勵。心裡永遠只想著別人，就不會深受不平衡心理的折磨，就能夠達到一種高尚的思想境界。

心態的力量無窮大

　　第二次世界大戰時期，德國的納粹分子曾進行了一次觸目驚心的心理實驗，他們聲稱將以一種特殊的方式來處死人，這種方式就是抽乾人身上的血液。實驗那天，他們從集中營挑選來兩個人，一個是牧師，另一個是犯人。納粹士兵將倆人分別綑綁在床上，用黑布蒙住雙眼，然後將針頭插進他們的手臂，並不時的告訴他們：「現在，你已經被抽了多少公升的血了，你的血將在多少時間內被抽乾！」其實，納粹士兵並沒有真的要抽乾他們的血，而只是在他們的手臂上插進了一支空針頭。結果，犯人的臉部不斷抽搐，臉色變得慘白，漸漸的在驚恐萬狀中死去。顯然，這位犯人內心充滿了恐懼，恐懼的心態使他心力衰竭，導致了死亡。而那位牧師卻始終神情安詳，死神沒有奪取他的生命，他活了下來。事後，人們問他當時想些什麼，他說：「我的內

心很平靜，我不害怕，我問心無愧，即使死了，我的靈魂也會進入天堂。」

納粹分子的這個實驗雖然殘酷，但卻告訴了我們一個道理：

心態的力量是無窮無盡的，如果你有一個好心態，你就可以選擇生；如果你有一個壞心態，你就只能選擇死。

西方心理學家反覆證實了一個觀點：心靈會接受不管多麼荒謬的暗示。人如果給心靈以積極的暗示，心靈就會呈現出積極的狀態；人如果給心靈以消極的暗示，那麼，心靈就會呈現出消極的狀態。

俄國作家契訶夫曾寫過一篇小說 —— 《小公務員之死》。小說內容提到，有一個小公務員一次去看戲，不小心打了一個噴嚏，結果口水不巧濺到了前排一位官員的腦袋上。小公務員十分惶恐，趕緊向官員道歉。那官員沒說什麼。小公務員不知官員是否原諒了他，散戲後又去道歉。官員說：「算了，就這樣吧。」這話讓小公務員心裡更不放心了。他一夜沒睡好，第二天又去賠不是。官員不耐煩了，讓他閉嘴、出去。小公務員心想，這下子可真是得罪了官員了，他又想法去道歉。小公務員就這樣因為一個噴嚏，背上了沉重的心理負擔，最後，他⋯⋯死了。

契訶夫對小公務員死因的描寫雖有些誇張，但卻說明一個人的心態對其身心健康有著極其重要的作用。

西方一位心理學家給我們講述了一個故事 —— 他的一位親戚向一位印度水晶球占卜者卜問吉凶，後者告訴他，他有嚴重的心臟病，並預言他將在下一個新月之夜死去。

這一消極的暗示進入了他的心靈，他完全相信了這次占卜的結果，他果然如預言所說的那樣死了，然而他根本不知道他自己的心態才是死亡的真正原因。這是一個十分愚蠢、可笑的迷信故事。

第一章　好心態成就好人生

　　讓我們看看他真正的死因吧：這位心理學家的親戚在去看那個算命巫婆的時候本來是很快樂、健康、堅強和精力旺盛的，而巫婆給了他一個非常消極的暗示，他則接受了它。有句古語：「信則靈，不信則不靈。」消極的暗示使他的心態變得消極起來，他非常害怕，在極度恐懼和焦慮中不停的煩惱他將死去的預言。他告訴了每一個人，還為最後的了結做好了準備。這種必死無疑的心態終於讓他結束了自己的生命。

　　毫無疑問，不同的人對同一暗示會做出不同的反應。例如：如果你走到船上的一位船員身邊，用同情的口吻對他說：「親愛的夥計，你看上去好像病了。你不覺得難受嗎？我看你好像要暈船了。」

　　根據他的性情，他要麼對你的「笑話」抱以微笑，要麼表現出輕微的不耐煩。你的暗示這次毫無效果，因為暈船的暗示在這位船員的頭腦中未能引起共鳴。一位飽經風浪的水手怎麼會暈船呢？因此，暗示喚醒的不是恐懼與擔憂，而是自信。

　　而對於另一個乘客來說，如果他缺乏自信，暈船的暗示就會喚醒他頭腦中固有的對於暈船的恐懼。他接收了暗示，也就意味著他真的會變得臉色蒼白，真的會暈起船來。我們每個人的內心都有自己的信仰和觀念，這些內在的意念主宰和駕馭著我們的生活。暗示一般是無法產生效果的，除非你在精神上接受了它。

　　因此，我們一定要以積極健康的意念來激發出積極健康的心態，因為只有心態健康了，我們才能有健康的身體。

好身體來自好心態

有一位身體很好的老局長，因為無法排遣退休後的寂寞與失落，以致迅速的走向衰老和死亡。

退休是一件十分正常的事，也是自然的規律，然而，這位局長卻不能用正確的心態去對待，他始終沉浸在以往的歲月裡，留戀昔日的忙碌和輝煌。但現實的情形是他的門庭冷落了，再也無人來請示彙報了，兩相對照，他感到無比的苦惱和沮喪。他陷入了極度的失落情緒之中。

強烈的失落感意味著什麼呢？意味著身體的消瘦，意味著抵抗力的減弱和免疫能力的降低，意味著離幸福越來越遠、離死亡越來越近。就這樣，這位局長在退休一年後，就離開了人世。這無疑是一個悲劇，這個悲劇揭示出的深遠意義就是 —— 心態決定著一個人的健康。

其實，這位局長只要換一種心態，他就完全可以過另一種生活，絕不至於使自己的人生走到盡頭。

十多年前，有一部轟動一時的電影《芙蓉鎮》，影片裡有這樣一個情節：一位知識分子被打成右派，下放到芙蓉鎮去打掃大街。每天早上，天剛濛濛亮時，他就拿著掃帚不停的掃起來。他沒有怨言，也不感覺疲倦。他為何能承受如此大的打擊呢？祕密就在於他有一個好心態。他對別人說，其實掃大街就在於一個心態，如果你感覺到掃大街是一種懲罰，你就越掃越痛苦；如果你將掃地視為跳舞，那麼，你就會從中得到許多樂趣。這位被打成右派的知識分子就是這樣，他把掃帚當成了舞伴，在清晨冷清的大街上，跳起了人生的華爾滋，他承受了命運的不公，頑強的生存了下來。

因此，當人生面臨重大變化之時，心態的力量就顯得尤其重要。如果我

第一章　好心態成就好人生

們能調整自己的心態，好心態就會給我們帶來幸福和健康；如果我們像前面提到的那位老局長一樣，那麼，壞心態就會讓我們失去幸福和健康。心理學家告訴我們，身體不健康並不一定由食物引起，更多的是由於自己的心態。肉體上的化學反應常常由於感情的激發而產生，如果心靈長期處在沸騰狀態，肉體的所有部分均會開始衰弱。譬如：人如果處在焦慮過度的心態之中，就會心跳速度加快，導致心律不整，甚至造成「心絞痛」；人如果時常處在緊張的心態之中，就可能造成血液循環不良，即一般所說的「冠狀動脈血栓症。」同時，焦慮和煩躁心態也容易讓人感染上細菌或其他微生物。因此，怨恨、憎惡、嫉妒、自卑、失落等一切消極心態，都是引起身體不健康的原因。

　　一個人要有一個好身體，首先就必須擁有一個好心態。莫茲小姐的故事正說明了這一點。她是紐西蘭一位建築商的女兒，於 1983 年移居美國，開始時在休士頓一家電視台工作。1990 年起任 CNN 攝影記者。1992 年 6 月，她被派往塞拉耶佛，當時那裡正是內戰戰場，曾有 34 名記者在這裡喪生。莫茲逗留六個星期後，已習慣了周圍的流彈。一天清早，一顆子彈擊穿 CNN 採訪車的玻璃，正好擊中她的臉部。雖然沒有穿過致命的動脈，但卻掀掉了她的半邊臉，顴骨被打得粉碎，牙齒沒有了，舌頭被打斷。送到診所時，大夫們直搖頭，認為她不行了。經過二十多次手術後，她又奇蹟般的回到了工作職位上。這時的她，下顎仍無感覺，臉部還留著彈片，體重減輕了八公斤。令大家吃驚的是，這時她還對採訪記者說：「我已經要求重返塞拉耶佛，說不定我還能在那裡找回我的牙齒。」

　　她甚至想認識一下當初襲擊她的槍手，「我會請他喝一杯，問他幾個問題，比方說當時距離有多遠。」

　　毫無疑問，莫茲小姐之因此能創造出生命的奇蹟，就是因為她擁有積極的心態。

樂觀舒暢的心態有益健康

　　亨利・傑克森是英國某銀行的高級職員，性格開朗，精力充沛，無憂無慮，幾乎從不生病。但是，就在他 45 歲那年，父母病故，妻子死於車禍，接著，忙於奔喪的傑克森又遭劫盜。這一樁樁天災人禍，使他完全成了另外一個人 —— 孤獨、沉默、悲觀、憂鬱。半年後，傑克森竟患了膀胱癌。相反，新聞曾多次報導這樣的典型事例：一些身患癌症的人在精神意志的支撐下，竟然配合醫生創造了奇蹟。美國精神病專家詹妮特和免疫學家羅蘭特對兩組各為 38 名的婦女進行研究檢測，發現生活幸福的已婚婦女有很強的免疫力，而離婚、喪偶或單身婦女的免疫力則較弱。這一切說明什麼？說明心理對健康有微妙而深遠的影響！

　　有一門科學 —— PHI。PHI 是心理神經系統免疫學的英文縮寫，它是科研人員把社會科學和基礎科學有機結合一起提出來的。解剖學和生物化學的深入研究證實，胸腺、脾臟、淋巴結和骨髓等器官和組織都能產生與人體健康有關的免疫細胞，而在這些組織內部都找到了神經纖維，其最終連結點為人的大腦，大腦的活動就會直接影響免疫細胞的產生。在人腦控制情感的部位，又較高密度分布著一種能產生神經肽的細胞，神經肽能影響單核細胞的活動。單核細胞的作用，是幫助癒合傷口、修復組織和消化細菌。由此可見，人的情感狀態就是透過單核細胞的活動來影響人的健康。新的研究還發現，免疫系統內有一支叫 NK 的細胞，其對病毒和腫瘤有殺傷作用。NK 細胞的多少與人的精神狀態關係很大，每當病人的癌細胞擴散期間，也正是

NK 細胞活動的低潮期。現已查明，NK 細胞的活動波量與人的精神緊張程度，可依賴的社會支持因素有密切關係。這就進一步揭示了「心理 ── 神經 ── 免疫功能」的內在奧祕。

因此，人們即使遇到像傑克森那樣的類似不幸事件，甚至身患癌症，也不要長時期的憂慮和悲傷；樂觀、歡快、舒暢和飽滿的情緒，才能有益於健康。

開懷而笑有益健康長壽

對健康長壽的人來講，笑是最優美、最自然、最良好的自我保健運動。古往今來的老壽星，無不是笑口常開的樂觀者。據現代科學分析，笑是一種有益於人體的活動，笑一笑可以使人體內的膈、胸、腹、心、肺，甚至肝臟得到短暫的體能鍛鍊，而且笑能使人全身身體肌肉放鬆，有利肺部擴張，促進血液循環，消除大腦皮質和中樞神經的疲勞。難怪美國史丹佛大學的威廉·弗賴依博士說：「笑是一種原地踏步的運動，能使人延年益壽。」

據心理學家統計，笑有 180 多種，其作用是多方面的。笑能引起深呼吸，使肺部擴張，胸部肌肉興奮，增加肺活量，有助於呼吸道的清潔，易於排出呼吸道的分泌物；能使心臟功能加強，促進食慾。笑在使胸、腹部肌肉活動的同時，能增強心、肺、腸、胃等內臟器官的內「按摩」能力，促進消化液的分泌物和消化道的活動，促進食物的消化。笑能調節自律神經和內分泌的功能，促使內臟血液循環加快，微血管開放，使氧氣和養分供給充分，可大大增強體質和防病抗病能力。笑對神經系統有著良好的調節作用，它能消除精神和神經的緊張，使肌肉放鬆，從而使大腦皮質出現興奮灶，使緊張

或用腦過度後的疲勞得到調節和休息；可使頭腦清醒，特別是對一些情緒憂鬱苦悶而失眠的人，有助於情緒的穩定和睡眠的安穩。因此，笑不但有益於身體健康，還有助於某些疾病的治療。笑之因此有如此特異功效，其主要原因是由於在笑的時候，一些類似腺素的化學物質進入大腦，使大腦內 β- 內啡肽含量繪加，腦內產生大量的內啡肽，可使人在笑後產生快感。世界一些國家和地區已把笑應用於臨床，推廣「笑療法」，輔助治療某些疾病，收到明顯效果。

改變你的性格

科學家根據人際關係的狀態和個體的心態將人的性格劃分為 A、B、C、D、E 五個類型。

A 型性格的人多具有雄心壯志和進取精神，總想在較短的時間內做很多事，且急於求成，但對周圍環境適應性較差，人際關係不太融洽，他（她）們的行為常引起人們的注意或議論。

B 型性格的人多具有情緒穩定、溫和樂觀的特點，善於現實的對待挫折和困難，有良好的社會適應能力。但這種性格的人往往平穩有餘，活力稍遜，隱忍偏多，進取不足。

C 型性格的人多具有情緒穩定，感情內向，勤於思索，注重人際和諧，肯忍讓自律，少招惹是非等特點。但反應慢，較孤僻，好幻想，常處於被動狀態。

D 型性格的人多具有情緒穩定，感情外向，積極樂觀，為人活躍、開朗，善於交際，與周圍人關係較好，有組織領導能力等特點，但粗獷有餘，

縝密不足，忽略小節，缺乏計畫性。

　　E 型性格的人多具有感情豐富，善於思索，很少攻擊性，不善與人際溝通，也很少找別人麻煩的特點。但情緒消極，自我評價偏於悲觀。

　　近年的研究表明，某些疾病與性格有一定關係。美國著名心臟病學家弗里德曼和羅森曼進行了大量的研究後指出，A 型性格與冠心病的發生密切相關。在發生過心臟病的患者中，性格偏 A 型的高達 98%；一組死亡原因不一的屍體解剖檢定也證明，A 型性格的人心臟冠狀動脈血管硬化要比 B 型性格者高 5 倍。美國中央衛生研究院心肺血液研究所把 A 型性格與高膽固醇、吸菸和高血壓三者並列，稱為心臟的第四危險因數。

　　另據美國霍普金斯醫學院的湯瑪斯教授對 1337 位學生經過長達 18 年的觀察，發現性格內向、性情孤僻、感情憂鬱的 C 型性格的人，長期處於孤獨、矛盾、失望、壓抑的狀態，會影響體內環境平衡，使皮質類固醇激素過度分泌，破壞免疫系統的監督功能，減弱抵抗力，而易於發生癌症。胃和十二指腸潰瘍、支氣管哮喘、神經衰弱、婦女月經失調、糖尿病、皮膚病等都同性格有一定關係。反過來，心血管系統、消化系統和內分泌系統的任何生理紊亂又會明顯的反映在性格上，這種生理和心理上的相互影響會形成不良循環，危害人的健康。

　　現代心理學研究表明，人都有一種補償的需要，如果能意識到自己性格上的某些缺陷，在人際社交中就可與不同性格的人交朋友，互相取長補短。這種性格的互補又稱性格的調節和優化。為了生活愉快，也為了健康長壽，奉勸諸君學會優化自己的性格。

自我美化與自我修養能讓人快樂健康

人們需要自我美化和自我修養，根據他人經驗和自我體驗，我們為你提供：

1. 自我美化九法

1. 要先認可你自己的長相，你唯有先接受自己，別人才會接受你。世上絕大多數人都沒電影明星那樣的俊美長相，但這沒關係 —— 我們每個人都有自己的優點，只要充分發揮，自然會有吸引力。

2. 穿你喜歡的衣服時髦衣服並非都對你合適。你覺得好看的衣服，就是你該穿的。因為你為此會愉快。自信 —— 這自然就增添了自身的魅力。

3. 不要經常發脾氣因為時常發脾氣，人家就會防範你，躲避你，討厭你。那樣，你的形象將會變得很糟。

4. 要相信別人不要總認為別人傷害你，利用你。愛猜疑別人就不可能給人以溫暖，而溫暖和關懷是吸引力要素。

5. 不必隱瞞自己的感情，你覺得欣喜或悲傷就表現出來，如果總壓抑自己的情緒，人家會認為你冷漠、缺乏情趣與吸引力。

6. 要有幽默感你若自己適時微笑或給別人帶來微笑，人家會感到愉快，願意和你交往。

7. 講究言談舉止走路、站立、坐姿均須端正，與人交談要正視對方，語氣親切，言詞忌粗陋。

8. 要能為別人著想你若能常為別人設身處地的考慮，別人就會由衷信賴你、喜歡你。

9. 找朋友幫助這並非說明你軟弱無能。你信任別人，適度的請朋友幫忙，會更有魅力。

2. 自我修養七原則

1. 聆聽重於表達在人們自我表現傾向普遍化的今天，能靜下來聆聽說話，已成為一種美德。多聽，有助於資料的搜集、人事的觀察，還可以避免因多言而造成的差錯，是現代入重要的修養之一。

2. 尊重他人的隱私權人們接觸的密切，並不表示彼此一定要互訴衷腸。適度的相互開放，有助於和諧關係。

3. 勿太過謙虛當他人讚美自己時，只要自己當之無愧，不妨大大方方的回以微笑，表示謝意。這種適度謙遜，使自己顯得值得尊敬，而不矯揉造作。

4. 有錯立即承認並改正自己犯錯誤時立即承認並且大方的道歉，可以免除許多不必要的誤解與麻煩。

5. 盡量不要為自己的不當行為找藉口否則，只會增加別人的不滿和猜疑。坦誠而適宜的表達心聲，往往能夠獲得別人的體諒和合作。

6. 不要過度犧牲自己去討好別人必要的犧牲是應該的，但不必要為了討好別人而故作姿態，何況想討好一切人是根本不可能的。

7. 珍視自己和別人的時間那些到處遊蕩、道人長短八卦的閒人，勢必將被飛速發展的社會所淘汰。現代人應學會善於安排自己的時間，也珍惜別人的時間。

幽默是健康的良藥

　　著名的哲學家蘇格拉底一天在庭院裡與他的學生談論學術，突然，從屋裡傳出他夫人的大聲叫罵，隨後，她提一桶水出來，莫名其妙的澆到蘇格拉底的頭上，使他形同落湯雞。如此尷尬的場面著實使人難堪。但哲學家卻笑著對他的學生們說：「我早就知道，打雷之後，必定下雨。」大家被他的幽默所感染，夫人也轉怒為笑。可見，幽默可以緩解一場心理緊張的危機。

　　幽默的拉丁文的原意是指人和動物的液體、植物的汁液。在心理學上，幽默是指人的氣質、性格和情緒等精神境界的範疇。哲學家把幽默視為「浪漫的滑稽」，醫學家認為幽默是人的一種健康機智。幽默是將兩種不相干的事情豁然串聯起來，使人產生有趣和驚奇的感覺。

　　人在事業、生活、處事等方面，難免會遇到某種挫折與困難，這些不利因素往往會誘發負性情緒，造成心理壓力，影響身心健康，甚至發生疾病。重大的精神創傷是明顯的心理致病因素。然而，近年來的醫學研究表明，日常生活中的小事困擾同樣也可導致身心疾病。具有幽默特質的人，常常能善待困擾，緩解矛盾，怡暢心情，恢復平衡，保護健康，或者防止疾病的惡化。如一輛汽車在你面前疾駛而過，濺得你一身汙泥，你一定會氣憤不已，甚至大發雷霆，這種反應不僅不能改變已發生的事實，反而還會引起你的血壓暫時升高等一系列病症，倒不如對自己說：「運氣真好，沒被撞死」。再比如某足球隊在一次重大比賽中慘敗。當記者問其教練，何時可以扭轉乾坤？他回答道：「待唱完國歌以後」。他運用幽默的力量來減輕慘痛的現實帶來的打擊，從而抹去灰心和失望，以便重整旗鼓，再振雄風。

　　幽默雖然與人的秉性有關，但幽默風趣也可以培養。具有幽默感的人必

須具備豐富的經驗，獨創的能力，打破常規的思路。培養幽默感，積極的投身社會工作，進行創造性的勞動，鍛鍊自己具有機敏性和靈活性。此外，多讀些幽默小品、名人趣聞軼事、歇後語，對周圍熟悉的人不妨常說些有趣的話，用幽默表達你的觀點，也許，在日常生活中，它會化干戈為玉帛，化不和為友情。幽默是一種心理自衛行為。學會幽默，便能減輕心理的挫折和憂愁，以求得內心的安寧，這也是一種心理自我保健的良方。

心理免疫可防病

在很長時間內，免疫系統被認為是一個完全獨立、不受身體其他部分影響和作用的自我調節系統。但新近的一些研究表明，心理活動可以改變免疫系統的功能，從而影響人體對疾病的易感性和抵抗力。

雖然這是一個全新的研究領域，但由於在理論和臨床應用中都極有價值，透過調節心理活動可以實現控制或防治疾病的目的，因此該研究發展很快，並已逐漸形成了一門新興的交叉學科 —— 心理免疫學。

美國耶魯大學的科學家對西點軍校的 1400 名學員的心理狀態與一種由 EB 病毒引起的感染性單核細胞增多症的發病情況作了分析研究。結果發現，在新近感染過 EB 病毒的學員中，只有那些對軍校的緊張生活最為敏感，情緒變化劇烈的人才會發病，大約占病毒感染者的 1/4。

一些研究資料還明確表明，社會心理因素對人體免疫系統的影響是多方面的。受了精神刺激的人更容易發生感染性疾病；情緒憂鬱的人發生癌症的危險較大；因中年喪偶、老年喪子等不幸事件而受到強烈刺激的人，身體健康狀況常常每況愈下，一病不起以至亡故。所有這些，現在認為與不良刺激

等導致身體免疫功能低下有關。有人比較了喪偶老人在喪偶前後人體的細胞免疫功能，結果表明在喪偶之後相當一段時間內較喪偶之前明顯下降，有的甚至在一年之後也未能恢復到喪偶前的水準。可見精神刺激對免疫功能的影響是明顯的。

精神因素是如何影響免疫系統的呢？現在認為至少有兩種途徑：一是神經系統透過神經傳導物質，如去甲腎上腺素、5- 羥色胺，對免疫器官的直接支配作用，如下丘腦的損傷可透過影響胸腺功能而使抗體產生減少；二是透過神經內分泌激素起作用，其中腎上腺皮質激素對免疫系統的抑制作用早已為大家所知。臨床上也已將其作為免疫抑制劑使用，它不僅可使血中的 T 細胞減少，而且也有抑制 B 細胞和巨噬細胞的作用。

不僅神經系統可影響免疫系統，免疫系統也可透過一些激素以及淋巴細胞釋放的某些因數而反作用於神經系統。正是神經內分泌系統、免疫系統相互調節，密切協作而使身體處於健康狀態。因此，有的專家也提出神經內分泌免疫學或心理神經內分泌免疫學的概念，似更合理。

關於心理免疫學的新認識對人們的家庭社會活動及醫療實踐都具有指導意義。人的生老病死是在所難免的，當親人亡故或其他不幸事件發生的時候，當事人產生悲痛情緒是很自然的。但從心理免疫學的角度考慮，過度的悲傷對人體的免疫功能是不利的。

因此要理智的盡快從悲傷中恢復過來，把不幸刺激給人體帶來的有害影響降到最低限度。

此外，人在色彩斑斕的大千世界中，在與自然和社會的關係中，在形形色色的人際關係中，並不都是一帆風順，不遂心、不如意、不協調的事在所難免，進行必要的精神調控，保持良好的心態，對增強免疫功能十分必要。

樂觀是健康的滋補劑

我們不會刻意去追求人生的成功，但卻會追求人生的快樂，快樂是心路的歷程，是自我心領神會的感覺。愉快可以使你對生命的每一次跳動、對生活的每一個印象易於感受，不管軀體上或精神上的愉快都是如此，可以促進身體發育，使身體強健。

美國作家詹姆斯・艾倫在一本書裡這樣寫道：「一個人會發現，當他改變對事物和其他人的看法時，事物和其他人對他來說就會發生改變──要是一個人把他的思想朝向光明，他就會很吃驚的發現，他的生活受到很大的影響。人不能吸引他們所要的，卻可以吸引他們所有的……能變化氣質的東西就存在於我們自己心裡，也就是我們自己……一個人所能得到的，正是他們自己思想的直接結果……有了奮發向上的思想之後，一個人才能奮起、有征服力，並能有所成就。如果他不能奮起他的思想，他就永遠只能衰弱而愁苦。」

如果能經常想到健康、保持健康的習慣，肯定自己是健康的，你就能保持健康。

一位醫學博士說過：「大多數的疾病。都不是一般所想像的那樣有如晴天霹靂的突然發生，而是由錯誤的飲食、酗酒、疲勞過度以及逐漸侵蝕精神的苦惱長期培養出來的，是肉體、心靈、道德等方面錯誤的生活方式造成的結果。」

幸好我們擁有天賜的解毒劑，那就是用喜悅治療。

讓我們用一個每天能產生快樂而富建設性思想的計畫，來為我們的健康而奮鬥吧！下面是卡內基為我們提供的「快樂計畫」，名字叫做「只為今天」。

如果我們能夠照著做。就會大量的增加「生活上的快樂」。

第一，只為今天，我要快樂。正如林肯所說的「大部分人只要下定決心都能很快樂」這句話是對的。那麼快樂是來自內心，而不是來自於外在。

第二，只為今天，讓自己適應一切。而不去試著調整一切來適應自己的欲望。要以這種態度接受自己的家庭、事業和運氣。

第三，只為今天，要愛護自己的身體。要多運動，照顧、珍惜自己的身體；不損傷它、不忽視它；使它能成為你爭取成功的好基礎。

第四，只為今天，要加強你的思想。要學一些有用的東西，不要做一個胡思亂想的人。要看一些需要思考、更需要集中精神才能看的書。

第五，只為今天，要用三件事來鍛鍊你的靈魂：要為別人做一件好事，但不要讓人家知道；還要做兩件你並不想做的事，這沒有其他目的，只是為了鍛鍊身體。

第六，只為今天，要做個討人喜歡的人，外表要盡量修飾，衣著要盡量得體，說話低聲，舉止優雅，絲毫不在乎別人的毀譽。對任何事都不挑毛病，也不干涉或教訓別人。

缺失中也有快樂

不是每次努力都一定有結果，不是每個願望都能被滿足，如果你在盡力之後，仍無法達成自己的目標，那也不必失望消沉。因為缺失中也有快樂，調整好自己的心態，你就會知道有時錯過也是一種美麗。

一位老和尚，他身邊聚攏著一幫虔誠的弟子。這一天，他囑咐弟子每人去南山打一擔柴回來。弟子們匆匆行至離南山不遠的河邊，人人目瞪口呆。

第一章　好心態成就好人生

只見洪水從山上奔瀉而下，無論如何也休想渡河砍柴了。

無功而返，弟子們都有些垂頭喪氣。唯獨一個小和尚表現的歡欣喜悅。師傅問其故。小和尚從懷中掏出一個蘋果，遞給師傅說：「過不了河，打不了柴，見河邊有棵蘋果樹，我就順手把樹上唯一的一個蘋果摘來了。」

後來，這位小和尚成了師傅的衣缽傳人。

世上有走不完的路，也有過不了的河。如果過不了河，那也無須捶胸頓足，只要在河邊「摘一個蘋果」就足以使自身的人生實現突破和超越。

並不是所有的欲望都一定要滿足，並不是所有的追求都一定會有一個完滿的結局。在過不了河的時候，那就順手「摘一個蘋果」吧！

李輝上小學時，就想成為像李白、杜甫那樣的詩人。讀國中的時候，他在刊物上發表過一些文章，上高中時因為越來越多的文章獲得發表，文理分科時他毅然決然的選擇了文科，並決意要和當代著名詩人齊名。從此。整天搖頭晃腦，背誦名詩佳名，同學們戲稱他為「活李白」，那種狂傲和才氣可見一斑。然而，考大學時，陰差陽錯，他被錄取在邏輯心理學系，整天與數字、統計、邏輯學為伍，心裡愁苦不堪。好幾次找到系主任要求轉系，可是系主任說什麼也不准。沒辦法，他只好勉強留在邏輯心理學系。朋友們勸他：「老兄，既來之，則安之吧！」由於他天生聰明好學，兩個學期下來，竟然考到全系前三名。真是活見鬼，老師和同學們不得不佩服他的優秀，到畢業時，他進了一家公司做行政管理工作，日子無聊而乏味。碰巧有一個同學告訴他說，他們公司在徵電腦程式設計師，要求有一定電腦基礎，他突發奇想決定去應聘。沒想到，主管看過他的履歷之後一口回絕：「你的專業離我們的要求太遠，對電腦又不是太熟悉，我們無法考慮接受你的履歷，你還是找一個合適的工作做吧！」李輝毫不客氣的說：「我覺得我比那些學電腦的更占

優勢，因為程式設計要求邏輯推理能力強，雖然我不是學電腦的，但我可以保證我的工作不會比別人差……」就這樣，那個主管被李輝的自信和嚴密的雄辯說得啞口無言，他答應給李輝一個試用的機會，沒想到經過一段時間的培訓，李輝還真的將自己的程式設計推向市場，並獲得了很好的成績。

人生需要認真品嘗

　　文學家們有一個共識：當人類自野蠻踏過了文明的門檻時，就有了「相思」，有了回歸大自然永恆的「鄉愁」衝動。在這份永恆的衝動中，尋找快樂是一個永恆的話題。快樂是什麼？快樂是血、淚、汗浸泡的人生土壤裡怒放的生命之花，正如惠特曼所說：「只有受過寒凍的人才感覺得到陽光的溫暖，也唯有在人生戰場上受過挫敗、痛苦的人才知道生命的珍貴，才可以感受到生活之中的真正快樂。」

　　托爾斯泰在他的著作《我的懺悔》中講了這樣一個故事：

　　一個男人被一隻老虎追趕而掉下懸崖，慶幸的是在跌落過程中他抓住了一棵生長在懸崖邊的小灌木。此時，他發現，頭頂上，那隻老虎正虎視眈眈，低頭一看，懸崖底下還有一隻老虎，更糟的是，兩隻老鼠正忙著啃咬懸著他生命的小灌木的根鬚。絕望中，他突然發現附近生長著一簇野草莓，伸手可及。於是，這人採下草莓，塞進嘴裡，自語道：「多甜啊！」

　　生命過程中，當痛苦、絕望、不幸和危難向你逼近的時候，你是否還能顧及享受一下野草莓的滋味？「苦海無邊」是小農經濟的哲學，「塵世永遠是苦海，天堂才有永恆的快樂」是禁慾主義用以蠱惑人心的謊言，苦中求樂才是快樂的真諦。

第一章　好心態成就好人生

　　二戰期間，一位名叫伊莉莎白‧康黎的女士在慶祝盟軍北非獲勝的那天收到了國際部的一份電報，她的侄兒，她最愛的一個人死在戰場上了。她無法接受這個事實，她決定放棄工作，遠離家鄉，把自己永遠埋藏在孤獨和眼淚之中。

　　正當她清理東西，準備辭職的時候，忽然發現了一封早年的信，那是她寫給侄兒的信，那時侄兒的母親剛剛去世。信上這樣寫道：我知道你會撐過去。我永遠不會忘記你曾教導我的：不論在哪裡，都要勇敢的面對生活。我永遠記著你的微笑，像男子漢那樣，能夠承受一切的微笑。她把這封信讀了一遍又一遍，似乎他就在她身邊，一雙熾熱的眼睛望著她：你為什麼不照你教導我的去做。

　　康黎打消了辭職的念頭，一再對自己說：我應該把悲痛藏在微笑下面，繼續生活，因為事情已經是這樣了，我沒有能力改變它，但我有能力繼續生活下去。

　　人生是一張單程車票，一去無返。在荷蘭首都阿姆斯特丹一座 15 世紀的教堂廢墟上留著一行字：「事情是這樣的，就不會那樣。藏在痛苦泥淖裡不能自拔，只會與快樂無緣。告別痛苦的手得由你自己來揮動，享受今天盛開的玫瑰的捷徑只有一條：堅決與過去分手。」

　　「禍福相倚」最能說明痛苦與快樂的辯證關係，貝多芬「用淚水播種歡樂」的人生體驗生動形象的道出了痛苦的正面作用，傳奇人物艾科卡的經歷更傳神的闡明了快樂與痛苦的內在連繫。

　　艾科卡靠自己的奮鬥終於當上了福特公司的總經理。1978 年 7 月 13 日，有點得意忘形的艾科卡被妒火中燒的大老闆亨利‧福特開除了。在福特工作已 32 年，當了 8 年總經理，一帆風順的艾科卡突然間失業了。艾科卡痛不

欲生，他開始喝酒，對自己失去了信心，認為自己要徹底崩潰了。

就在這時，艾科卡接受了一個新挑戰 —— 應聘到瀕臨破產的克萊斯勒汽車公司出任總經理。憑著他的智慧、膽識和魅力，艾科卡大刀闊斧的對克萊斯勒進行了整頓、改組，並向政府求援，舌戰國會議員，取得巨額貸款，重振企業雄風。在艾科卡的領導下，克萊斯勒公司在最黑暗的日子裡推出了 K 型車的計畫，此計畫的成功令克萊斯勒起死回生，成為僅次於通用汽車公司、福特汽車公司的第三大汽車公司。1983 年 7 月 13 日，艾科卡把生平僅有的面額高達 8.13 億美元的支票交到銀行代表手裡，至此，克萊斯勒還清了所有債務，而恰恰是 5 年前的這一天，亨利·福特開除了他。事後，艾科卡深有感觸的說：奮力向前，哪怕時運不濟；永不絕望，哪怕天崩地裂。

羅曼·羅蘭曾經說過：「痛苦像一把犁，它一面犁破了你的心，一面掘開了生命的新起源。」的確值得我們深思。

快樂是一種內心的財富

有些外在富足的人可能是最痛苦、最不幸的人。在澳大利亞和加拿大，有近二百萬的富人正陷在沮喪情緒中，被迫接受醫院的治療。而一些人員然貧窮，們卻活得瀟灑快樂，很多時候快樂其實是內心的富足，與金錢無關。

在一個神話故事中，有一對貧窮而善良的兄弟，他們靠每天上山砍柴過著艱辛的日子。一天，兄弟二人在山上砍柴時，正好遇見一隻老虎在追咬一個老人。兄弟倆奮不顧身的與老虎搏鬥，終於從老虎口中救下那位鬚髮皆白的老人。而這位老人是一位神仙，他念及兄弟倆的善良和勇敢，於是許願幫助他二人得到快樂，並讓他們每人點一樣物品，作為送給他們的禮物。

第一章　好心態成就好人生

　　哥哥因為窮怕了，想要有永遠用不完的金銀財寶，於是，神仙送給他一個點石成金的手指，任何東西，只要他們用這手指輕輕一觸，就會立即變成金子。哥哥如願以償的成了富人，買房買地，娶妻生子，過著十分富有的生活。

　　遺憾的是，金手指也成了他的一個負擔。因為，只要他稍一不小心，他眼前的人和物就會在瞬間變成冷冰冰的、沒有生命的金子。朋友們都對他敬而遠之，家人們也小心翼翼的防著他。守著取之不盡、用之不完的錢財，哥哥說不出自己是快樂還是不快樂。

　　而弟弟是一個單純的人，他希望自己一輩子快快樂樂。於是，老神仙給了他一個哨子，並告訴他：無論什麼時候，無論遇到什麼事情，只要輕輕的吹一吹哨子，他就會變得快樂起來。

　　弟弟還是像以前一樣，過著艱苦的生活，仍然需要與各種艱難困苦進行抗爭，仍然需要靠辛勤的勞動獲取溫飽。但是，每當他感到一些不如意時，他就取出那個哨子，那動聽的聲音，就如同一縷縷和煦的陽光，像一陣陣溫暖的春風，驅走了他的憂傷和愁苦，給他帶來了快樂。

　　當我們沒有房子時，就在想：如果有一間自己的房子就好了，哪怕是一間小小的房子。當我們住進公寓後，又想：為什麼人家有別墅呢？空間又大，又有草地，這個小公寓算什麼？

　　知足常樂是一項幾乎不可能的美德。為什麼？因為世界上沒有任何東西，能滿足我們內心最深處的渴求。

　　而要想活得輕鬆一些，就要凡事豁達一點，灑脫一點，不必把一點點小惠小利看得過重，而要達到這種超脫境界，關鍵是尋求心靈的滿足。如果一心想著個人享樂，貪戀錢欲、官欲，便無異於作繭自縛，不僅自己活得筋疲

力盡，還會危害他人。快樂若來自於物欲的滿足，是短暫而不幸的，物欲沒有止境，人生就會永無寧日，為了無休止的私欲，註定得與四周環境為敵。而只有來自於心靈的快樂，才是永久而幸福的，才有寧靜、恬淡、平和之感，才有欣賞良辰美景的內在之眼。

驅除你心中的不良情緒

生活在這個世界上，任何人都有壓力。在情緒低落的時候，你採取什麼樣的態度，就決定了你會有什麼樣的心情。

自從潘朵拉的魔匣打開以後，煩惱、疾病、痛苦……一股腦兒的降臨人間。我們哪一個人都不是生活在「世外桃源」，於是每個人都會受制於他所處的環境，樂天派也好，憂愁者也罷，哪個能逃脫得了所遇到的幸與不幸呢？有位婦女，愛跟自己較勁，遇上一點事，就胡思亂想，給自己製造煩惱。

每月薪資花不到月底，心裡煩惱；兒子沒有聯絡，心裡煩惱；舞場上男同事沒有邀她去跳舞，心裡煩惱；年終沒評上先進，心裡煩惱；碰上某個上司沒有理她，她也煩惱……她的煩惱一來，好幾日精神不安。當她察覺到煩惱給自己帶來高血壓、心臟病時，後悔不已。她想克制自己，但煩惱一來，又無法克制。後來心理學家建議她每天寫20分鐘日記，把消極的情緒忠實的寫在日記裡。心理學家還告訴她，這個日記是寫給自己的，既要寫出正面，也要寫出反面。這樣就可以把消極情緒從心裡驅走，留在日記裡。

後來這位婦女堅持寫日記，透過日記來克服自己的煩惱，遇上自己愛猜忌的事，便在日記裡說服自己。她曾在一篇日記裡寫道：「今天我在樓梯上向局長打招呼，可局長陰著臉，皺著眉頭，理也沒理我一聲。我想他態度冷漠

不是衝著我來的，八成是家裡出了什麼事，要不然就是挨了上級的批評。」她在日記裡這麼一寫，心裡的疑團一下子煙消雲散了。她還在另一篇日記裡提醒自己：「我翻閱上月的日記，發覺那時的煩惱，現在完全消失了。」

「這說明時間可以解決許多問題，也包括煩惱在內。如果以後我遇上新的煩惱，就要不斷的提醒自己，現在何須為它煩心？我何不採取一個月後的忘卻狀態來面對眼下的煩惱？」

她堅持寫日記幾個月，心理抗病功能增強了。後經醫生檢查證明，血壓正常了，心臟病也好了。

英國詩人威廉·布克在他的詩中寫道：

我對朋友感到憤怒，

我盡情的發洩著，它消失了，

我對敵人感到憤怒，

我埋在心頭，它滋長了。

這段詩形象而生動的說明，一個人有了煩惱或者感到憤慨時就應該盡情的發洩出來。發洩出來，疾病會遠離你。千萬不要埋在心裡，埋在心裡，就是拿自己來懲罰自己。

上面那位婦女由於找到了排解煩惱的方式方法 —— 寫日記，因此她才得以把自己從煩惱和疾病中解脫出來。

實際上，平日總是樂觀的人，他們很會利用巧妙的方式方法排解自己的負面情緒，從而給人一種總是樂觀的感覺。另一些人，在情緒低潮時，他們把低潮看得很嚴重，他們很想逼自己盡快走出低潮狀態，結果不但解決不了問題，反而使問題更加複雜。

當我們觀察平和、輕鬆的人時，我們會發現他們了解正負情緒的來來去

去。總有一些時候，他們過得不怎麼快樂，對於他們來說，這是可以理解的，因為事情發展不會總是一帆風順，他們接受不可避免的感覺更迭，因此，當他們感到沮喪、生氣或緊張時，他們也用同樣的開闊心態和智慧對待這些事情。他們不但沒有因為感覺不好就對抗這些情緒，反而以平和的心態接納這些情緒，知道這些情緒會過去。這個做法讓他們可以平穩的離開負面情緒，進入心靈的正面狀態。

其實樂觀的人也時常陷入情緒低潮。差別在於，他們不讓低潮情緒左右自己的心情，因為他們知道，過些時候，他們就會再度快樂起來。對他們來說，這沒什麼大不了的。

當我們感到難過時，不要抗拒它，試著放鬆，看看除了恐慌，我們是否能夠保持從容與鎮定。不要對抗自己的負面情緒，而應放鬆心態，從容面對。

應當以適當的角度來面對自己當前的苦惱，並明白世界總在不斷的變好。只有一條路可以通往快樂，那就是停止擔心超乎我們意志力之外的事。

一般自己所憂慮的事情，99% 壓根兒就不曾發生過。人活著，如果整天擔心這個，憂慮那個，豈不是活得太痛苦了嗎？這樣，身體怎麼會健康呢？大好時光，不要讓憂愁占據了。當晨曦來臨，就應當脫下睡衣，迅速起來，然後告訴自己：「這是快樂的一天，我要好好的做。」接著精神抖擻的出門。出去後。無論遇到長輩還是晚輩，有地位的或是沒地位的，很高興的向他們打招呼，說聲「早安！」

要好好工作，只要是該做的事，不論大小，是輕是重，都要全力以赴。即使我們所做的工作不能盡如人意，也無所謂，只要盡了力，也就夠了。

處在工作環境中，不管樂觀著的、還是憂愁著的人們，該知道如何讓自

己真正的快樂了吧！真正的快樂，才是心的天堂。

陽光心態，陽光身心

　　良好的身體，不僅包含強健的體格，還包含健康的精神。只有精神健康的人，才會不斷的戰勝自己，創造機遇，把自己推向未來。一個精神健康的人，應是光明磊落、自尊自立、充滿活力、熱愛生活、風趣幽默、勤懇追求的人。

　　我們可以使我們的心腦成為「美」的藝術館，也可使之成為「恐怖」的營壘。我們可以按自己的心意將我們的心腦布置成任何格式。

　　寧可一千次容許竊賊從你的居室盜去你最有價值的珍寶、竊去你的金銀財物，不可容許精神上的敵人 —— 混亂、病態的思想，憂慮、嫉妒、恐懼的思想 —— 闖入你的心腦，竊去你心中的平安，盜去你心中的恬靜。失去了心中的平安與恬靜，生命不過是活墳墓而已！

　　人的生活總為其精神作用所支配：精神的意象產生真實的生活；精神的意象複寫在每人的生命中，鑄印在每人的品格上；人的生活就是不斷的將種種精神意象，翻譯在我們生命中的品格上而已。

　　我們生命中成就的大小，大半看我們能否維持我們生活的和諧，能否拒絕一切足以損害能力、減低效率的精神敵人於心腦之外。

　　各種不同的思想或暗示能生出各種不同的影響來。我們知道，一個樂觀、積極、愉快的思想，是可以給予我們一種快樂。幸福、向上、更新的感覺的。它彷彿是一股歡樂之電流，走遍了我們的全身體；它能帶給我們新的希望、勇氣與生活動力。

每個人的世界、環境，都是自己造成的，他可以將憂鬱、困苦、恐懼、失望等等東西塞滿他的世界，使他自己的生命變得悲愁、痛苦；也可以驅除一切悲愁、惡意、恐懼等思想，而使自己的環境、空氣變得一片清明。

凡是一個能夠統治自己思想的人，一定能夠以希望替代失望，以積極替代消極，以決心替代懷疑，以樂觀替代悲觀。能夠在心中充滿各種良好的思想，樂觀積極、愉快的思想，就能肅清一切精神上的敵人。他們比一個降為情感的俘虜，為憂鬱、頹喪、恐懼等思想所奴隸的人要優越得多。前者生命中的成就，一定可以超過後者，雖然後者的天賦、能力有時常常優於前者。

在任何情形之下，你都不應當容許那些悲慘、病態、混亂的思想侵入你的心腦！

假使我們自小就能知道在心中常常懷著種種可以使我們愉快、積極、樂觀的思想而將一切有破壞性、腐蝕性的思想拒於心靈之外，則我們一生中生命不必要的損害與耗費真不知要減少多少啊！我們知道，有人因懷了幾小時的悲愁、憂鬱的思想，所蒙受的生命力的損失，竟超過幾星期的辛苦工作的損失，這樣的例子很多！

驅趕種種精神上的敵人，是需要不斷的、有系統的、堅毅的努力的。沒有決心和毅力，絕不能成就大事業。我們一定要肅清心中不良的思想，拒它們於我們的意識圈之外，使它們不來重叩我們的心扉。

思想觀念像別的東西一樣，是同性相吸、異性相斥的。心胸為某種思想所占領，則這種思想一定會將與之相反的思想驅逐，樂觀會趕走悲觀，愉快會趕走悲愁，希望會趕走失望。心中充滿了愛的陽光，怨憎與嫉妒的念頭自然會逃之夭夭。在「愛」的陽光下，這些黑影不能存在。

不斷的充溢心中以良善忠厚的思想、愛人助人的思想、真實和諧的思

想，則一切不良的思想自會望風而逃。兩種不同的思想，不能同時存在於一個人的心胸中，真實的思想與錯誤的思想，和諧的思想與混亂的思想，善的思想與惡的思想，是互相克制的。

人助人，善意親愛的思想，都足以喚起我們生命中最高尚的情操。它們能給予我們以健康、和諧、力量。它們是生機之給予者。

你應堅決的認定你表現出的生命應該充溢著愛、美、真；你的生命應該表現出這些而不是與之相反的東西。

交往是人類現代社會的維生素

醫學研究發現，交往不僅對個人的社會化和個性的發展起著至關重要的作用。對每個人的生理和心理健康、生命的延續，同樣起著至關重要的作用。交往被認為是現代社會每個人不可缺少的「維生素」。

美國一位心理學家進行孤獨對人體影響的實驗，請應試者單獨居住在一間間完全與他人隔絕的小屋裡，裡面有多種美味佳餚，可自由吃、喝、睡，但卻沒有任何東西可閱讀。兩天後，所有應試者都忍受不了這種「坐享其成，睡享其福」的生活，他們拚命敲打牆壁，要求重回「人間」，表情上均呈現出痴呆、麻木、動作的協調性和靈敏性大大降低。實驗表明，一個人一旦脫離了社會群體，失去了社會交往的可能，處於孤獨境地時則會產生一種不安全感和恐懼感，會對人的健康造成一定的威脅。

研究人員對大量高血壓病人進行調查，發現 70% 的高血壓患者人際關係不好，經常處於緊張狀態，特別是家庭不和睦、夫妻關係緊張。因此，世界衛生組織近年來一再強調，健康的標準不僅僅是不得病。一個真正健康的

人，除了身體健康外，還必須包括心理健康及社會交往方面的健康。健康的新概念是在精神上、身體上和社會交往上保持健康狀態。

因此，交往不僅是個人社會化及個性發展機制中的重要因素，而且也是人們保持個人健康、生命延續的基本需要之一。正是交往，使得人們得以彼此交流感情，排遣孤寂，也正是交往；使人增添積極樂觀的情緒，產生幸福感與滿足感。

刪除心理危機的毒瘤

當今社會，由於經濟不景氣，就業壓力增大，不少個人和家庭都面對事業和生活的壓力，在心理上產生了負面影響，於是「心理危機」成為社會焦點了。什麼是「心理危機」？都有哪些具體表現呢？

心理危機，可以指心理狀態的嚴重失衡，心理矛盾激烈衝突難以解決，也可以指精神面臨崩潰或精神失常；還可以指發生心理障礙。

當一個人出現心理危機時，當事人可能及時覺察，也有可能「不知不覺」。一個自以為遵守某種習慣了的行為模式的人，也有可能潛在著心理危機。染有嚴重不良癮癖的人，常常潛伏著心理危機，堪稱是人體健康的「毒瘤」。當令其戒除癮癖時，心理危機便會暴露無遺。其表現形式很多：

1. 精神被物質所奴役

無論是物質生活貧乏還是富有，只要能使當事人心裡感到空虛，精神受到折磨，這就是精神被物質所奴役了。家無隔頓糧的貧民，自然是愉快不起來的。他們看著甚至只是想像有錢人在豐盛的餐桌前大吃大喝，心中自然十分難熬，更有甚者會因此做出某種鋌而走險的行為。與此相反，生活富裕而

精神生活貧困、道德低劣的人，其內心同樣是十分空虛的，同樣存在著心理危機。那些長期住在高級賓館包養的小姐，成為一些大商人的情婦。當富商來時陪伴她們，富商離去時像隻金絲雀一樣被關閉在「鳥籠」中，儘管她們揮金如土，衣食不愁，但是，她們的精神是空虛的，心理是危機的。

2. 愛動物勝過一切

養寵物的現象十分普遍，估計美國的寵物超過二億隻，每年花費的開銷在一百億美元以上。美國還有「狗電視」，每週用十三Ａ頻道播放十五分鐘狗節目。一些明星富豪由於缺乏人間真情，而將感情傾注在寵物身上，有些孤獨的老人，由於空巢而居，沒有子女的關愛，也是把貓狗等寵物當做了兒女，這些都是精神空虛、心理危機的表現。

3. 習俗語言不通引起的精神空虛

由於科學技術的進步，交通的發達，學術交流和民族之間人際社交的日益頻繁，跨出國門遠涉重洋的人越來越多。一些企業領導人出國，是為了加強與國外的經濟貿易；知識分子、學者出國，是為了加強與國外的學術交流。

由於國與國之間的文化背景不同，發生社會心理衝突的機會也就不斷增多。旅遊者往往是走馬看花乘興返回老家，「打道回府」，移民卻沒有這個福分，他們受到的是割裂原有文化的創痛。當他們怯生生或興沖沖來到陌生的國度、陌生的地區以後，面對陌生的當地習俗，面臨不流暢的語言，便會感到自己是「文盲」，是「啞巴」，是「聾子」，看不懂書報，不會講話，無法進行思想交流和溝通，便會感到孤立，美好的願望一下子被殘酷的現實所打破，便會發生心理危機，導致心身疾病的產生，人們把這稱為「移民症候

群」。一些到國外淘金的打工仔，到了異國他鄉以後，無親友依靠，語言又不通，競爭性強，工作難以找尋，時時擔心被老闆「炒魷魚」，常常發生經濟危機，從而也就容易發生心理危機。

同樣，由於工作婚姻等原因，長期居住到另外一個陌生的都市的人們，在不適應的一段時間內，也會有類似出國人員的反映和心理問題。

4. 藥物依賴症

有病，吃藥；無病，吃補藥；不開心，吃興奮藥；動不停，吃鎮定藥；太無聊，吃迷幻藥；此外，還有吸毒、酗酒、拉 K……

應該說，有病必須服藥，這是基本常識；無病的時候，吃些滋補藥也未嘗不可，長期以來，百姓就有「藥食同源」的習俗。但是，有些人實際上是並非一定要用藥的，他（她）卻非用不可，不用，心裡就不安，這就是藥物依賴。藥物依賴者的心理特徵是迷信藥物。他們認為「藥物是治病的，有病治病、無病防病，吃了不會錯」。醫生用藥是小心謹慎，掌握分寸的。包括補藥在內也不例外，用多了或用錯了會適得其反，甚至喪命。而藥物依賴者，則只顧藥物之利，忽視藥物之弊，使藥物依賴者越來越多。

藥物依賴，是濫用藥物的結果，如果稱其為心理危機的一種表現，恐怕有不少人難以接受。但是，稱吸毒為心理危機，恐怕能理解的人就比較多了。吸毒最嚴重也最典型的是吸鴉片、吸白粉等。此外，鴉片、嗎啡、海洛因之類作為麻醉止痛藥，也是人類最易止痛的藥物。一旦上癮，為了索取藥物，做什麼事都無所謂了，於是，各種各樣的悲劇也就發生了。

世界各地都有吸毒者。據世界衛生組織統計，僅南亞和西太平洋地區，就有一百七十萬鴉片吸毒者，拉丁美洲有一百六十萬人咀嚼古柯葉，美國吸

毒者達幾千萬。

5.悶茶悶酒無聊菸

實際上有菸癮的人也存在心理依賴，是對尼古丁的依賴。吸菸者常常說：「吸上一支菸，快樂似神仙。」吸菸者對尼古丁的依賴，除了有軀體依賴外，還存在著心理依賴。從精神醫學角度上來講，無論是酒精依賴還是香菸依賴，都是心理危機的表現。這些人酒量頗大，啤酒當飲料喝，黃酒當茶飲，唯有白酒、土燒才過癮。而且每日飲酒無數，常常是以酒代茶，最後發生心理變態，甚至出現精神障礙，導致妻離子散、家破人亡、人財兩空。而他們對此不屑一顧，只要有酒，天塌下來也不管。

可惜的是，絕大多數人對此均不能認識到，包括一些事業成功卻生活緊張的白領女性。

事實證明，只有從根本上擺脫對以上各種不良習慣的心理依賴，拿出頑強的毅力來，從頭做起，你的人生才有可能重新翻開亮麗的一頁。

心態和努力一致才最富足

許多人不能正確的對待人生。由於他們做的是一套，想則是另一套，由於他們的心態和他們的努力不一致，結果使其大部分努力都白白的浪費掉了。由於他們的心態不對路，他們往往使自己正在追求的事業不斷受挫。他們不能以一種有巨大積極作用的必勝信心，以一種絕不相信失敗的堅強心，去指導自己的工作。

一方面渴望發財致富，另一方面卻總是不相信自己能夠脫貧窮，總是懷疑自己能否得到所欲所求之物，這就好像南轅北轍一樣。如果一個人總是

懷疑自己獲得成功的能力，那他絕不可能獲得成功，因此，這種人總會招致失敗。

成功人士必定常常想著成功，必定常常往好的方面想。的思想必定富於進取精神，富於創造力，必定是建設性的和新性的。他的思想中必定充滿了樂觀的、積極的因素。

如果這樣，你將會朝向成功的方向前進。如果你只看到貧窮、匱乏的那一面，那你就會朝失敗的那一條道上走去。但是如果你果斷的轉過身來，斷然拒絕想像你可能落於貧困境地，那麼，你必定會在獲得財富方面取得進展。

許多人的目標往往是自相矛盾的。因為儘管他們渴望有但是打心底裡認為自己不可能過上富有的生活。這樣，他們錯誤的心態，也就是他們生命過程中所遵循的心理圖景，使得正努力從事的事情不可能取得成功。正是他們貧窮的心態，正是這種懷疑和擔心，正是自信心的缺乏，正是因為沒有一種過富有生活的信念，弄得人們至今依然極其貧窮。

一旦你能充分的挖掘自己賺錢的能力，你就不可能扮演受窮者的角色，你必定會有一種良好的成功心態。只要你總是處於一種貧民窟氛圍的心態，你就會在腦海中留下貧民窟式的印象，你就絕不可能賺到錢。

一則諺語說：「綿羊每咩咩的叫一次，牠就會失去一口乾草。」如果你每抱怨一次你的苦惱，你就失去了一次改變這種情況的機會。你每允許自己說一次：「我是一個貧窮的人，我不可能富有；我是一個能力不夠的人，不可能取得其他人那樣的成就；我絕不可能變得聰明；我不具備其他人的那些運氣；我是一個失敗者；降臨到我的頭上總是厄運。」那麼，這些心理暗示就會成為你成功路上的枷鎖和障礙，你就會感到苦惱之事更苦惱，困難之事更

第一章　好心態成就好人生

困難，你就會更難擺脫破壞你平和心境、破壞你幸福的心理敵人。因為你每讓負面情緒多主宰一次你的心靈，它們就會在你的意識裡鑽得更深。

思想有時候會變成一塊神奇的磁鐵，能吸引那些與它本身相似的東西。如果你的心靈老是想著貧窮和疾病，那麼，這種思想就會給你帶來貧窮和疾病。一般來說，與你思想相左的現實是不大可能產生的，但它的確可以改變你的心情，讓你更自信起來，因為你的心態和思想中已經有了你生命的藍圖。你的任何成功首先都是因為你有成功的思想。

如果你總是想像自己可能事業不順，並總是有這樣的準備和擔心，如果你總是抱怨時運不濟，如果你總是擔心事業不可能有好的結果，那麼，你的事業就真的不會有好結果。無論你多麼努力工作以期取得成功，如果你頭腦裡充滿著擔心失敗的思想，那麼，你的這種思想將會使你的努力付之東流，從而使得你不可能取得希望中的成功。

在工作和追尋目標的過程中，人們所持的心態與最終的成就有著千絲萬縷的關係。如果你被迫去完成自己的工作，如果你是以做苦差使的奴隸一般的態度去從事你的工作；如果你在工作中不抱任何大的希望，甚至你在工作中看不到任何希望，覺得工作只不過是聊以糊口、勉強度日而已；如果你看不到未來的曙光；如果你只看到貧困、匱乏和你整個一生的艱難；如果你認為自己命中註定要過如此艱難的生活，那麼，你就絕不會擁有成功、財富與幸福。

相反，不管你今日如何貧窮，如果你能看到更好的將來；如果你相信自己有朝一日會從單調乏味的工作中崛起；如果你相信自己有朝一日會從目前的陋室搬進溫馨、舒適的住宅；如果你方向明確，如果你的眼睛緊緊盯著你希望達到的目標，並相信你完全有能力達到你的目標，那麼你必將有

所作為。

好心態帶來好未來

當你無法改變環境時，首先就要改變自己。改變你的心態，豎立新的想法。只要改變了自己的想法就能改變自己的生活，就有一個美好的未來。曾有位文學家這樣說過：「大多數人想改變這個世界，但卻極少有人想改變自己。」人是社會的一員，是人類社會中的一個要素。人與社會的關係決定於人所處的狀態。人的狀態不同帶來的效果也不同，狀態主要表現為生活狀態、心理狀態和行為狀態。

當你調整狀態、改變自己時，你與世界的交換必然發生變化，你與世界的關係就變了，你在社會生活中的位置也就變了。同時，世界也必然要做出反應以適應你的改變。世界就這樣被改變了。

蕭鋒原在行銷部當經理。一天他突然接到人事處的命令，要調他到產品供應部。在公司裡供應部的地位遠不如行銷部，這樣一調等於貶了職，前途必然大受影響。

蕭鋒從前從事銷售工作，整天往外跑，這很合乎他的個性。如今要他整天坐在辦公室，跟那些器材報表打交道，實在讓他受不了。開始時，他一直悶悶不樂，心灰意冷。他開始想到一個問題：「為什麼以前我對自己信心十足，當上了供應科長卻情況大變了呢？」他悟到一個事實：「這是因為我對自己的期待值無形中降低了，我失去了激勵自我的動力。」

於是，蕭鋒開始把全部精力投入到新工作中，慢慢的他發覺供應科也大有用武之地，而且，對整個公司來說起了很大的作用，只是平時大家把它忽

略了而已。蕭鋒重新找到了工作的信心，一改以往消極拖沓的作風，變得充滿了鬥志，工作起來如魚得水。他的積極態度也漸漸影響到了部屬，把他們也帶動了起來。由於出色的工作成績，他兩次獲得總公司頒發的特別獎金。不久蕭鋒收到了一張人事命令：「調到總公司，晉升營業部經理。」

　　蕭鋒事業上的轉變就是因為他心態的改變。

　　適者生存，不適者則被淘汰，這是社會規律。世上的事物時時刻刻都在發生著改變，如果你跟不上社會的步伐，你會被社會拋得越來越遠。面對這樣的狀況，只有改變才是出路。

　　許多時候擔心是多餘的，欣然的面對現實，勇敢的接受挑戰，就會塑造一個全新的自己。

　　人生是由一連串的改變所形成的，當你的環境、教育、經驗、吸收的資訊等發生變化時，由內而外的各個生理與心理的關卡多多少少都會產生不同程度的變化。

　　改變就是機會，只要你及時處理就會有好的機會與開始。而且。唯有良好的自我改變才是改變事情、改造狀況乃至改變環境的基礎。

　　改變自己要學會接受新事物，因為每個人都有著無限的潛能等待開發，只可惜我們往往限制著自己的思想。科技進步的速度快得驚人，也引導著社會各方面的進步。如果你仍一味的沿用舊的思想、舊的做法去行動可能會被社會淘汰。因此頭腦要放靈活些，很多不該再堅持的觀念，何苦抓住不放呢？接受新思想，摒棄不適當的舊觀念，會是你改造自己，成為擴大格局的好起點。

　　成事在人，你是受你的思想操縱的，因此與時俱進在思想與自我改造上更為重要，美好的與適當的才值得我們去選擇與堅持。

以下是做事的經驗之談你可借鑒：

(1) 不要因為以前你或別人的不愉快經歷，而對每個人都存有敵意，要根據面臨的新情況做出具體判斷。

(2) 結交朋友，建立社交圈，尋求別人的指導。

(3) 放下架子，充滿自信的參與社交活動，接受人們對你表示友好的提議。

(4) 強調積極正面的東西，敢於冒險，勇於決策。

(5) 善於接受各種挑戰，不怕付出犧牲。

(6) 要有遠見並積極行動起來，實施計畫，把目標變成現實。

第一章　好心態成就好人生

第二章　心態關乎健康大問題

　　心態關乎健康大問題，也就是人們常說的「病由心生」。例如：我們有時候會覺得全身無力，身心疲憊，甚至感覺自己生病或老化，但這不一定是真實發生的。你應該改變你對自己的看法。先看清楚其實你是健康的，再遵守並實行各種健康的法則，你就能變得充滿活力、精神十足。

心理疲勞是人體健康的「殺手」

近半個世紀以來，高血壓、冠心病及腫瘤等已成為嚴重威脅人類健康的疾病。這些疾病的病因、病理較為複雜，但一般與精神心理、社會環境及生活方式等因素有密切關係。不久前，世界衛生組織在一份報告中稱：工作緊張是威脅許多在職人員健康的因素。這一結論明確指出了過度勞累對人體的危害。隨著經濟的高速發展，生活節奏的不斷加快、太累、太疲勞，已是人們日常生活中的日常了。心理疲勞正在成為現代社會、現代人的「隱形殺手」。

醫學心理學研究表明，心理疲勞是由長期的精神緊張、反覆的心理刺激及複雜的惡劣情緒逐漸影響形成。如果得不到及時疏導化解，長年累月，在心理上會造成心理障礙、心理失控甚至心理危機；在精神上會造成精神萎靡、精神恍惚甚至精神失常，引發多種心身疾患，如緊張不安、動作失調、失眠多夢、記憶力減退、注意力渙散、工作效率下降等，以及引起諸如偏頭痛、蕁麻疹、高血壓、缺血性心臟病、消化性潰瘍、支氣管哮喘、月經失調、性慾減退等疾病。

心理疲勞是不知不覺潛伏在人們身邊的，它不會一朝一夕就致人於死地，而是到了一定的時間，達到一定的「疲勞量」，才會引發疾病，因此往往容易被人們忽視。

那麼，怎樣才能有效的消除心理疲勞呢？下列 8 種方法值得一試：

1. 健康的開懷大笑是消除疲勞的最好方法，也是一種愉快的發洩方法。
2. 高談闊論會使血壓升高，而沉默則有助於降壓，在沒必要說話時最好保持沉默，聽別人說話同樣是一件愜意的事情。

3. 放慢生活節奏，把無所事事的時間也安排在日程表中。

4. 沉著冷靜的處理各種複雜問題，有助於舒緩緊張壓力。

5. 做錯了事，要想到誰都有可能犯錯誤，從此不再耿耿於懷，繼續正常的工作。

6. 不要害怕承認自己的能力有限，學會在適當的時候說「不」。

7. 夜深人靜時，悄悄的講一些只給自己聽的話，然後酣然入夢。

8. 既然昨天及以前的日子都過得去，那麼今天及往後的日子也一定會安然度過，牢記「車到山前必有路」。

膽固醇與心態健康

長期以來，人們都很重視飲食與膽固醇的關係，殊不知，心理情緒緊張、精神壓力也可「製造」膽固醇，膽固醇過高或過低又會使人感到心情緊張，行為異常。

現今的大量研究證實，由各種心理社會因素的刺激所引起的情緒改變與血中膽固醇濃度直接相關，也就是說情緒緊張可「製造」膽固醇，從而確認：緊張心理狀態在冠心病發病因素中占有相當重要的地位。有人對 100 多名企業人員進行觀察後發現，在工作緊張、壓力重的情況下，他們血液中膽固醇濃度明顯升高。

專家們認為，緊張可使神經內分泌功能發生紊亂，特別是茶酚胺分泌增強，促使冠狀動脈痙攣，血液黏度升高，脂肪代謝紊亂，使血液中包括膽固醇在內的脂類物質濃度迅速升高，膽固醇類物質的沉著加速，為誘發冠心病提供了物質基礎。

最近，美國杜克大學的研究員威廉斯在對 864 名成年人進行觀察研究後發現，膽固醇高於 240 或低於 160，會造成大腦中的化學物質 5- 羥色胺減少而使血管收縮。那些飲食中攝取膽固醇低的人，大腦中的 5- 羥色胺水準低，這種人死亡的原因往往是心臟病發作，行為粗暴或自殺。而膽固醇高的人大腦中的 5- 羥色胺也會缺少，這些人通常會動輒發怒，愛尋釁鬧事，而且心情煩躁，喜歡暴飲暴食，濫嗜菸酒。

有關專家還分析說，一旦血中膽固醇含量明顯降低，大腦細胞吸收某些化學物質的能力也會隨之降低，而這種化學物質又恰恰具有緩和緊張情緒、克制衝動的作用。膽固醇是組成細胞膜的必不可少的成分之一，如果血中膽固醇濃度長期過低，細胞膜從結構到功能便會失常，而一旦大腦細胞膜失常，行為便極有可能變得異常，這就是為何約占 40% 的低脂飲食者抱怨自己在節食後變得情緒衝動，行為反常之故。

由此看來，摒棄壓抑心理，緩解緊張情緒，消除精神壓力，保持人與人之間的心理相容較之杜絕高脂肪食物顯得更為重要。同時對膽固醇不正常者補充 5- 羥色胺類藥物並輔以心理治療，亦可防範冠心病發病的危險。

飲食平衡影響健康情緒

從我們日常所食入的食物來看，大致可分為這樣兩大類：一類是酸性食物，如肉、魚、禽、蛋、米、麵、糖、酒等。這一類食物往往含有磷、硫、氯等非金屬元素。這些非金屬元素在經過生物身體的氧化後，會生成帶有陰離子的酸根。另一類食物則是鹼性食物，如各種各樣的蔬菜、水果、豆類及其豆製品等等。在這一類食物中常常含有鈉、鉀、鈣、鎂等金屬元素。這些

金屬元素在人體內經過氧化後，會生成帶有陽離子的鹼性氧化物。

我們常可以看到有些人喜歡偏食酸性食物如肉、魚、蛋、奶等，而有些人則喜歡偏食鹼性食物如蔬菜、水果、豆製品等。長期過度偏食後，這些食物在人體內產生的新陳代謝物質互不相同，從而對人情緒產生的影響也截然相反。經過醫學家和營養學家的長期研究結果表明，游牧民族之因此驍勇好動、粗獷剽悍；出家人之因此清心寡欲、與世無爭，這兩種不同性格的形成都和他們各自長期的飲食習慣有著一定的關係。游牧民族由於長期過食肉類、乳類等食物，久而久之就會導致血液中的兒茶酚胺含量增高。

而出家人由於長年食素，如蔬菜、水果及豆製品等，並且極少飲酒，因而，日積月累就會導致血液中一種叫做 5- 羥色胺的物質含量有所增高。研究結果表明，血液中兒茶酚胺濃度較高的人，脾氣容易急躁，性格比常人剛強、倔強。而血液中 5- 羥色胺濃度較高的人性情卻比常人溫和，不易產生急躁情緒。

科學研究者們在研究過程中還發現，人的情緒實質上是一種神經生理性感覺與情緒迴路上活動的產物。在情緒回路中，下丘腦是情緒表達的中樞，而邊緣系統與下丘腦之間有著密切的連繫，對情緒活動可以發揮十分重要的影響。

那麼為什麼不同的飲食習慣會對人的情緒產生如此不同的影響呢？這是因為情緒回路上的興奮傳遞必須依賴於神經傳遞物質，如兒茶酚胺、5- 羥色胺等都是屬於神經傳遞物質。當食入較多的肉、奶、蛋、酒這類酸性食物後，由於這些食物含有豐富的含硫胺基酸如酪胺基酸、蛋胺基酸等），這時體內就容易合成適量的兒茶酚胺、去甲腎上腺素等，它們對下丘腦交感神經有引起興奮的作用，經過情緒回路回饋於人的大腦皮質，於是會使人警覺、喜

悅和產生「活力」，這時人的情緒容易急躁和激動。

　　反之，如果長期偏食蔬菜、水果和豆製品等鹼性食物，則會由於碳水化合物過量，增加大腦中色胺酸的供應量，而色胺酸在體內經過羥化、脫羧等一系列的化學變化，最終生成 5- 羥色胺。這種胺能對人達到一種催眠作用，使人的神經鬆弛，精神不易興奮，遇事心平氣緩。

「應急反應」與健康

　　「應急反應」又稱為「應激反應」，是人們當突遭天災人禍或面對恐怖危險威脅時，為使「面對死亡」而化險為夷，保護自身生存的本能性防禦反應機制。

　　大腦皮質命令交感神經高度興奮 —— 心跳加快，營養心肌的冠狀動脈擴張，以保障充分供應「能源」並及時運走新陳代謝加快而「多產」的廢物，支氣管平滑肌充分舒張而使口徑增大，呼吸頻率加快，以攝取足夠的氧氣；腎上腺分泌活動活躍，以向血液釋放更多的腎上腺素和糖皮質激素；加速體內糖類及蛋白質的「燃燒」—— 釋放更多的能量，加強神經、心、肺及肌肉的功能；腎上腺皮質激素還能防止腎臟排出過多的水分，以增加血液之容量；體內的嗜中性白血球處於「戒備」態勢，加強對疾病的抵抗力……

　　短暫的「應急態勢」對身體不致有大的危害，但若是長久或頻發「應急緊張狀態」，則會對身體健康招致一定的損害。比如：長久心臟負重，導致各種心血管疾病。當今因生活節奏緊張，長期處於應急態勢，死於心臟病、高血壓、糖尿病、癌症者劇增。

　　在應急反應中，儲藏於肝內的糖再次釋放到血中，以提高血糖，滿足大

腦高度興奮和肌肉對能量的急需，肝臟負擔加重，肝功能受損，也易誘發哮喘及應激性消化性潰瘍。

由於精力及體能的消耗，身體免疫及抗病能力降低，使各種感染性疾患也「乘虛而發」。

精神活動的高度緊張，尚可引發「反常行為」，透過遷怒以轉移和調節緊張情緒，或使行為帶有攻擊性 —— 反常行為加劇，導致精神疾患，有損心理健康！

長期或長久處於「應急」或緊張環境者，宜「駕馭」生活的「放鬆」與「灑脫」 —— 保持足夠的睡眠，並積極參與怡樂身心的高雅、文明的娛樂活動 —— 下棋、跳舞、歌唱、演奏、欣賞、交友、談心、垂釣、賞花、養鳥、靜養生命等等。

為了健康，擺脫你的消沉情緒

保持輕鬆的情緒或許勝過各種靈丹妙藥。美國阿拉巴馬大學醫學院對500 名男子進行長達 18～20 年的追蹤調查，最近得出結論：經常處於高度精神緊張狀態的中年男子，患高血壓的可能性比情緒輕鬆的男子高了整整一倍。

情緒對血液循環系統也有影響。情緒極度低落的人，患心臟病的可能性超過一般人的一倍。另一項研究結果表明，在曾經發生心臟病猝發的人當中，情緒極度低落的人，半年內的死亡率比情緒正常的人高 2～3 倍。

科研人員還發現，惡劣的情緒就如同病毒一樣是有傳染性的，而且這種傳染過程是在不知不覺之中完成的。美國賓夕法尼亞州的心理學專家卡洛

第二章　心態關乎健康大問題

爾・卡爾普教授調查顯示，一個情緒低落的學生和另一個情緒低落的學生同住一間宿舍，到學期結束的時候，這個學生的情緒會變得更加低落。其他心理學研究結果也顯示，如果丈夫或妻子情緒低落，其配偶也更容易出現情緒上的問題。

美國密西根大學的心理學教授詹姆斯・科恩指出，只要 20 分鐘，一個人就能受到其他人低落情緒的傳染。夏威夷大學的心理學教授依萊恩・哈塔弗爾德指出，如果你喜歡某個人或者希望那個人喜歡你，那你就更容易模仿那個人的情緒。哈塔弗爾德提出了這樣一種理論：人們總是在互相模仿。譬如說，在談話中每個人都在下意識的模仿周圍人的表情、語言、姿勢、動作以及情緒。即使人們脫離了低落情緒的環境，約需半個小時左右才能恢復正常的情緒。當然，人們能意識到其他人情緒的影響，情況就會有所不同。重要的是，我們不但要用自己的頭腦，而且還要用情感去認識社會環境。那麼，該怎樣來擺脫自己惡劣的情緒呢？密西根大學的心理學教授蘭迪・拉聲提出了 7 種比較有效的方法：

一、針對問題採取相對的行動，即設法消除消極情緒的根源。

二、對事態加以重新估計，不要只看壞的一面，也要看好的一面。

三、提醒自己，不要忘記在其他方面取得的成就。

四、不妨自我犒賞一番，譬如說網路購物、逛商場、大吃一頓。

五、考慮一下，怎樣避免今後出現類似的問題。

六、想一想還有處境不如自己的人。

七、把自己目前的處境和過去比較一番。

能帶來可怕後果的心理性厭食症

心理性厭食症多見於 15 ～ 25 歲女性，儘管臨床表現各異、症狀不同，但均表現有厭食、體重進行性減輕、逐日消瘦及停經。患者還常常伴有上腹部不適、乏力、失眠、貧血等。

心理性厭食症多是由於精神創傷所致，少數病人是由於青春期神經內分泌調節障礙或患有憂鬱性疾病等原因引起的。近幾年來，一些妙齡少女怕胖，為保持身體苗條曲線，少吃或過度的控制飲食攝取，成為心理性厭食症的新誘因。患者已經消瘦了，可還常對著鏡子照，總覺得自己還不夠苗條。一些少女拒吃脂肪類食物，導致體內必須的脂肪酸嚴重缺乏。有的月經姍姍來遲，有的出現停經。

澳大利亞墨爾本大學一研究小組最新發現，生理性厭食者因其消瘦可導致腦損傷和腦萎縮。研究小組對 42 位厭食患者，進行了大腦生理功能和心理意識兩個方面的檢查，首次證實了腦損傷與腦萎縮之間的關係，並發現許多厭食患者在測試中反應較慢，對資訊的處理和記憶能力差。嚴重的問題是，大多數患者的體重只有正常人的 70%，在治療 10 ～ 12 週以後，體重大多只能恢復到正常人體重的 85%，繼續治療則顯示恢復過程非常緩慢，即使達到標準體重，仍未見大腦功能的完全恢復。國外另一項調查研究發現，為追求苗條導致心理厭食症而死亡，這樣的事例時有發生。

妙齡少女正處於青春發育或成熟期，亭亭玉立、體態豐滿正是女性健美的標誌。這一時期就是稍胖一點也無妨，就是因體重超標想減點肥，也不要過度控制飲食，更不能採取「飢餓療法」。要想體態苗條、健美，最好的辦法是堅持體能鍛鍊。如已出現心理性厭食症預兆，應及時接受心理治療。

慢性病患者的心理病

所謂慢性，即病程長。有些疾病，如糖尿病、慢性腎炎等甚至被稱為「終身病」。漫長的病程，造成病人心理上許多異常變化。對疾病的恐懼感是慢性病人比較普遍的心態。如慢性肝炎患者，就可能懷疑是否肝硬化和肝癌，而終日沉浸於惶惶的恐懼與焦慮之中，導致病情加重。

一般的慢性病患者沒有完全喪失勞動的能力，生活能夠自理，有的還要工作和參加社交活動，但他們畢竟有異於健康人，常常欲為而不能為。尤其是青年和中壯年期的慢性病人，容易在人前產生自卑感，嚴重的甚至會造成性格淡漠，悲觀厭世。

另外，肉體的病痛往往會浸化人的情感中較弱的一面。在親友中，總是希望得到更多的理解、關心、愛護，產生一種強烈的「要求庇護感」。如果事與願違，則會造成孤獨無助，怨天尤人，進而自暴自棄。

慢性病人的這些心理變化，無疑會延誤治療，加重病情，慢性病人如何才能從自我編織的這個「蝸牛殼」中解脫出來呢？首先要精神愉悅，因為恐懼和焦慮是慢性病的大忌。由於害怕，病人會過度臥床，過於忌口、暴飲暴食、濫服藥物，這樣做的後果事與願違。

其次應心神淡泊，而不是淡漠。超脫於不必要的人際紛爭，將有限的體力和精力全部投入工作。閒暇時或寄情於書畫，或寄情於花鳥，忘情其中，悠哉悠哉，不拘泥於「我有病」。精神上取得平衡之後，在人前也不再有自卑感了。至於「要求庇護感」也會隨著本人的自立自強而慢慢的消失。豁達些，便會釋然。

情緒與養生之間的學問

　　人的情緒與健康長壽有著密切關係，控制好七情特別是喜、怒、哀、樂，保持穩定的情緒十分重要。

　　首先要「控怒」。《素問》說：「怒傷肝」「百病生於氣」「怒則氣上」。一個人如果大怒不止，會出現面紅、耳赤、氣逆，重者吐血，甚至死亡。很多養生有素的人，都非常寬恕大度，遇事不怒。孫真人在《養生百字銘》中說：「怒多偏傷氣，思多大損神疲易役疲勞），氣弱病來侵」，且指出了「安神易悅樂、惜氣保和純」的科學道理。

　　二是要「消愁」。因為愁與「思」「憂」相關。愁眉不展，情緒萎靡，不利於身體健康。中醫認為：「思傷脾」「憂傷肺」，俗話亦說「愁一愁，白了頭」「愁十愁，病沒頭」。當遇到愁事時，不妨逛逛公園，找親朋好友聊聊天，對親人訴說衷腸以分散、忘卻愁事，更重要的是加強業務、事業心，努力認真工作學習，樂觀向上。

　　三是要「克悲」。生活上有時會遇到意外不幸，如天災人禍、破財、失敗事等，使人的精神受到巨大刺激，悲痛欲絕。悲比憂更甚，按中醫理論，不僅「悲傷肺」，而且「悲勝怒」。悲哀過度，使肺氣憂鬱，耗氣傷陰，身體功能失調。養生要求我們，遇到悲哀的事情，要節哀，自我控制感情，尋求安慰，解脫痛苦。

　　四是「戒躁」。這裡所說的「躁」，指急躁、煩躁、暴躁，是情緒激動的表現。躁可導致憤怒、憂愁、悲哀。科學家研究證明，人躁時，心理失去平衡，體內大量釋放激素並與白血球結合，削弱人體的免疫能力。身體弱、抵抗力差的老年人尤應戒躁。在遇到打擊時不要急躁；喜出望外時不要太激動，

要做到「冷處理」，平息感情「衝動」高峰。

壞脾氣 —— 容易忽視的「家庭公害」

提起「家庭公害」，人們首先會想到吸菸、酗酒、噪音、廚房油煙，然而壞脾氣這項「公害」卻常被人忽視。

家庭是個情緒整體，每個成員在情緒上不可能完全獨立，必然相互影響，相互感染，某個成員因故產生負情緒和憂愁苦悶、憂鬱寡歡勢必影響到親人，使對方情緒低落，甚至焦慮不安。有趣的是，關係越親密，感情越深厚，影響就越大。

心理學研究顯示，人的焦慮程度越高，就越想得到親人的同情和安慰，否則就會責怪自己的親人，會因為失望而引起惱怒，導致情緒惡性循環，鬧得一家人不得安寧。這就直接影響到家人的正常生活，因此有人把壞脾氣列入家庭公害。

要重視改掉壞脾氣，這就少不了親友幫助，特別是每位家庭成員更應主動承擔責任，對壞脾氣者的每個微小進步都予以鼓勵。與此同時，要寬容和體諒壞脾氣者，這是醫治壞脾氣的良藥。如果留心觀察，你不難發現，有些壞脾氣者的家庭生活也很幸福，原因何在呢？謎底就在他的親人身上。家人出於對壞脾氣者的愛和關心，對常發脾氣者採取寬容和諒解態度，實際已構成對壞脾氣者的心理治療。諒解他人更是保護自己。當你寬容他人，你就避免一次可能引起的傷害，同事之間應如此，家人之間更應如此。那些對自己親人毫不相讓而針鋒相對的人，得到的只能是雙方身心健康的兩敗俱傷，後面常跟著更大的不幸。

說說心理障礙與心理失衡

俗語說「人為萬物之靈」。這個「靈」字指的是萬物之中只有人才具有的得天獨厚的「靈魂」，這「靈魂」不是別的，正是人所獨有的極其豐富和複雜、具有創造智慧的主觀心理世界，也就是人的心理活動。對於人來說，如果只有軀體而沒有靈魂，那就無法展現「萬物之靈」這個崇高的稱號。因此，保持健康的正常的心理活動，對人來說是具有頭等重要意義的事情。然而，人的心理活動也和人體生理活動一樣，會出現毛病或發生障礙。

那麼，人的心理活動為什麼會失去平衡、出現毛病、發生障礙呢？造成人的心理失衡和障礙的原因雖然是多種多樣、十分複雜的，但一般說來，主要的不外是兩個方面。一、從外部來考察，主要是心理創傷或稱應激緊張與精神壓力；二、從人的內在特點來考察，主要是人格偏常或不良的心理素養所造成的不良傾向。

心理創傷又有急性和慢性兩種情況。所謂急性心理創傷主要是指人所處的社會環境或人際關係的急劇或重大變動，而人又不能及時調整原有的應對或適應方式，就會帶來情緒上的劇烈變化以及急驟的情緒體驗的襲擊，從而造成神經系統的過度緊張和大腦功能的急速紊亂，導致心理失衡和心理障礙。所謂慢性心理創傷，主要是由於人們所處的社會生活情境和人際關係的緩慢的經常的變動，並伴隨而來一種長期而持續的不良情緒體驗，使整個大腦機能失調與紊亂，從而導致心理失衡與心理障礙。

人格偏常或不良心理素養所造成的不良傾向是指一個人在過去的生活歷程中，由於不良的社會生活環境的潛移默化的作用，使人在自己的心理素養上造成某種弱點或者在性格個性的發展上出現了對常人狀態的偏離。人的心

理素養，尤其是性格，是代表一個人的整體精神面貌，是人對外界事物如何進行感知，經受情感體驗，做出思考，形成態度，給予反應等的基礎或出發點。這就是說，一個人具有怎樣的性格或心理素養，就會進行怎樣的感知、經受怎樣的情感體驗、做出怎樣的思考，形成怎樣的態度，給予怎樣的行為反應，如此等等。一個性格偏常或心理素養不良的人，從其基礎或起點出發，引申出來的這一連串的感知、體驗、思考、態度及行為反應等也必然會偏離常人。

當今社會，心理失衡和心理障礙在人們生活中已成為越來越普遍重視的現象，認為其已構成了對人類健康的重大威脅。為了提高人們的健康水準，必須重視心理健康，預防和消除心理失衡與心理障礙。

心理超負荷

人的心理承受能力是有一定限度的。如果所受的精神心理刺激超過了這個限度，即為心理超負荷。

日常生活中，由於每個人經歷、個性、修養不同，心理承受能力也不相同，因此心理負荷大小也不一。比如：一位身經百戰的將軍的心理負荷能力，要比一個頭一次上戰場的士兵大得多。

醫學研究證實，人體在心理超負荷狀態下，體內自律神經功能和內分泌系統會出現劇烈的變化。比如：腎上腺素會大量分泌到血液中，使血壓增高，血糖含量升高，葡萄糖氧化過程增強等。情緒過度激動時，胃腸蠕動可停止，胃、胰和膽汁的分泌也會完全停止。若這段時間持續不長，身體內發生的上述變化可隨劣性刺激的消退而迅速消失，恢復常態。但若持續時間過

長，人體的某些重要器官的重要功能，會進入衰竭，甚至崩潰，引起疾病心身症）或使原患疾病急劇惡化，甚至誘發猝死。

那麼，如何知道自己的心理是否超負荷呢？經過大量研究，多數醫學心理學家認為，下列 5 點可視為心理超負荷或稱應激狀態的主要表現：

(1) 近期一兩週內，受過強烈的劣性精神刺激，或較長時期內連續反覆受到劣性精神刺激，精神一直持續在緊張狀態之中；

(2) 較長時期兩週以上，經常出現疲憊感，尤其是經睡一夜覺，清晨起床後仍感到很疲倦，或出現原因不明的極度疲勞；

(3) 懶言，寡言，憂鬱，不願與他人交往，心慌意亂，煩悶不安，好生氣；

(4) 食慾下降，頭痛，失眠，便祕或腹瀉，血壓波動，心律不整等；

(5) 工作或學習效率下降，注意力不集中，記憶力減退等。

如果基本上符合上述幾項或者符合其中的 3 項並查不出其他原因，心理超負荷即可確立。這是對其身體健康狀況發生危險的報警信號，千萬不可輕視大意。

一旦發現自己的心理超負荷，就要予以正確對待。心理學家認為，對待心理超負荷的最好方法是「揚湯止沸」與「釜底抽薪」。所謂「揚湯止沸」，就是必須停止或減輕工作或學習量，立即休息或半休息。因為休息是減輕心理疲勞的有效措施。採取何種休息方式視具體情況而定。最好先好好的睡上一覺。如有失眠現象，應想盡辦法改善睡眠狀況，也可以短期服用少量催眠藥。條件允許，可以到公園或其他風景宜人的地方散散步，或到知心朋友家做客，或參加自己喜愛的文創體育活動。而「釜底抽薪」則是指消除劣性的精神刺激或長期緊張的病因。解除方法一是要本人能正確對待；二是需要得到同事、朋友特別是家屬親人的支持和幫助。

飲食不當與心理行為異常

日本學者鈴木雅子教授報導這樣一名女學生：經常用刀子削課桌，從屋頂上澆水和吐唾沫，吃飯時搶別人的荷包蛋、香腸吃，上課時突然跑出教室或發出怪聲，心理行為異常。據了解，她的飲食結構十分不合理，一天的食譜：不吃早餐和晚餐，只吃中餐及零食，中餐是麵包加可口可樂。零食有點心麵包三個，冰棒二根，杯裝泡麵二碗，肉包三個，可口可樂一公升。研究認為，她的心理行為異常是由於飲食結構不當，嚴重缺乏維生素和礦物質，進而影響大腦功能引起的。調整飲食結構後，果然逐步痊癒。近年來，飲食結構不當與心理行為異常的關係引起營養學家的普遍關心。鈴木雅子教授對大量中學生的飲食結構和心理行為異常的對照研究表明，長期飲食結構不當的人，容易出現焦急不安，容易生氣和突然發脾氣，做事沒有毅力和不想上學，經常用焦躁、衝動和發怒來發洩不滿。飲食結構不當主要表現在熱量攝取過多，蛋白質、維生素和微量元素攝取不足；氧化食品攝取過多，還原食品攝取不足。

B 群維生素缺乏與心理行為異常關係特別密切。動物實驗證明，維生素 B 群缺乏可減低大腦神經介質乙醯膽鹼含量，並可影響大腦細胞中葡萄糖代謝，使乳酸堆集，進而影響大腦功能，使腦子變得遲鈍，精神不集中，容易發脾氣等。美國麻州技林學的營養學博士長達七年的研究表明，食物中嚴重缺乏維生素 B1 的人往往心情沉悶，沮喪煩躁，動輒發脾氣。缺乏維生素 B2，易出現憂鬱、疲乏，學習能力下降。缺乏維生素 B6 與內源性憂鬱症密切相關。缺乏維生素 B12 可引起精神和感情障礙。菸鹼酸缺乏可引起煩躁、焦慮、憂鬱、健忘失眠和感覺異常，重的可有性格變化甚至出現狂躁、猜

疑、幻想等精神症狀。葉酸缺乏是多種精神疾病如憂鬱症、精神分裂症致病因素。研究人員指出，人們普遍食用的精糧、速食、飲料、含糖高的糕點等食品，B 群維生素含量嚴重不足，適當選用含 B 群維生素豐富的粗糧和堅果類食品是可取的。

「氧化食品」攝取過多，「還原食品」攝取不足也是影響大腦功能，引起心理行為異常的重要原因。「氧化食品」是指各種油炸食品、動物脂肪等富含過氧化脂類化合物的食物，攝取人體後可發生氧化反應，尤其是在腦血管壁的氧化反應，可以促使脂質沉積在腦動脈壁，促進腦動脈硬化，影響大腦血液供應和正常的功能，使頭腦遲鈍和引起心理行為異常，並可誘發痴呆症。「還原食品」是指含有豐富的抗氧化成分的食品，如各種新鮮蔬菜、水果含有大量抗氧化劑 β 胡蘿蔔素、維生素 A、維生素 C 等，攝取體內後，具有抗質化功效，對健腦和防止心理行為異常大有裨益。

中醫中的「心身」與「七情」

心身關係一直是歷代醫家關心的問題，早在兩千多年前的先秦時期，在《呂氏春秋》中就有「百病怒起」的記載。《黃帝內經》則提出「怒傷肝」「思傷脾」「恐傷腎」「喜傷心」「憂傷肺」的情志致病機理和「天人相應」心神合一的心身相關論和內傷七情的病因學說，及至明清的《名醫類案》等眾多的醫學專著，許多心身病症驗案，均系統深刻的闡述了中醫的心身觀，即「神」「形」兩者與養生防病的關係。

以「神形相即」為理論基礎，以形神互病的辯證思想，以心身並治為治療原則，形成了中醫心身醫學的獨特醫療體系。依此理論體系，中醫心身醫

學在治療心身疾病中採用了多種療法。如告之導之法，即用語言刺激對心理產生影響；移情變氣法，即說明發病緣故，轉移病人的不良精神因素；情志相勝法，即採用另一種情志活動，去戰勝調節因某種情志刺激而引起的疾病；暗示開導法，即由於某種原因，心理受到刺激，長久存在於自己的意識中，經過暗示開導，誘導患者造成治癒疾病所需的條件；順情從欲法，即順從患者的情緒、意志、滿足患者心身需要；移情易性法，即分散患者注意力，使患者從病的思想中解脫，從而達到調神去疾的目的；增強耐受法，即用語言使患者神志安定，或反覆刺激以增強其耐受性的方法；以詐還詐法，即借其欺而反欺之的心理療法。中醫學是「心身醫學」的發源地。它揭示了人體的心身關係，指出了心身疾病的發生及發展規律，論述了社會結構和經濟、文化、科學狀況與醫學發展的關係，並闡明了社會意識形態對醫學發展過程中的影響。《黃帝內經》中明確提出了精神對人體的主導作用：「百病皆生於氣」「精神內傷，身必敗亡」「喜怒不節必傷臟，臟傷則病起」等。

　　所謂七情，即喜、怒、憂、思、悲、恐、驚。它是人體在接受外界各種刺激後產生的情緒變化，是人的精神意識對外界客觀事物的反應，是一種與內臟相關的心理過程。一般情況下，七情屬於人的正常精神活動，是人體生理活動的一部分。正常情況下，人體不斷受到外來的包括精神方面的各種刺激而發生反應，但這些刺激大多為良性的，能使人精神振奮，心情舒暢，全身氣血流暢，血脈通利，臟腑功能活躍，從而有利於健康。

　　反之，如果情志刺激突然，強烈或長期持久，超過人體生理調節極限，就會導致臟腑氣血失調而發病。中醫稱之為「七情內傷。」即暴怒傷肝，驚喜傷心，思慮傷脾，悲憂傷肺，恐懼傷腎，引起臟腑氣機的逆亂，以及功能失調，氣血不和。正如《素問‧舉痛論》說：「怒則氣上」，「喜則氣緩」，「悲

則氣消」,「恐則氣下」,「驚則氣亂」「思則氣結」。甚則引起整個氣機逆亂,氣血不和,而誘發種種變證危象,以致昏厥等;思慮過度,致氣機阻滯,脾運不健,而出現消化不良。

七情失調雖然是一致病因素,但七情調適亦是治療疾病的有效方法。現代生理學、心身醫學的研究證實情志活動即大腦機能,與直接控制人體生命活動和物質代謝的大腦邊緣系統密切連繫。高興、歡欣、愉快等平穩的積極情緒狀態,能提高大腦整個神經系統的張力,提高腦力、體力勞動的忍受力,使各器官協調一致,整個內分泌系統和體內化學物質處於穩定的平衡狀態。

心理疾病也可以「病從口入」

現代人進食的目的已不僅是果腹,飲食已成為日新月異的文化,它不僅是人體的生理需要,還是影響心理的重要因素。常言道「病從口入」,而心理疾病又何嘗不會從口而入呢?如果你能充分了解各種食物所給予個性的影響,並注意食物的選擇,你會變成人見人愛的「個性美人」。

在我們每日進食的食物中,一些食物對人的個性有正面影響,而有些食物則有負面影響。譬如,喜食肉之人比較活潑外向且有行動力;喜食魚之人則比較消沉、消極,給人一種內向、安靜的薏覺。這是因為魚和肉中的蛋白質不同。另外,蔬菜是攝取蛋白質時必要食物,缺它就會缺乏維生素而使血液中尿酸增多,使人變得頑固、不知變通,且好以自我為中心。辣椒,一般人認為它屬刺激性食物,不利健康,其實適量攝取,能刺激大腦,促進分泌消化液,有助消化吸收。過鹹的食物,會使動脈硬化,使身體水分失去平

衡，使人變得有氣無力，無精打采。過多的甜食，會使人健忘且情緒不穩定。咖啡、紅茶含有咖啡因，如果過量飲用，將刺激大腦，即使晚上也呈現一種「脫睡狀態」，無論睡多少都很難消除疲勞。因此，你習慣進食的食物如何組合，就會使你變成怎樣一個特定個性的人。另外，影響個性的另一個因素為「吃法」。例如有些人不吃早餐，這不僅不利健康，還易使人暴躁易怒。吃飯過快，其人易產生急躁個性。細嚼慢嚥的人個性安定、冷靜。

生活中常見的飲食習慣特徵與改善方法有如下幾種：

經常自作主張且慣於對別人產生攻擊行為的人在飲食方面，喜歡吃肉以及辛辣性食物，且鹽分攝取過高，就容易造成這種積極、攻擊、易怒的個性。另外，因其不喜歡吃青菜，使得無法吸收到足夠的維生素，促使血液尿酸增加，而成為頑固不通的人。改善此個性的重點為肉類攝取維持現狀，但青菜要吃到肉的 3 倍量，且鹽分要減低，吃清淡一點，少進油炸性食物，多吃酸性食物。

喜歡照顧他人的賢妻良母型這類人溫柔善良且樂於助人，但其缺點是不善於適時拒絕別人，且優柔寡斷，無法勇敢的表現自己的感受與意願。這類人吃得往往很清淡，大部分吃青菜和魚，動物性蛋白質攝取量不夠，形成不願與人爭鬥、消極且優柔寡斷的性格。改善重點為每天一定要吃動物性蛋白質的食物，且多攝取鈣質等礦物質。

具有卓越的分析、判斷力的理智型個性這類人顯得冷靜客觀成熟，但事無鉅細都以機械化而缺感情色彩的方式處理，讓人覺得是冷血動物、缺少人情味。特別是女性，更覺得其缺少女人味而魅力全無。這類人多為動物蛋白質、維生素吃得過多，但對個性有負面影響的鹽分、糖分幾乎攝取很少，因此造成過於客觀、理智、凡事精打細算的個性。這些人對菜單、吃法都很講

究，所以健康方面也很良好。改善重點為稍微多吃一些含鹽分高的食物，吃一些甜食，且維持現在的飲食規律為上策。

感情、欲望毫不掩飾自然流露的天真爛漫型個性好惡感重，充滿想像力、幽默感，對自己的感情與欲望袒露無遺，喜歡追求新鮮感、流行感，無拘無束，好奇心強。但若過度則會變成任性脾氣，且以自我為中心的人。這類人不但喜歡吃肉類，還常常吃乳製品，因此精力充沛，且辛辣食物也常吃，常暴飲暴食，或空腹不食東西，這樣會破壞人體激素的恆常代謝機能。改善重點為能夠養成規則的飲食習慣及穩定的飲食情緒，多攝取維生素 B1 及礦物質。

柔順而依賴性強的個性在人際關係中一味的考慮別人而漠視自己，被人牽著鼻子走則不是好事。這種人更易悲觀沒自信，平時不注重也不太喜歡吃，平常只吃零食、糖果餅乾、速食等，這樣會變得更為消極，要引起注意。改善重點為減少攝取糖分和鹽分，多吃些肉類食物，且少吃綠色蔬菜及乳類食品。

精神憂鬱與心臟病發作

對於心臟病發作後的倖存者，以往最關心的是如何堅持有關心臟病的治療，預防復發。新近研究發現，精神憂鬱是心臟病發作後最危險的致命因素。心肌梗塞後伴有憂鬱症的患者，短期內死亡率是沒有憂鬱症患者的 5.7 倍。如何解除精神憂鬱是降低心臟病發作後死亡率的不容忽視的問題。

據《美國醫學會雜誌》報導，加拿大魁北克省蒙特婁心臟病研究所的心理學家南茜·弗萊嘯·史密斯博士領導的研究小組調查研究了在某醫院住院

治療後出院的 222 例心肌梗塞患者，年齡在 24 歲～ 88 歲，平均 60 歲。出院後 15 天內，全部病人接受一次有關精神病學方面的談話和檢查，發現其中 35 例患者有憂鬱症，其主要表現為過度悲傷、深感自己人生道路上無助無望、前途茫茫，各種興趣索然。其餘 187 例則無明顯憂鬱症表現。就心臟病的症狀和病史而言，憂鬱症組病人的症狀並不比非憂鬱症組嚴重，病史也並不更長。然而在出院後的 6 個月內，憂鬱症組病人的病死率高達 17%，非憂鬱症組病死率僅 3%。研究認為，心臟病發作後出現精神憂鬱，引起人體應激反應，會導致神經和內分泌功能紊亂，免疫機能下降，不但可以直接影響心臟的泵血功能，而且還可使血液濃稠度增加，容易形成血凝塊，阻塞冠狀動脈，造成第二次心臟病發作。另外，精神憂鬱的人往往不會按照醫生囑咐堅持服藥，更不去戒菸、控制飲食和進行適度的體能鍛鍊。這些均是造成心臟病發作後伴有憂鬱症的人病死率顯著增高的原因。

研究還發現，沒有親人和好友的心臟病患者，在心臟病發作以後，最容易得憂鬱症。來自至愛親朋和社會各方面的精神和物質上的支持，可以作為一種保護因數，減輕壓力源 —— 精神憂鬱對人體衝擊，這對順利的控制心理應激反應，防治心臟病復發具有舉足輕重的作用。因此，家庭和社會要對心臟病患者給予更多的精神和心理上支持，要配合醫生對病人進行心理疏導，使其保持一種樂觀、平靜的心理狀態，增強戰勝疾病的信心。另外，要督促和鼓勵病人堅持服用治療心臟病藥物，改變不良生活方式，包括控制脂肪和食鹽攝取，戒菸，少飲酒，參加適度的體能鍛鍊等。

退縮行為與心理健康

成人時期的許多心理障礙及心理問題，都與兒童時期的心理發育不良

有關係。許多優秀的心態,如堅強的意志,良好的自主性、自信心,良好的人際關係、社會適應能力,也是以兒童和少年時期的心理健康發展為基礎。父母們僅單純強調孩子智力培養已遠遠不夠,還應注意培養孩子的非智力因素。

　　現代家庭的孩子,有相當一部分平時表現正常,只有在社交情境或團體生活中才出現異樣表現,如見生人害羞,不說話,迴避團體活動,不敢與人交往,表情淡漠等,這在心理學上稱之為社交性退縮,是兒童不良個性心態中的一種。其原因是多方面的,有的屬於氣質性社交障礙,生性靦腆、膽小脆弱、喜歡獨處;有的屬於挫折性社交障礙,由於某次社交情境中不愉快的挫折經驗而產生自卑,為尋求自我保護而怕與人交往;有的則是由於家庭教養不當造成的封閉性格,特別是孩子幼時處於一個封閉環境,受父母分過保護,缺乏與同伴交往的實踐。家長如何從小培養兒童的社交能力,預防並幫助孩子克服社交性退縮呢?

　　首先要為孩子創造一個開放式的家庭環境。家庭環境封閉可以使兒童從小出現的交友意願逐漸萎縮,導致孩子形成封閉性人格。如果父母在孩子社會交際性處於萌芽階段時,把握時機的提供給孩子多種社會生活和交往體驗的話,可以預防孩子出現社交性退縮。因此,家長應該盡可能為孩子打開生活空間,不要讓孩子只生活在單一的家庭環境中,應鼓勵孩子走出家門,廣交朋友。減弱孩子對不同人、不同情境的陌生感,這自然會降低他們的社交恐懼感。

　　其次要為孩子提供充分的心理準備。在孩子面對社會環境之前,父母應為孩子提供充分的心理準備,做孩子的「大朋友」,為孩子提供交際實習情境。如先與孩子玩各種假設情境遊戲,扮演不同角色,處理各種問題。在遊

戲過程中，潛移默化的教給孩子一些交往技能。然後，由父母作為仲介人，幫助孩子與其他兒童建立連繫，最後，父母退出孩子的社交圈，讓孩子能獨立與人交往。這種方法可消除和防止孩子出現社交性退縮。孩子有充分的心理準備，就有了良好的開端。

再次要及早讓孩子參與團體生活。孩子在 3 歲之後開始產生了交往的願望，這預示了他們交往心理萌發。只和成人特別是父母交往已經不能滿足他們的這種社會需求了，他們強烈希望與同儕交流、溝通。這時，如果將孩子及時送入幼兒園，在團體生活中滿足他們的要求，會使孩子的社交能力獲得良好的發展，有更多的交往活動，有更強的社交能力。

否則，孩子長大以後，面對陌生、複雜的社會環境，會不知所措，膽怯退縮，無法在現代社會激烈的生存競爭中立足和發展。

中醫中奇妙的情志相勝療法

中醫學十分重視喜、怒、憂、思、悲、恐、驚七情致病的心理因素，也十分重視情志相勝的心理療法。情志活動是身體在正常調節下對客觀事物各種刺激所產生的不同的適應性精神反應。

在一般情況下七情屬於正常的精神活動範圍，是生理現象，並不會使人致病。相反，若沒有正常的七情反應，則屬病態。故俗話說：「喜怒哀樂乃人之常情」。所謂七情致病，是指情志波動過於突然，過於強烈，超過了人體本身生理耐受程度，使人體的氣機紊亂，從而導致疾病的發生。故有喜傷心、怒傷肝、思傷脾、悲傷肺、恐傷腎。七情分屬五臟，以喜、怒、思、悲、恐為代表，又稱之為「五志」。用一種情志去糾正所勝的情志，可以達到治病的

目的。這方法可歸納為：「喜勝悲」「悲勝怒」「怒勝思」「思勝恐」「恐勝喜」。

　　據《徐洄溪醫案》記載：清朝一新中狀元因歡喜若狂，笑無休止，便到徐洄溪那裡求醫，徐詢問病情後說：「你這病已無法醫治了，再過七天一定會死的。」這位新中狀元聽後驚恐萬分。七天後這位狀元不但未死，相反病症痊癒，便嘲笑起徐洄溪來。這時隨從才呈上徐留下的書柬，狀元看後方才明白。徐正是採用了「恐勝喜」的情志相勝療法。

　　又如怒則氣上，頭痛易怒、胸悶脅痛、突發昏厥，而悲則氣消，用悲來改變因怒所產生的氣逆，以緩解其對人體的衝擊，故有「悲勝怒」之說。日常生活中，過於悲傷的人神色不足、氣短無力、頹喪懊惱，失去其活力，人們用美好的事去勸慰，也就是運用了「喜勝悲」的道理。因驚恐而致病的人，心悸怔忡、腰痠腿軟、舉止失常，使其以思考驚恐的原因以消除之，可使疾病痊癒，即是「思勝恐」療法。憂思不斷，必患鬱結，食納不香，憂鬱寡歡，心煩不眠。對此，採用怒去衝破鬱思之苦，其病可在大怒之下而消除，即是「怒勝思」重新調整了心理的結果。總之，精神情志刺激致病雖可傷及五臟，但根據臨床觀察，心主神志，為一身之大主，心病還需心來醫是有醫學道理的。

　　情志相勝的心理療法，在某些場合下可使藥物治療遜色，但必須因時、因地、因人制宜。同時配合必要的藥物治療，對疾病的治癒將更加有利。

第二章　心態關乎健康大問題

第三章　積極心態是身心健康的基礎

　　人生之路漫漫，沒有誰不經歷一些困苦，不走過幾段坎坷路途。這時，就有一個如何面對困境的問題。有些人在困境中不堪重負，被壓彎了腰；有些人在困境中卻能夠鬥志昂揚，披荊斬棘，最後走向成功；有些人不安於現狀，邁向一個生命的高峰之後，還想要再邁向更高的高峰。

　　只有心態積極的人，才能獲得最後的成功。

心態決定人體潛能的發揮

　　人類的一個主要弱點就是人們非常熟悉的「不可能」一詞，這個詞顯示出一切規則都不起作用，任何事都做不成。這個世界上不可能的事太多了。我不可能在一夜之間成為總統。我永遠不可能擁有 1000 萬，人們常常被這種消極的心態支配著，才導致大部分人一生半窮不窮，半富不富。而實際的情況是怎麼回事呢？

　　成功總是伴隨那些有自我成功意識的人！失敗總是伴隨著那些在乎自我失敗意識的人！

　　人們要學會在頭腦中將失敗意識轉變為成功意識。只要你充分發揮自己的潛力，敢於做別人認為不能做，不可能做的事，你就一定能成功。

　　事實上，我們的心態在基本上決定了我們潛能的發揮，從而也決定了人生的成敗：

(1)　我們怎樣面對生活，生活就怎樣對待我們。

(2)　我們怎樣對待別人，別人就怎樣對待我們。

(3)　我們在一項任務剛開始時的心態決定了最後有多大的成功，這比任何其他因素都重要。

(4)　人們在任何重要組織中地位越高，就越能找到最佳的心態。

　　難怪有人說，我們的環境 —— 心理的、感情的、精神的，完全由我們自己的心態來創造。

　　心態分為兩種，積極心態能發揮潛能，能吸引財富、成功、快樂和健康，消極心態能排斥這些東西，奪走生活中的一切，它使人終身陷在谷底，即使爬到了巔峰，也會被拖下來。

積極的心態特點是信心、希望、誠實、愛心和踏實等；消極心態的特點是悲觀、失望、自卑、欺騙等。

一個有積極心態的人被大水困住，只得爬上屋頂，鄰居中有人漂浮過來說：「約翰，這次大水真可怕啊。」約翰回答說：「不，它並不怎麼壞。」鄰居有點吃驚，就反駁道：「你怎麼說不怎麼壞，你的雞舍已經被沖走了。」約翰回答：「是的，我知道，但是我 6 個月以前養的鴨子在附近游泳。」「但是，約翰，這次大水損害了你的農作物。」這位鄰居堅持說。約翰仍然不屈服的說：「不，我的農作物因為缺水而損壞了。就在上週，代理人告訴我，我的土地需要更多的水，因此這下就解決問題了。」

這位悲觀的鄰居又再次對他那位歡笑的朋友說：「但是你看，約翰，大水還在上漲，就要漲到你的窗戶上了。」這位樂觀的朋友笑得更開心了，說道：「我希望如此，這些窗戶實在太髒了，需要沖洗一下。」這是個玩笑，很幽默。顯然，約翰已經決定以積極的態度來應付各種情況，百科全書上說，心態是為達到某種目的而採取的心境或姿勢，經過一段時間以後，即使遇到消極的情況，你也能使心靈自動的做出積極的反應。達到這種境界，你必須以很多良好、清潔、有利的資訊來充實你的心靈，甚至隨時保持這種狀況。由此可見，潛能的發揮成功與否，關鍵在於心態。

積極的心態有助於發揮潛能

世界冠軍摩拉里就是這樣做的，早在少不更事、守著電視看奧運競賽的年紀，他的心中就充滿了夢想，夢想著即將到來的有趣之事。1984 年的一個機會出現了，在他擅長的項目中，他成為全世界的最優秀的游泳者，但在洛

杉磯的奧運會上，卻只拿了亞軍，想像與夢想並沒有實現。

他重新回到夢想中，回到游泳池中，又開始了訓練。這一次目標是 1988 年韓國漢城奧運會金牌，他的夢想在奧運預選賽時就煙消雲散，他竟然被淘汰。

跟大多數人一樣。他變得很沮喪，把這份夢想深埋心中，跑去康乃爾念律師學校。有 3 年的時間，他很少游泳。可是心中始終有股烈焰，他無法抑制這份渴望。

離 1992 年夏季賽不到一年的時間，他決定再孤注一擲。在這項屬於年輕人的游泳比賽中，他算是高齡，簡直就如同拿著槍矛戳風車的現代堂‧吉訶德，想贏得百米蝶式泳賽的想法簡直愚不可及。

對他而言，這也是一段悲傷艱難的時刻，因為他的母親因病離世了。她將無法和他分享勝利的成果，可是追悼母親的精神加強了他的決心和意志，令人驚訝的是，他不僅成為美國代表隊成員，還贏得了初賽。

他的記錄比世界記錄慢了一秒多，在競賽中他勢必要創造一個奇蹟。

加強想像，增加意想訓練，不停的訓練，他在心中仔細規劃賽程，不用 1 分鐘，他就能將比賽從頭到尾，像透過水晶般仔細看過一遍，他的速度會占盡優勢。

預先想像了賽程，他就開始游泳了，而那天，他真的站在領獎台上，看著星條旗冉冉上升，美國國歌響起，頸上掛著金牌，憑著他的積極心態，摩拉里將夢想化為勝利，美夢成真。雪麗，1980 年美國小姐，11 歲時遭遇車禍，她的左腿被壓碎，縫合了 100 多針，醫生告訴她，她永遠不能走路了。然而，在幾年後的一個基督教興奮培靈大會上，她看見自己的左腿「立刻長長了兩寸」，她說這是靠上帝的奇蹟走路的。但是另一個同樣的奇蹟在於她的

積極的心態。

雪麗可以坐下來放棄，許多人都可以這麼做，那麼她到底從哪得到如此絕妙的態度？在車禍發生前的一個偶然事件直接影響到她對自己的看法。5歲那年，在一間小雜貨點內，有個送牛奶的人看著她，並且對她說，她將來會成為美國小姐，雪麗相信他，也正式由這麼個積極有利的想法，誕生了積極的心態，也誕生了 1980 年的美國小姐。

因此，語言是世界上最神奇的力量，帶著愛，希望和鼓勵的積極語言往往能將一個人提升到更高的境界，總之，帶著失望，怨恨的消極語言也能毀滅一個人。因此，我們一定要小心自己的心態。

不思進取是健康的絆腳石

在我們周圍，你可以發現這樣許多人：他們的生活狀態不一定很好，可也不算很壞；他們生活的素養不高，可也不算很低；他們的人生說不上成功，也算不上失敗。他們人生最大的願望，就是能將他們目前的生活狀態保持下去，不願意有所改變。他們也想過冒險，從而使自己的人生更加豐富多彩。但他們又擔心萬一失敗連自己現有的也失去了。也就是說，不思進取，尋求一種生活的安全感成了他們追求的最高的人生目標。

客觀的說，隨遇而安、過一種普普通通的生活這也是一種人生，因為我們大多數人都是這麼過的。但是，如果總是隨遇而安，把所謂的生活安全感放在人生的第一位，久而久之，就會在我們的心理上形成一種惰性，機會來到門前也不會把握。

因此，從某種意義上說，安於現狀是成功發展的絆腳石，因為安於現狀

並不安全。

安於現狀的人，他們的心理的共同特徵是：普遍缺乏控制想像的能力。他們往往會打開自己的心扉，收聽有關自身的好消息和壞消息。於是，在一個很短的時間裡，他們就能想出好幾十種甚至幾百種於自己不幸的事情。但是，那些成功的人，那些具有遠大發展目標的人，卻能控制自己的幻想，預見自己擁有一切美好的事物。

其實，如果我們除去人生中種種可能的風險，將可能連帶而生的種種驚奇也一併消除了，生命對許多人而言，竟然顯得那麼的蒼白與無聊，也顯得那樣的無趣。對我們而言，生命所

以有意義，就在於有著許多的偶然，許多的不可知性，許多的變數，人生才顯得多采多姿。如果人生的一切我們事先都清清楚楚、明明白白，人生也就失去了它的意義。對於人生的未來，只有一件事情我們清清楚楚，那就是生命總有終結的一天。但在生命終結之前，一切的可能性都是存在的。

因此，如果我們不想安於現狀，就學著喜歡過一種驚險刺激、有聲有色的生活。

在生活中，我們有許多人喜歡體力接觸的體育運動，例如足球，例如拳擊；我們也有許多人喜歡到一些有刺激的娛樂設施的遊樂場，去參加「高空彈跳」運動，坐雲霄飛車、大怒神，好讓自己充分體會「嚇得半死」的那種刺激的感覺。人們因此要「花錢買罪受」，就是為了享受那種感覺。其實，這種做法我們盡可以將它用於我們的人生、我們的工作、我們的事業發展上。

一個真正的學問家不會害怕別人提出難以解答的問題；大政治家每天都會戰戰兢兢、提心吊膽，因為政治隨時可能破產；一個具有積極的成功導向的人，絕不會為下個月的帳單而煩惱；一個學得很好的學生往往喜歡老師進

行臨時測驗。他們在這些活動中，都充分體會到了人生刺激的感覺。

人生之路漫漫，沒有誰不經歷一些困苦，不走過幾段坎坷路途。這時，就有一個如何面對困境的問題。有些人在困境中不堪重負，被壓彎了腰；有些人在困境中卻能夠鬥志昂揚，披荊斬棘，最後走向成功；有些人不安於現狀，邁向一個生命的高峰之後，還想要再邁向更高的高峰。

成功者需要後兩種人那樣的素養。作為成功者，必定要經受更多的生活考驗和磨難。而磨難當頭卻百折不回，困境之中卻保持熱情，才能夠現出其「英雄本色」。順境之中不滿足，也能夠現出成功者獨特的人格。

身處困境，不悲觀失望，而是充滿熱情！身處順境，不忘乎因此，而是再攀新高峰，這是成功者應該具備的優良素養。

只有具備這樣的素養，才能做到「勝不驕，敗不餒」。的確，人生對於我們每個人都只有一次，如果你從安於現狀的狀態下走了出來，那麼，對你來說，你已經有了兩次發展自己人生的機會。而且，一個人也只有不安於現狀，不斷進取，才能不斷的發展自己，成就自己。

改變人生從走出萎靡不振的狀態開始

世間有一種最難治也是最普遍的毛病就是「萎靡不振」，「萎靡不振」往往使人完全陷於絕望的境地。

一個年輕人如果萎靡不振，那麼他的行動必然緩慢，臉上必定毫無生氣，做起事來也會弄得一塌糊塗、不可收拾。他的身體看上去就如同沒有骨頭一樣，渾身軟弱無力，彷彿一碰就倒，整個人看起來總是糊里糊塗、呆頭呆腦、無精打采。

第三章 積極心態是身心健康的基礎

　　年輕人一定要注意，千萬不要與那些頹廢不堪、沒有志氣的人來往。一個人一旦有了這種壞習氣，即使後來幡然悔悟，他的生活和事業也必然要受到很大的打擊。

　　遲疑不決、優柔寡斷無論對成功還是對人格修養都有很大的傷害。優柔寡斷的人一遇到問題往往東猜西想，左右思量，不到逼上梁山之日絕不做出決定。久而久之，他就養成了遇事不能當機立斷的習慣，他也不再相信自己。由於這一習慣，他原本所具有的各種能力也會跟著退化。

　　一個萎靡不振、沒有主見的人，一遇到事情就習慣性的「先放在一邊」，說起話來也是吞吞吐吐、毫無力量；更為可悲的是，他不大相信自己會做成好的事業。反之，那些意志堅強的人習慣「說做就做」，凡事都有他的定見，並且有很強的自信心，能堅持自己的意見和信仰。如果你遇見這種人，一定會感受到他精力的充沛、處事的果斷、為人的勇敢。這種人認為自己是對的，就大聲的說出來；遇到確信應該做的事，就盡力去做。

　　有一部題目叫《小領袖》的作品，描寫了一個凡事都優柔寡斷、遲疑不決的人，他從小時候就說，要把附近一棵擋著路的樹砍掉，但卻一直沒有真正動手去砍。隨著時間的推移，那株樹也漸漸長大，等他兩鬢斑白時，那株大樹依然擋在那路中間。最後，那老人還是說：「我已經老了，應該去找一把斧頭來了！」此外，還有一個藝術家，他早就對朋友們說，準備畫一幅聖母瑪麗亞的像。但他一直沒有動手，他整天在腦子裡設計畫的姿勢和配色，一會兒說這樣不好，一會兒說那樣也不好。為了構思這幅畫，那人簡直其他任何事情都做不成，但是直到他去世，這張他整日構思但一直沒有動筆的「名畫」還是沒有問世。

　　對於世界上的任何事業來說，不肯專心、沒有決心、不願吃苦，就絕不

會有成功的希望。獲得成功的唯一道路就是下定決心、全力以赴的去做。

遇到事情猶豫不決、優柔寡斷，見人無精打采的人，從來無法給別人留下好的印象，也就無法獲得別人的信任和幫助。

只有那些精神振奮、踏實肯做、意志堅決、富有魄力的人，才能在他人心目中樹立起信用。不能獲得他人信任的人是無法成功的。

對於手頭的任何工作，我們都應該集中全副精神和所有力量。即使是寫信、打雜等微不足道的小事，也應集中精力去做。與此同時，一旦做出決策，就要立刻行動，否則，一旦養成拖延的不良習慣，人的一生大概也不會有太大希望了。

世界上有很多人都埋怨自己的命不好，別人為什麼容易成功，而自己卻一點成就都沒有呢？其實，他們不知道，失敗的原因只能是他們自己，比如他們不肯在工作上集中全部心思和智力；比如做起事來，他們無精打采、萎靡不振；比如他們沒有遠大的抱負，在事業發展過程中也沒有去排除障礙的決心；比如他們沒有使全身的力量集中起來，匯成滔滔洪流。

以無精打采的精神、拖泥帶水的做事方法、隨隨便便的態度去做事，不可能有成功的希望。只有那些意志堅定、勤勉努力、決策果斷、做事敏捷、反應迅速的人，只有為人誠懇、充滿熱忱、血氣如潮、富有思想的人，才能把自己的事業帶入成功的軌道。

我們在都市裡的街頭巷尾，經常可以看到一些到處漂泊、沒有固定住處、甚至吃了上一頓飯沒下一頓飯的人，他們都是生存競爭賽場上的失敗者，敗在那些有魄力、有決心的人手下。主要原因就是他們沒有堅定的主意，提不起振奮的精神，因此，他們的前途必然是一片慘澹，這又使他們失去了再度奮鬥的勇氣。如今，彷彿他們唯一的出路就是到處漂泊、四

處流浪。

　　年輕人最易感染又是最可怕的疾病就是沒有明確的目標和沒有自己的見地，就是因為這一點，他們的境況常常越來越差，甚至到了不可收拾的地步。他們苟安於平庸、無聊、枯燥、乏味的生活，得過且過的想法支配著他們的頭腦。他們從來想不到要振奮精神，拿出勇氣，奮力向前，結果淪落到自暴自棄的境地。之因此如此，都是因為他們缺乏遠大的目標和正確的思想。隨後，自暴自棄的態度竟然成為了他們的習慣。他們從此不再有計畫、不再有目標、不再有希望，勸服他們，要他們重新做人，實在是一件萬難的事。要對一個剛從學校跨入社會、熱血沸騰、雄心勃勃的年輕人指出一條正確的道路，是一件比較容易的事，但要想改變一個屢次失敗、意志消沉、精神頹廢者的命運，似乎是難上加難。對這些人來說，彷彿所有的力量都已消失殆盡，所有的希望都已全部死亡，他們的身體看上去也如同行屍走肉一般，再也沒有重新振作的精神和力量了。

　　其實，世界上不少失敗者的一生都沒有大的過錯，但由於本身弱點太多，懦弱而無能，結果做事情容易半途而廢，一遇挫折便不求上進。沒有堅強的意志，沒有持久的忍耐力，更沒有敢做敢為的決斷力，使他們陷於失敗的境地。這些可憐的人啊！其實，如果他們能徹底反省，再尋得一個切實的目標，立下決心，並能持之以恆，他們的前途仍是大有希望的。

每一天都會有新的開始

　　生活在美國科羅拉多州大峽谷中的鵰，用一種特殊的樹枝築巢，這種樹枝特別硬，還有很多刺。為了尋找這種樹枝，雌鵰每天要飛到很遠的地方

去找。巢建好後，雌鷴還要在上面鋪上樹葉、羽毛、雜草，防止幼鷴被刺扎傷。隨著幼鷴的漸漸長大，牠們開始在窩內爭奪生存空間。牠們對食物的需求量迅速增加，以至於雌鷴再也滿足不了牠們的需求。牠本能的感到，為了讓這窩幼鷴生存下來，就必須讓牠們離巢。

為了激發幼鷴的獨立生存能力，雌鷴開始撤去巢內的樹葉、羽毛等，讓樹枝上的尖刺顯露出來。因為待在巢裡感到難受，幼鷴紛紛躲到巢的邊緣上。這時，雌鷴就逗引牠們離開巢穴，一旦幼鷴離巢後向下墜落時，牠們就拼命的撲打著翅膀阻止墜落，你知道接下來發生了什麼？ —— 牠們開始飛行！

作為人類，我們自己也往往會遇到類似的情景。生活常常逼迫我們離開從前那個安全而熟悉的環境，走上未知的征途。出於對未知的恐懼，我們大概一開始都會抵制變化。但是生活環境的「尖刺」會變得日益難以忍受，正像那些長大的幼鷴，我們不得不邁步向前。

很有意思的是，我們的生活可以重新開始！每一天的生活對於我們來說都是一次新的體驗。「勤奮」工作的人們可以問一問自己：「我真正度過了這麼多年，今日如昨日，今年似去年，我是否空耗時日？」

愛迪生曾經說過：「倘若你要做二十年前曾經做過的事情，你會發現，還有更好的辦法。」這句話的確很有道理。

美國有一位85歲高齡的老太太曾經這樣說過：「倘若我的生命重新開始，我就敢於犯更多的錯誤。我會讓自己變得柔順。我會比今生過得糊塗。我會去爬更多的山，涉更多的江河。我會吃更多的霜淇淋，吃更少的豆子……」

「你知道，我是那種一刻比一刻、一天比一天更明智更穩健的人。我擁有過自己的得意時光；如果我的生活能夠重來一次，我會有更得意的時光！實

際上，我除了要努力使自己過得得意外，其餘全不在考慮之內！

「這不是太叫人高興了嗎！只享受得意 —— 得意事一件連著一件。不是像今生這樣，一天一天的度過了這麼多年。」「我一直是許多平凡人中的一個，不管走到哪裡，手裡總拿著熱水瓶、雨衣、雨傘！如果我能夠再活一次，我的人生旅途就會更精彩。……我會去參加更多的舞會。我會更多的去玩旋轉木馬。我會去採更多的雛菊……」

俗話說：「生活即變化，變化即生活。」換句話說，周圍處處有變化。為了我們促進成長，允許變化自然的發生是十分重要的。當我們抵制變化時，常常就阻礙了進步和發展。我們努力向前邁進，尋找新的和更好的生活方式，也許會發現從未見過的辦法，這樣，我們就可以為自己和他人帶來進步與發展。摩西老奶奶到了晚年才從事繪畫，風格上很有創新精神。

如果她缺乏繼續使自己接受教育的勇氣，或者停止她在創作方面的成長，我們就沒有機會欣賞到她的作品了。聞名世界的肯德基炸雞的發明人桑德斯上校到了 60 多歲才開始學習速食業務並申請政府特許。也許，你正在感受精神覺醒方面的較大發展，你的意識在活動中使自己得到新生：你可能看到，你正在使自己的生活跨入新的階段，不斷得到益處。這個變化是可以天天發生，持續不斷的。

戴爾·卡內基曾說：「如果你總是按常規做事，就不可能取得進步和發展。」這首先需要我們在思維的領域裡敢於突破，敢於變化。

突破思維定勢的關鍵，是要多角度思考、看問題。在創新過程中，在積極尋求某種新的設想時，要有意識的拋開頭腦中已形成的思考同類問題的程序和模式，即思維定勢，要警惕和排除它對形成新的思路可能產生的束縛作用。

美國作家埃米特‧福克斯寫道：解決問題的唯一途徑，就是「將你的意識提高到你所遇到的困難的水準之上。」一個問題既然成為了擺在你面前的障礙，你就很難正確的掌握它，因為，它已經占據了你的整個意識領域。一個旅行者從草地上看去，一片森林可能對他構成不小的麻煩：高大的樹木擋住了他前往目的地的道路。提高了的意識彷彿是一顆熱氣球，當熱氣球升至足夠的高度，整個森林就能盡收眼底，森林跟它周圍環境的關係也就一目了然。距離、高度和提高的意識水準，都可能為我們提供一個縱觀全面的視角，幫助我們制定出應付當前挑戰的方案。

決定與判斷，建立在我們收集到資訊的基礎上，而資訊主要來自於我們的五種官能：觸覺、味覺、嗅覺、視覺和聽覺。還有一些判斷是借助於一般感官之上的某種超驗感覺做出的，或許對我們更有利。這種非凡的辨識力一般認為是透過預感（有時稱作「直覺」）獲得的，有時的確十分靈驗。

「勤奮」工作的人們與其把時間都投入到日復一日、年復一年沒有變化的工作中去，不如在自己的思維領域從而在自己的工作中尋求突破和變化，我們要關心新的可能性，發現更好的做事方法，改變常規。就如同蝴蝶完成牠的變形一樣，我們會發現，我們不能再待在自己製造的保護傘後面了。我們內心的某種東西掙扎著要自由，要衝破停滯，上升到一個新的領域。也許，你渴望在這新的一天發現你的真正價值。

積極進取的人生最健康

積極的人生就是一個不斷學習、不斷進取的過程。終身學習是一件人生的大事。我們的學習，在改進自己，是成功的一種保證。學問是沒有止境

的，我們目前所知道的，只不過是滄海一粟，就算你讀完了大學課程，其實也只不過是一個走向社會的基礎而已。所知依然有限。

學海無涯，唯勤是舟，只有不斷的學習，才會保持進步。尤其是在追求人生目標的時候，不斷學習有著極重要的意義。因為時代的知識一日千里，更新的速度非常快。最典型的莫過於電腦網路知識了。你對於電腦也許知道得很多，對操作方式和系統瞭若指掌。但是，如果你在三個月前便停止了學習電腦，沒有更新自己的知識；那麼，三個月之後的今日，你就會發現原來自己已經和電腦的發展脫了節。

此外，電腦還有各種樣的新軟體及硬體發明，用起來越來越方便，功能也越來越多。以前，你可能要學習很複雜的電腦語言，一條又一條的指令，輸入錯一條便無法讓電腦按你的指示去做。光記那些指令就很花記憶力。但到現在，更新的作業系統把電腦大大人性化了，操作起來容易得多了。

當你停止學習後，你的知識水準便落後了。如果你是醫科畢業生，你對此的感受也會更深。每個地區的醫學研究所，或有分布的醫院，都不會忽略醫學研究，探討生理和病理，推翻昨日的理論而建立新的想法，務求更加接近生理病理的真相。而各藥廠也不斷投資研究不同的藥物，希望有新的發明對付難治的疾病，或是發明新藥去取代有嚴重副作用的舊藥。

如果一個人還沒有掌握到一門特別的知識或技術去實現自己的目標，那他就應該先好好考慮自己要學些什麼，作為邁向事業目標的基礎。

比如：如果你想行醫，你就一定要學習醫術，以幾年時間把一門醫術的基礎掌握好。在一般的醫學院，你可以學習西方的醫療技術，也可以選擇中醫學。在英美等地，也有另一些療法，如自然療法、同類療法、脊椎神經科療法等。或是去研究個別的醫療專業，如營養學、物理治療、職業治療等。

這只是一個基礎。有些基礎，你才有機會更上一層樓。

欠缺最基本的基礎知識，那就什麼都談不上，甚至連起步的機會也沒有。當然，一些非專業性的學科，不必有這樣的局限，一些沒資歷的人也可以成才。

最直接最容易採取的就是學習。學習有很多種方式，閱讀就是其中之一。有很多智者學者，各行各業的高人，都有著作留傳。這些成功人士把自己的經驗和知識寫出來，讓世人得到此書之後能得其真傳。因此，閱讀書籍，可以獲得很多寶貴的知識。

我們不僅要讀書，而且要讀好書。讀一千本閒書，不如讀一本有分量的著作。一個人要小心選擇書籍。在選書時，首先要選擇和自己的事業目標有關的，不要跟風跟潮流。就算是一些有分量的著作，但如果和你的事業扯不上任何關係的，那也僅是閒書。例如：你從事醫藥事業，那就應多看專業醫療人員撰寫的著作以及和醫療衛生有關的心理學及各種行為科學等，也可以涉獵營養、心理學、安全性行為、食品基因工程、環境汙染等。

其他們類的書籍不是不可以讀，但要知道那是消閒娛樂的讀書，而非增加達到目標的本錢。例如：從事醫藥事業的，閱讀關於小說的書籍。

當然，正如五四時代的思想導師胡適先生所說：「為學要如金字塔，要能博大要能高。」能廣泛的涉獵，對自己的本行本業，也有一定的好處，但選書閱讀時務必要分清楚主次。一些和自己本行相關的學問，要列在自修讀書的首位，然後再讀一些相關的書籍。例如：以當上專業會計師為目標的，除了要學習指定的相關知識外，各類和商業、經營、財務有關的著作，甚至政治，或是商企成功人士傳記等，閱讀也會非常有益。

除了閱讀書籍自修外，也應該參加專人指導的學習班。和讀書一樣，也

應該選擇和自己目標相關的課程。選擇一些像大學院校或是專業培訓學院那類的課程學習，有層次有進度，這才能跟上時代重塑自己，這類課程具有實用性。但如果你已經在某行業某專業當中有了基礎，那麼，不一定要參加這類課程，反而可以參加那些由個別重量級人物主講的短期課程、講座等。

選擇作為精讀研究的書籍及參加課程，更應重視「名家效應」。精讀書籍及上課，務必要看重名牌。因為名師出高徒，這是肯定的。人也只有站在巨人們肩膀上才能成為巨人。名家因此是名家，絕不會是浪得虛名，而是有其實力。在某個範疇內有其獨到之處，是經過了多少年苦心孤詣所得，是有真才實學值得學習的。

學習任何技術及知識，都是一樣。重視真才實學的人，對你的學習絕對有益。讀書讀名家寫的，上課要跟名家學，如果你不知道他們是否是有名氣的人，可以看看他們的履歷，了解他們的背景，作為判斷。這樣學習進修，才能事半功倍。

學會從積極的角度看問題

問題的好與壞，以及如何處理，通常因角度不同，不同的人會有不同的想法。

看問題的時候，凡是能站在一個積極的角度上的人，心中自然少有自卑感。假如一位女士長得胖些，積極的心態應該是這樣的 —— 她會想：這是我強壯、生活富足的表現，我不是弱者。自卑的人則會想，這是件痛苦的事情，認為自己的身體太難看了，顯然，第二種心態只會令你更加不自信，從而自卑了。

　　商界中的人，也許會因自己的企業規模很小而有不同想法：如果你充滿信心，你會覺得這正好是一個發展的機會，正好是你磨練自己、挑戰自我的時候；自卑者則會認為自己這輩子沒什麼大前途了，肯定競爭不過那些大企業。於是會自滿於小小的成績而永遠也發展不大了。

　　其實，只要你敢想，一切都是美好、樂觀的。必要的時候，不妨來點精神勝利法來鼓勵自己。你可以對自己說：以後機會很多，不能因為這次的小小失敗而不相信自己。

　　許多時候，你也許會受到悲觀主義者的影響，但你必須加以避免。你不妨把注意力轉移到自己最感興趣的事情上，想想那些令你感到愉快的事，回憶你過去的成功之處，然後你可以對自己說：「我原來也是很優秀的，現在做不好肯定有別的原因。」於是你會在尋找解決方案中逐漸的相信自己了。當你的心理壓力減輕之後，你就會對那種消沉的想法感到不值得了。不知不覺的，它們都會離你而去。

　　萬一事情的發展不如你所設想的那麼順利時，你也沒有必要大驚小怪。人不可能事事如意，「一帆風順」只是一種理想狀態，不符合現實生活。

　　有一句詩說得好：「如果生活拋棄了你，請不要悲傷和哭泣。」這種時候，你不妨做最壞的打算。心理學家認為，這是一種很好的自我保護心理機制。你可以設想一下：最壞的結局將會是什麼樣；你是否有勇氣面對那種結局；那樣的結局將對你有什麼樣的影響。如果連最壞的結局你都能坦然接受，那麼眼下的困難又算得了什麼呢？如果你無法接受，你可以想：「反正事情已經不可避免了，我何不放手一搏呢？」這時候你反而沒有壓力了，當你大膽採取措施時，也許奇蹟就出現了。

　　現實中常常有這樣的情況：當你顧慮重重的時候，往往辦不好事情；恰

恰是在相反的情況下，你有一股「豁出去」的決心，大膽突破自我，想原來之不敢想的，做原來之不敢做的，你反而有了成功的希望。

在遭遇挫折時設想最壞的情況，這可以使每一個消極因素或束縛都得到積極的利用。你如果自覺的設想最壞的情況，它將有助於你辨別自己可能遇到的障礙，或者可能出現的問題；同時，你會全面的考慮該如何應付這種與你期望不符的情況。

總之，最壞的情形一旦進入你的腦海中，便會刺激你的思考，去尋找最佳的解決方案。「怎樣才能避免它的發生呢？」這一思路會引導你一步一步找到正確答案。

一個人所想的應該超過他所做的，否則頭腦還有什麼用呢？

學習是通向成功的捷徑

任何時候，如果一個人想成為未來的成功者，就必須依靠學習如果一個人停止了學習，用時下流行的話來說就是「充電」，那麼你很快就會「沒電」，會被社會時代的發展所淘汰。不斷培養自己不斷學習的能力，你才能追趕成功就不遠了。

在網路資訊技術日益發達的今天，你如果不學會弄懂元宇宙、區塊鏈等網路知識，那麼你很快就會落伍。因此，無論在何時何地，每一個現代人都不要忘記給自己充電。只有那些隨時充實自己，為自己奠定雄厚基礎的人，才能在競爭激烈的環境中生存下去。因而，必須豐富自己的生活，做善於學習的人。

現代生活變化萬千，節奏加快，要求我們必須抱定這樣的信念：活到老

學到老。你也應該記住：最難戰勝的勁敵，是那一步也不放鬆的人。

那些屬於「大器晚成」型的人，由於他們堅持學習，充實積極自己他現在雖然並不怎麼樣，但日後總會成功的。

同樣重新的起點開始工作，有人能立刻得到要領而靈活的掌握。但這種人如果放棄了日後充實自己的機會，就會在工作上退步。

與此相反，起先摸不清情況而工作不順暢的人，如果多方請教，同時自己也認真用功並繼續保持這種態度，大多會獲得很大的成果。這樣的對比說明，不斷學習是決定你能否成就事業的一個關鍵性因素。

人的成長是在許多人的幫助與指導下進行的。比如雙親、師長、朋友等的指導，在適當的時機恰當的幫助，能有助於實現一個人的順利的成長。可是，更重要的，就是當事人這種幫助與教導要自動去學習吸收。

大多數人從學校畢業後進入社會就失去了學習之心。那些學生時代「不起眼」的人進入社會後，主動學習，從而取得長足進步者，事業才能更成功。

所謂成功人士的人必是那種保持自覺學習態度的人，他們勤奮的學習，踏實的工作，自身實力與日俱增，工作中的每天都有新情況、新挑戰，你每天都要面對新事物。學習與生活同仕，生活就是學習。

面對一份自己不喜歡的工作，許多人做一段時間就覺得沒意思了，想換一份。而換工作是有條件的，有實力才能做到，實力當然得靠你自己。現代社會的機會很多，你只要天天學習，就會天天都有進步，才會天天有機會，你的生活也會富有生機。

你應該用何種態度來應對你一生的工作呢？如果因為目前的工作進行得很順利就感到了滿足，每天優哉游哉的過安穩日子，那麼目前的情形就不一定能維持很久了。而且，你也許離失敗也就不遠了。「學如逆水行舟，不進

則退」就是這個道理。

一個頗有魄力的老闆在公司的經理會上說了這樣一段話：

「美國的大公司，在開辦新的分公司或增設分廠時，1950 年代出生的人，往往就任主管職位，如果現在公司命令你擔任技術部長、廠長或分公司的經理的話你們會怎樣回答？你會以『盡力回報公司對我的重用；我會生產優良產品，並好好訓練員工』回答我，還是以『我能勝任廠長的職務，請放心的指派我吧』來馬上回答呢？」

「一直在公司工作，任職 10 年以上，有了 10 年以上的工作經驗的你們，平時不斷的鍛鍊自己，不斷的進修了嗎？一旦被派往主管職位的時候，有跟外國任何公司一較高下，把工作做好的膽量嗎？如果誰有把握那麼請舉手。」

發現沒有人舉手後，他繼續說：

「各位可能是由於謙虛，因此沒有舉手。到目前，很多深受公司、同行和社會稱讚的前輩，都是因為在委以重任時，表現優異。正是由於他們的領導，公司才有現在的發展，他們都是從年輕的時候起，就在自己的工作職位上不斷進修，不斷磨練自己，認真掌握工作要領。當他們被委以重任時，能夠充分發揮自己的才智，取得很好的成績。」

的確，學習新知這一重要性無論何時何地都不會改變。只有不斷的為自己「充電」，這種生命力才會更加強大，你的「能量」才會不斷得到補充，才能讓生命更有意義，讓生活更加美好。只有不斷進修才會更上一層樓。

只有不怠惰，不斷進取的人，才有資格與他人一較高下。

居安思危才能穩操勝券

在動物界，狼是一種非常聰明的動物。如果讓單隻狗與單隻狼搏鬥，戰敗的肯定是狗。雖然狗與狼是近親，牠們的體型也難分伯仲，但為什麼敗的總是狗呢？經人類長期豢養的狗，因為較少面臨生存的危機，狗的腦容量大大小於狼，而生長在野外的狼，為了生存，牠們的大腦不斷刺激開發，不但有良好的創造性，而且有著異常的生存智慧。

其實，動物如此，人類又何嘗不是這樣呢？克羅克是美國頗負盛名的麥克唐納公司的老闆。有一段時間，公司出現嚴重虧損。克羅克發現其中一個重要原因就是公司各職能部門經理總是習慣於靠在舒適的椅背上指手畫腳，把許多寶貴時間耗費在抽菸和閒聊上。於是，他派人將所有經理的椅背都鋸掉了，逼他們離開了舒適的椅子。一開始，經理們不解、不滿。不久。他們悟出了克氏的用心良苦，於是紛紛深入基層實地調查、處理問題。他們的行動影響和帶動了全體員工，公司短期內就轉虧為盈。椅背鋸掉了，惰性的溫床便不復存在，人的活力與創造力被激發，公司效益隨即扶搖直上。這一良性循環的規律同樣也適用於其他領域，尤其是人生奮鬥的過程中。

商界鉅子唐納・里普出身紐約一個富貴家庭，年輕時他充滿幻想，大學畢業後進入父親的公司，憑著超人的天賦，他在公司做得很出色。27 歲時，他接管了公司的業務，並開始涉足美國房地產業，短短幾年時間，他跑遍了全美的房地產市場，對美國房地產所有的經營規則和龐大的關係網瞭若指掌。此後，他與美國最大的建築商伯哈特公司合作，在紐約的黃金大道上矗立起威震全美的曼哈頓大廈。由此，唐納・里普躊躇滿志，他開始把目光投向更遠，他需要一座巨大無比的、真正的城堡，以此來銘記和鐫刻他那傳奇

般的經歷與榮耀。機會真的降臨了。

　　1985年3月，當美國賭博管理委員會解除了希爾頓酒店的賭博牌照時，唐納‧里普忽然意識到這可能是一個機會。當時，賭場在美國是一個具有壟斷意味的行業，幾乎全美各州都實行嚴格控制。而開設和經營賭場，又被世界普遍認為是房地產業的深度開發，也是房地產業的又一發展方向。唐納即刻進軍大西洋城，把希爾頓賭場大酒店接收下來。此後，唐納又斥資5000萬美元購買了假日酒店的賭場產權，並稱名為「唐納‧里普廣場」。在唐納購買了最大最豪華的「泰姬瑪哈」賭場後，他開始不思進取，沉迷於享樂之中，而且他乾脆把管理權交給了弟弟羅伯特，而羅伯特對賭博業卻一竅不通，這一致命的錯誤為其衰敗埋下了種子。羅伯特常常為一些小事與客戶爭執不下，因此傷了許多客戶的心。

　　後來，唐納苦心經營，多年拚搏創立的賭業神話開始破滅。輝煌一時的「泰姬瑪哈」賭場收益迅速下滑，唐納手足無措。竟然拆東牆補西牆，將「唐納」廣場一些最好的客戶引到「泰姬瑪哈」來，以圖挽救這個龐然大物，結果使尚有生機的「唐納」廣場也由此衰敗。

　　唐納的故事告訴我們，人皆有惰性，一旦條件優越，就難免不思進取。然而，一個人要想在異常激烈的社會競爭中不被淘汰，還是有一點生存危機的好，這樣就可以未雨綢繆。主動出擊，多一點生存的技能與智慧，對未來就多幾分機會與把握。

　　數十年前，高中畢業下鄉插隊的張女士，頂替父職到某企業工作，先後當過工人，生產線調度，總公司辦公室收發兼檔案管理。飽經風霜的她任勞任怨。可近年來企業經營不景氣，公司不斷進行機構改革與調整。此時此刻，她猛然意識到自己年齡大、學歷低，又無專長，絕對不是不可缺

少的人，離職的憂患時刻威脅著自己。她思慮再三，決心在短期內掌握一技之長。

平常在工作中幫打字員校對文稿，發現她不僅打字速度慢，而且錯漏百出，校對後還要耗時修改，工作效率很低，公司裡的幾位老闆都對其不滿。看來，換人是遲早的事。

於是，張女士利用閒置時間苦練電腦打字技術。這對 40 多歲的女士來說確實不容易。經過大半年時間的刻苦學習，她的電腦輸入速度提高到每分鐘 50 字，而且準確率相當高，幾乎可以免除校對了，而且排版美觀大方、文字擺放疏密有致。令人讚不絕口。

不久，一位檔案管理專業大學畢業生接替了她的工作，她則被聘為辦公室打字員。而那位比她年輕十多歲的前任則無可奈何失業了。由此可見，想在這個社會上贏得一席之地，就必須要養成居安思危的習慣。如果做一份什麼人都可以做的工作，而又不思進取，那麼說不定什麼時候被人淘汰了。

樂觀的把困難當作機遇

克服困難的一個步驟是學會真正思考，認真積極的思考。任何失敗、任何問題均能透過積極向上的思想來解決。

有一個男孩在報上看到應徵啟事，正好是適合他的工作。第二天早上，當他準時前往應徵地點時，發現應徵隊伍已排了 20 個男孩。

如果換成另一個意志薄弱、不太聰明的男孩，可能會因為如此而打退堂鼓，但是這個小夥子卻完全不一樣。他認為自己應該動動腦筋，運用自身的智慧想辦法解決困難。他不往消極面思考，而是認真用腦子去想，看看是否

有辦法解決。

　　他拿出一張紙，寫了幾行字，然後走出行列，並要求後面的男孩為他保留位子。他走到負責招聘的女祕書面前，很有禮貌的說：「小姐，請你把這張紙交給老闆，這件事很重要。謝謝你！」

　　這位祕書對他的印象很深刻。因為他看起來神情愉悅，文質彬彬，有一股強有力的吸引力，令人難以忘記。因此，她將這張紙交給了老闆。

　　老闆打開紙條，見上面寫著這樣一句話：「先生，我是排在第 21 號的男孩。請不要在見到我之前做出任何決定。」

　　你想他得到這份工作了嗎？你認為呢？像他這樣會思考的男孩無論到什麼地方一定會有所作為。雖然他年紀很輕，但是他知道如何去想。他已經有能力在短時間內抓住問題核心，然後全力解決它，並盡力做好。

　　實際上，人的一生中會遇到很多諸如此類的問題。在遇到困難時，你應把自己當成強者，並把困難當作機遇，在心裡把自己當成冠軍。

　　在生命形成之前，幾乎沒有人考慮過自己在誕生之時就贏得了許多戰役。遺傳進化學家謝菲爾德說：「停下來考慮你自己的事吧。在整個世界史中，沒有任何別的人會跟你一模一樣。在將要到來的全部無限的時間中，也絕不會有像你一樣的另一個人。」

　　你是一個很特殊的人。為了生下你，許多鬥爭發生了，這些鬥爭又必須以成功告終。想想這樣一幅偉大的情景吧：

　　數以億計的精子參加了巨大的戰鬥，然而其中只有一個精子贏得了勝利── 就是構成你的那一個！這是為了達到一個目標而進行的一次大規模的賽跑：這個目標就是包含一個微核的寶貴的卵。這個為精蟲所爭奪的目標比針尖還要小，而每個精蟲也是小得要被放大到幾千倍才能為肉眼所見。

然而，你的生命的最決定性的戰鬥就是在這麼微小的場合裡進行並最終獲得勝利的。

人最重要的生命已經開始，你生下來就成了一名冠軍，這種情況你以後必定還要面臨的。為了實現目的，你已從過去巨大的積蓄中繼承了你所需要的一切潛在的力量和能力，以便達到你的目的。

你生來便是一名冠軍，現在無論有什麼障礙和困難處在你的道路上，它們都不及你在成胎時所克服的障礙和困難的十分之一那麼大！

伊爾文‧本‧庫柏是美國最受尊敬的法官之一，但這個形象與庫柏年輕時自卑的形象大相徑庭。

庫柏在密蘇里州聖約瑟夫城一個準貧民窟里長大。他的父親是一個移民，以裁縫為生，收入微薄。為了家裡取暖，庫柏常常拿著一個煤桶，到附近的鐵路去拾煤塊。庫柏為必須這樣做而感到困窘，他常常從後街溜出溜進，以免被放學的孩子們看見。

但是，那些孩子時常看見他，特別是有一夥孩子常埋伏在庫柏從鐵路回家的路上，襲擊他，以此為樂。他們常把他的煤渣撒遍街上，使他回家時一直流著眼淚。這樣，庫柏總是生活在或多或少的恐懼和自卑的狀態中。

後來，庫柏讀到了一本書。這本書是荷拉修‧阿爾傑著的《羅伯特的奮鬥》。

在這本書裡，庫柏讀到了一個像他那樣的少年奮鬥的故事。那個少年遭遇了巨大的不幸。但是他以勇氣和道德的力量戰勝了這些不幸，庫柏也希望具有這種勇氣和力量。

庫柏讀了他所能借到的每一本荷拉修的書。當他讀書的時候，他就進入了主人公的角色。整個冬天他都坐在寒冷的廚房裡閱讀勇敢和成功的故事，

不知不覺的養成了積極向上的習慣。

在庫柏讀了第一本荷拉修的書之後幾個月，他又到鐵路去揀煤。隔開一段距離。他看見三個人影在一個房子的後面飛奔。他最初的想法是轉身就跑。但很快他記起了他所欽佩的書中主人公的勇敢精神，於是他把煤桶握得更緊，一直向前大步走去，猶如他是荷拉修書中的一個英雄。

這是一場惡戰。三個男孩一起衝向庫柏。庫柏丟開鐵桶，堅強的揮動雙臂，進行抵抗，使得這三個恃強凌弱的孩子大吃一驚。庫柏的右手猛擊到一個孩子的鼻子上，左手猛擊到這個孩子的腹部。這個孩子立即停止了進攻，轉身溜掉了，這也使庫柏大吃一驚。同時，另外兩個孩子正在對他進行拳打腳踢。庫柏設法推走了一個孩子，把另一個打倒，用膝部猛擊他，而且發瘋似的連擊他的腹部和下顎。現在只剩下一個孩子了，他是領袖，他突然襲擊庫柏的頭部，庫柏設法站穩腳跟，把他拖到一邊，這兩個孩子站著，相互凝視了一會。

然後，這個領袖一點一點的向後退，也溜了。庫柏拾起一塊煤，丟向那個逃跑者，這是在表示他正義的憤慨。

直到那時庫柏才知道他的鼻子在流血，他的全身由於受到拳打腳踢，已變得青一塊紫一塊了。這是值得的啊！在庫柏的一生中，這一天是一個重大的日子，那時他克服了恐懼。

庫柏並不比一年前強壯了多少，攻擊他的人也並不是不如以前那樣強壯。前後不同的地方在於庫柏自身的心態，他已經不顧恐懼，面對危險，他決定不再聽憑那些恃強凌弱者的擺布。從現在起，他要改變他的世界了，他後來也的確是這樣做的。

庫柏給自己定下了一種習慣。當他在街上痛打那三個恃強凌弱者的時

候，他並不是作為受驚駭的、營養不良的庫柏在戰鬥，而是作為荷拉修書中的人物羅伯特‧卡佛代爾那樣的大膽而勇敢的英雄在戰鬥。

可見，把自己視為一個成功的形象，有助於打破自我懷疑和自我失敗的習慣，這種習慣是消極的心態經過若干年在一種性格內逐漸形成的。另一個同等重要的、能幫助你改變你世界的成功技巧是：把困難視作機遇。

用敏銳的思想做人做事

思想是人類生存的靈魂。它好像人生之舟的雙槳，激盪起生命的漣漪；它好像火炬，點燃起精神的烈焰；它好像翅膀，鼓動起衝擊的力量。思想，對於人來說，好像花之蕊，果之核，水之源，山之脈，海之潮。一個不會思想的人，他活得暗淡、活得平庸、活得無味。

生活中有些人是永遠都無法讓思想敏銳起來的。因為，他們無法領悟到微妙細緻的情感，他們自身通常就是粗枝大葉、感覺遲鈍的，因而也就無法理解那些思想敏銳的人。

敏銳的思想是良好的性情，以及在緊急時刻快速反應能力的綜合產物。一位成功的人士，他總能採取一些特殊的方法，促使自己的靈感得到激發，並由此做出一些有效的事情。以下是四種鍛鍊思想敏銳的方法。

1. 捕捉瞬間的靈感

靈感稍縱即逝，如果你不能很快抓住，可能一去不復返。那些懂得發掘創造力的人，都已學會如何捕捉和保留那個瞬間的靈光一現。

發明家、作家習慣於攜帶便條紙或筆記本，為的是隨時記下他們的靈

感，而有時甚至餐巾紙或糖果紙也是他們良好的工具。那麼，你該怎麼做呢？其實很簡單，閉上眼睛，身體放鬆，讓思維自由飛翔，讓思想自由馳騁。離開了房間？離開了地球？離開了星際？只要別想你周圍的人或事，你的面前常常會豁然開朗，思維彷彿進入了一個你從未曾到過的世界，一些奇妙的想像也往往因之而來。

2. 置身挑戰當中

使思想敏銳的有效辦法之一，就是把自己放在可能失敗的困難環境中。奇怪的是，只要你處理得當，失敗往往就是成功的動力。這是因為，在失敗後，我們不得不嘗試一些新的辦法，這對創造力的培養十分重要。許多意念的互相競爭，可以大大加快創意的進程。

3. 拓寬你的眼界

知識越廣博，你潛在的創造力就越豐富。無數的進步是源於創造者在不同的領域都擁有豐富的經驗。因此，你應該弄清你一無所知的領域，進而強化你的創造力。拓寬眼界的意義還在於，越來越多的新興科學產生於兩種學科的交叉處，多領域的視野更加容易使你觸類旁通。

4. 製造適當刺激

不妨在你周圍放些可以激發大腦潛能的東西，並經常更換這些刺激源，藉此增強你的創造力。例如：在你的辦公桌上放上一頂米老鼠帽，或是檯燈，或是重新布置一下你的房間。不斷的變化，有利於思維的發展。

與周圍的人相互影響也是製造刺激的一種方式。「說者無意，聽者有心」，也許，正是某人無意中隨口說出的一句話，刺激了你頭腦中的那根弦，

念頭往往在這一瞬間消失，但是思想卻揮之不去了。適當的刺激的確能激發靈感。

勇於向困難說「我可以」

毋庸諱言，在現實生活中，我們每個人都會畏懼困難，害怕困難。但是，一個人要想獲得成功，就必須向困難挑戰，而不能讓「習慣」的勢力阻礙了你前進的步伐。

小王害羞，膽小，不自信，每逢老師或同學讓他做什麼事時，他總是不好意思的說：「不行不行，我不行。」

後來小王下定決心：明天一定要以一副新的面貌出現在大家面前。但到了第二天，卻總是又恢復了老模樣。小王明白了一個道理：在一個熟悉的環境中要改變自己是不容易的，它需要很大的勇氣。但在當時小王恰恰缺乏這一勇氣，因此小王那種不自信的樣子一直持續到高中畢業。

上大學後，小王來到了一個全新的環境中，於是小王要建立自信的勇氣與日俱增。小王每天都面帶微笑，精神飽滿，幹勁衝天。小王在心裡暗暗為自己加油，暗示自己「我可以」！後來，小王成立了籃球隊，因為小王個頭高，儘管不會打，也入選了，從此小王就向同學學習關於籃球的知識和技術，每天都抱著籃球到操場練一會。幾個月下來，小王由籃球的「門外漢」成了一名籃球隊的主力。

美國有個 NBA 聯賽，經常在 NBA 聯賽中出場的有個夏洛特黃蜂隊，黃蜂隊有一位身高僅 160 公分的運動員，他就是柏格斯，NBA 最矮的球星。柏格斯這麼矮，怎麼能在巨人如林的籃球場上競技，並且躋身大名鼎鼎的 NBA

球賽之列呢？這是因為柏格斯的自信。

　　柏格斯從小就喜愛籃球。可是長得矮小，夥伴們瞧不起他。有一天，他很傷心的問媽媽：「媽媽。我還能長高嗎？」媽媽鼓勵他：「孩子，你能長高，長得很高很高，會成為人人都知道的大球星。」從此，長高的夢像天上的雲在他心裡飄動著，每時每刻都在閃爍希望的火花。

　　「業餘球星」的生活即將結束了，柏格斯面臨著更嚴峻的考驗──160公分的身高能打好職業賽嗎？

　　蒂尼‧柏格斯橫下一條心，要靠160公分的身高闖天下。「別人說我矮，反而成了我的動力。我偏要證明矮個子也能做大事情。」在威克‧福萊斯特大學和華盛頓巫師隊的賽場上，人們看到蒂尼‧柏格斯簡直就是個「地滾虎」，從下方來的球百分之九十都被他收走，他越是個子矮越是飛速的低空運球過人……

　　後來，蒂尼‧柏格斯進入了夏洛特黃蜂隊（當時名列NBA第三），在他的一份技術分析表上寫著：投籃命中率50%，罰球命中率90%……一份雜誌專門為他撰文，說他個人技術好，發揮了矮個子重心低的特長，成為一名使對手害怕的斷球能手。「夏洛特的成功在於柏格斯的矮」，不知是誰喊出了這樣的口號。許多人都贊同這一說法，許多廣告商也推出了「矮球星」的照片，上面是柏格斯淳樸的微笑。如今的柏格斯已與夏洛特隊接連簽過7個賽季的合約，最後一個賽季一簽就是5年，總薪水750萬美元，他曾多次被評為該隊的最佳球員。

　　柏格斯至今還記得當年他媽媽鼓勵他的話，雖然他沒有長得很高很高，但可以告慰媽媽的是，他已經成為人人都知道的大明星了。

　　前不久，這位矮星說，他要寫一本傳記，主要是想告訴人們：「要相信自

己，只有相信自己，才能成功。」

柏格斯的經歷給了小王很大啟發，堅定了小王一定要成功的志向，增加了他相信自己的勇氣，他想，只要自己一直堅持下去，就一定能成功。

每個人都祈求成功，但是最終只有對自己充滿自信的人，才能有幸到達成功的彼岸。沒有自信，羅斯福不可能以殘疾之軀，帶領美國人民走出「大蕭條」的陰影。

但在具體做時，要注意以下兩點：

一是注重暗示的作用。「暗示」是一個心理學名詞，主要指人的主觀感受、主觀意識對人的行為的一種引導、控制作用。很多人都有這種體會：當一個人生病時，親人、朋友總要關切的告訴他，要打起精神，振作起來，或者是好好休息，安心靜養；諺語中也有「心病要用心藥醫」的說法。這些都是「暗示」在社會生活中的應用。例如我們在每次考試前或比賽前，總要在心中默念：「我能考好」或「我可以」之類的話，這樣可使自己從心理上放鬆，久而久之也逐漸的培養了自信的習慣。

二是從行為方式上給人以自信的印象。行為方式是人的思想素養的外在展現，如果行動上躲躲藏藏，或者不知所措，很難令人把你同自信連繫起來。每當我們和人談話時，我們都要看著對方的眼睛，不去躲避對方的目光，說話時要盡量清晰而有條理的表達，不讓聲音憋在嗓子裡。有時我們對要表述的內容心中沒把握，就預演一番，這樣心裡就有把握了。

在成功的過程中，知識、技能的儲備是自信的基礎，具備了足夠的知識和實際能力，自信就會發自內心，不必強裝。否則，越是顯得自信，就越是不自信。面對困難，我們應大聲的對自己說：「我可以！」

把自己變得更強才不會懼怕失敗

走出失敗，走過失敗，你需要強烈的自信心，只有這樣，你才能保持一個對未來的笑容。走過失敗，征服失敗，你更需要把自己想像的比平時更強一些，只有這樣，你才能對失敗報之以輕蔑的一笑，讓你做到策略上藐視它，在戰術上重視它，你才能征服失敗，迎來成功。

人生就如同一條河，時有漩渦，時而平緩，時而湍急。你在河流當中，可以選擇較安全的方式，沿著岸邊慢慢移動；也可以停止不動，或者在漩渦中不停打轉。如果你有足夠的勇氣的話，你還可以接受挑戰，用挑戰來檢測你的自信心。

你失意了，陷入了一個漩渦，你需要出來，為了檢測你是否比以前更自信，你可以游向危險的河中央，突破重重艱難險阻，奔向理想的彼岸。你可以對自己提出來一個大的飛躍，超越以前的你。

摩洛‧路易士的非凡成就來自兩次成功的拚搏，一次在 20 歲，另一次在 32 歲。

摩洛在 9 歲時隨家人一起搬到紐約。在此之前，他的生活已是多彩多姿，比一般人豐富許多。由於家人皆愛好音樂、喜劇，因此在這種環境的薰陶之下，幾乎所有樂器摩洛都能演奏。他是一般人眼裡的天才兒童 —— 不到 10 歲，他便指揮過交響樂團；12 歲時，他從事雞蛋專賣，做得有聲有色，雇有 16 名少年為他工作；到了 14 歲，他獨立組織了一個舞蹈團；高中畢業之後，他又投身新聞界擔任一名採訪記者，與許多新聞界的老前輩像班‧希特、查爾斯、馬卡沙等人一起工作；19 歲時，他曾獲音樂獎學金，但由於舉家搬至紐約，因此只好放棄此次進修的機會。

在紐約，他在 Veiw 廣告公司找到一份一週 14 美元的差事。對當時的情景，摩洛是這樣回憶：「那時候我經常跑外勤，工作非常忙碌，成天像發瘋似的，時間也過得特別快。6 點下班以後，我還到哥倫比亞大學上夜校部，主修廣告。有時候，由於工作尚未做完，因此下課後，我還會從學校趕回辦公室繼續未完成的工作，從 11 點一直工作到第二天凌晨兩點。」

摩洛非常喜歡需要創意的設計工作，而他也的確做得有聲有色。

20 歲時，摩洛放棄在廣告公司內很有發展的工作與旁人夢寐以求的職位而決心自己創業。這便是他人生中的第一次拚搏。他放棄收入穩定、前途似錦的工作，完全投身於未知的世界，從事創意的開發。結果，成績令人滿意。

他的創意主要是說服各大百貨公司，透過 CBS 電視公司成為紐約交響樂節目的共同贊助人。摩洛本人認為此法十分可行：一方面，當時的百貨公司業績都不好，都希望能借助廣告媒體提高形象與銷售成績；另一方面，在紐約，交響樂節目的聽眾多達 100 萬人，十分值得投資。於是，摩洛便立於其間幫兩邊牽線。

在當時，這種性質的工作對人們來說相當陌生，因此做起來困難重重；而且，同時說服許多家獨立的百貨公司，分別採納各公司的意見加以整合，這種事過去從未有人完成過，更別說要他們拿出幾百萬美元的經費來。因此，一般人預測他不可能成功。

儘管如此，摩洛仍然十分賣力的在各地進行說服工作。結果可以這麼說，在說服工作上他做得相當成功。一方面，他的創意大受歡迎，與許多家百貨公司簽成合約；另外，他向 CBS 電台提出的企劃方案也順利被接受。此後的 10 個星期，他幹勁十足的與電視台經理一同展開一連串的系列廣告活

動。更值得一提的是，這段期間內他沒有任何收入。

　　計畫眼看著就要步入最後的成功階段，但由於合約內某些細節未能達成而終告流產，他的夢想也隨之破滅。但「塞翁失馬，焉知非福」。此事結束之後，CBS 公司馬上來挖角，聘請他為紐約辦事處新設銷售業務部門的負責人，並支付給他 3 倍於以往的薪水。於是，摩洛又再度活躍，他的潛力得以繼續發揮。此時他才 20 歲。

　　在 CBS 服務幾年之後，摩洛再度回到廣告業界工作，但這次不是從基層做起，而是直躍龍門 —— 他擔任了承包華納影片公司業務的湯普生智囊公司的副總經理。

　　那個時代，電視尚未普及，與今日相比，仍處於搖籃期。但摩洛非常看好它的遠景，認為電視必將快速發展，大有可為，便專心致力於這種傳播媒體的推廣。由公司所提供的多樣化綜藝節目，為 CBS 公司帶來空前的大成功。

　　這便是摩洛人生中的第二次拚搏。為了它，他再次放棄原來可以平步青雲的機會，走入另一個未知的世界。但這次冒險並不完全是孤注一擲，他是看準後才堆上自己的「賭注」。最初兩年，他僅是純義務性的在「街上乾杯」的節目中幫忙，沒想到竟使該節目大受歡迎，直至今日仍是最受歡迎的綜藝節目之一。從 1948 年開始到今天整整 40 餘年的時間，它的播映從未間斷，這在競爭激烈的電視界內是非常難能可貴的現象。除了節目成功之外，他被 CBS 公司任命為所有喜劇、戲劇、綜藝節目的製作主任。

　　就這樣，摩洛的兩次冒險，兩次游向激流中央，最後都獲得了成功，他的下一步又將游向如何的激流當中，不得而知，但我們在祝福他成功之餘，也同時向你提出希望，以他為榜樣，勇敢的投入到激流中去，積極掌握自己

的人生。

絕不拖延，馬上行動

「現在」這個詞對成功而言妙用無窮，現在就做不僅展現出行為人的充分自信，也展現了重視行動的處事原則，奉行了這一原則的人，沒有幾個是不成功的。而「明天」、「下個禮拜」、「以後」、「將來某個時候」或「有一天」，往往就是「永遠做不到」的同義詞。有很多好計畫沒有實現，只是因為應該說「我現在就去做，馬上開始」的時候，卻說「我將來有一天會開始去做」。

我們用儲蓄的例子來說明好了。人人都認為儲蓄是件好事。雖然它很好，卻不表示人人都會依據有系統的儲蓄計畫去做。許多人都想要儲蓄，但只有少數人真正做到了。

如果你時時想到「現在」，就會完成許多事情；如果常想「將來一天」或「將來什麼時候」，那就一事無成。

如果要走的路程有一萬步的話，一般人就都認為這段路程只是一萬步機械的相加，然而這是錯誤的。一步一步慢慢走的人，會在心靈深處慢慢播下好種子，因此不久就會得到好的作用，不必等到一萬步，在半途中就會有好的變化。同時，若能領悟到潛能的話，就可以得到更大的力量，而提早到達目標。縱使路程看起來似乎很遙遠，走起來似乎很艱苦，可是也應該忍耐，盡量正確而明朗的懷抱著希望繼續走下去。

人都是很軟弱的，遇到新的問題時，總是在想「今天實在太累太苦了，明天再來做吧！」這種想法的人很多。把事情拖延到明天，這是不行的，因為可能明天也是做不到的，而且明天還有明天的新工作，因此這樣累積下來

115

的工作就會越來越多了。

富蘭克林說：「把握今日等於擁有二倍的明日。」今天該做的事拖延到明天，然而明天也無法做好的人，占了大約一半以上。應該今日事今日畢，否則可能無法做大事，也不太可能成功。因此應該經常抱著「必須把握今日去做完它，一點也不可懶惰」的想法去努力才行。

歌德說：「把握住現在的瞬間，把你想要完成的事務或理想從現在開始做起。只有勇敢的人身上才會賦有天才、能力和魅力。因此，只要做下去就好，在做的過程當中，你的心態就會越來越成熟。能夠有開始的話，那麼，不久之後你的工作就可以順利完成了。」

有些人在要開始工作時會產生不高興的情緒，如果能把不高興的心情壓抑起來，心態就會越來越成熟。而當情況好轉時，就會認真的去做，這時候就已經沒有什麼好怕的了，而工作完成的日子也就會越來越近。總之一句話，必須現在就馬上開始去工作才是最好的方法。

雖然只是一天的時間，也不可白白浪費。「少壯不努力，老大徒傷悲」，再後悔也是來不及了。不從今天而從明天才開始，好像也不錯，然而還是要有「就從今天開始」的精神才是最重要的。

你知道嗎，工作中失敗的唯一可能是你渴望某種成就卻不採取行動去爭取它 —— 對於夢想，你需要採取步驟去發現、去把握、去爭取、甚至去創造。

明確了方向，確定了目標，就應該用實際行動去追求你的理想。

斯通充當美國全國國際銷售執行委員會七個執行委員之一時，曾作為該會的代表走訪了亞洲和太平洋地區。在某個星期二，斯通給澳大利亞東南部墨爾本城的一些商業工作人員做了一次鼓勵立志的談話。到下星期四的

晚上，斯通接到一個電話，是一家出售金屬櫃公司的經理意斯特打來的。意斯特很激動的說：「發生了一件令人吃驚的事！你會和我現在一樣感到振奮的！」

「把這件事告訴我吧！發生了什麼事？」

「我的主要確定目標是把今年的銷售額翻一番。令人吃驚的是：我竟在48 小時之內達到了這個目標。」

「你是怎樣達到這個目標的呢？」斯通問意斯特，「你怎樣把你的收入翻一倍的呢？」

意斯特答道：「你在談話中講到你的推銷員亞蘭在同一個街區兜售保險單失敗而又成功的故事。記得你說過：有些人可能認為這是做不到的。我相信你的話，我也做了準備。我記住你給我們的自我激勵警句：『立刻行動！』我就去看我的卡片記錄，分析了 10 筆帳。我準備提前兌現這些帳，這在先前可能是一件相當棘手的事。我重複了『立即行動！』這句話達好幾次，並用積極的心態去訪問這 10 個客戶，結果做成了 8 筆大買賣。發揚積極心態的力量所做出的事是很驚人的 —— 真正驚人的！」

我們的目的與這個特殊的故事有關，你也許沒讀過關於亞蘭的故事，但是你現在就要學會從現在開始立刻行動。這聽起來很簡單，但成千上萬的人都沒能做到這一點。

第三章　積極心態是身心健康的基礎

第四章 讓自信和樂觀趕走自卑

人都希望自己有健康的身體，良好的工作，美麗的家
庭，和諧的關係。你知道嗎，這一切都掌握在你自己手
中，你是自己命運的主宰，要想獲得這些，請從自信開始。

自卑是束縛創造力的繩索

1951 年，英國有一位名叫富蘭克林的人，從自己拍得極好的 DNA（去氧核糖核酸）的 X 光衍射照片上發現了 DNA 的螺旋結構之後，他就這一發現做了一次演講。然而由於生性自卑，又懷疑自己的假說是錯誤的，從而放棄了這個假說。1953 年在富蘭克林之後，科學家華生和克里克，也從照片上發現了 DNA 的分子結構，提出了 DNA 雙螺旋結構的假說，從而標誌著生物時代的到來，二人因此而獲得了 1962 年度諾貝爾醫學獎。可想而知，如果富蘭克林不是自卑，而堅信自己的假說，進一步進行深入研究，這個偉大的發現肯定會以他的名字載入史冊。可見，一個人如果做了自卑情緒的俘虜，是很難有所作為的。

自卑是一種消極自我評價或自我意識，即個體認為自己在某些方面不如他人而產生的消極情感。自卑感就是個體把自己的能力、素養評價偏低的一種消極的自我意識。具有自卑感的人總認為自己事事不如人，自慚形穢，喪失信心，進而悲觀失望，不思進取。一個人若被自卑感所控制，其精神生活將會受到嚴重的束縛，聰明才智和創造力也會因此受到影響而無法正常發揮作用。因此，自卑是束縛創造力的一條繩索。

因自卑而逃避退縮，意志消沉的例子在現實中也比比皆是。有些人因為大學考差而長期頹廢，有些人因為自己生活不富裕而怨天尤人，有些人因為身材容貌欠佳而終日悶悶不樂……其實，我們每個人都會遇到許多棘手的事情或感情的波折，這對於我們的一生來說只是滄海一粟，關鍵在於我們能不能很快走出苦惱的陰影，重新面對生活。「人有悲歡離合，月有陰晴圓缺」，只要我們能盡快擺脫一時的消沉，前面的生活依然豐富多彩。

　　還有一些人在產生自卑後會出現補償過度的現象。一切都有一個可接受的適當標準，一旦我們的言語行為超越這個標準，就會給個人或社會帶來不良的後果。常見一些人因減肥不當而造成了厭食症，還有些人為了掩蓋精神的空虛而揮霍無度、醉生夢死。保持對自己清醒的認識，不為個人的得失而做出一些偏激的行為，是一種很困難，但很有益的心理能力。

　　著名的奧地利心理分析學家 A. 阿德勒在《自卑與超越》一書中提出了富有創見性的觀點，他認為人類的所有行為，都是出自於「自卑感」以及對於「自卑感」的克服和超越。

　　阿德勒認為人人都有自卑感，只是程度不同而已。他說，因為我們都發現我們自己所處的地位是我們希望加以改進的，人類欲求的這種改進是無止境的，因為人類的需要是無止境的。因此人類不可能超越宇宙的博大與永恆，也無法掙扎自然法則的制約，也許這就是人類自卑的最終根源。當然，從哲學角度對人類整體狀況分析，人類產生自卑是無條件的，不過，對於具體的個人，自卑的形成則是有條件的。

　　從環境角度看，個體對自己的認識往往與外部環境對他的態度和評價緊密相關。這點早已為心理學理論所證實。例如某人的書法很不錯，但如果所有他能接觸到的書法家和書法鑒賞家都一致對他的作品給予否定性評價，那就極有可能導致他對自己書法能力的懷疑，從而產生自卑。

　　阿德勒自己就有過這樣的體會：他念書時有好幾年數學成績不好，在教師和同學的消極回饋下，強化了他數學低能的印象。直到有一天，他出乎意料的發現自己會做一道難倒老師的題目，才成功的改變了對自己數學低能的認識。可見，環境對人的自卑產生有不可忽視的影響。某些低能甚至有生理、心理缺陷的人，在積極鼓勵、扶持寬容的氣氛中，也能建立起自信，發

揮出最大的潛能。

　　從主體角度來看，自卑的形成雖與環境因素在關，但其最終形成還受到個體的生理狀況、能力、性格、價值取向、思維方式及生活經歷等個人因素的影響，尤其是其童年經歷的影響。

　　佛洛伊德認為，人的童年經歷雖然會隨著時光流逝而逐漸淡忘，甚至在意識層中消失，但仍將頑固的保存於潛意識中，對人的一生產生持久的影響力。因此，童年經歷不幸的人更易產生自卑。

　　我們都有過這樣的體驗：孩提時，總覺得父母都比我們大，而自己是最小的，要依靠父母，仰賴父母；另一方方面，父母也會強化這種感覺，令我們不知不覺的產生了「我們是弱小的」這種感覺，從而產生了自卑。

　　良好的個人因素對自卑的克服有重大的影響，同時它也是建立自信的基礎。面面俱到的優秀者、強者肯定與自卑無緣，問題是世上沒有一個人能在生理、心理、知識、能力乃至生活的各方面都是一個強者、優秀者。

自信的心態最重要

　　人都希望自己有健康的身體，良好的工作，美麗的家庭，和諧的關係。你知道嗎，這一切都掌握在你自己手中，你是自己命運的主宰，要想獲得這些，請從自信開始。

　　如果你有堅強的自信，往往能夠促使平凡的人們做出驚人的事業來。即使有出眾的才幹、優良的天賦、高尚的品格，膽怯和意志不堅定的人也終難成就偉大的事業。自信是人生最可靠的資本。具備自信心態的人，往往都承認自己的魅力和相信自己的能力，總是能夠大膽、沉著的處理各種棘手的問

題。自信的人開朗、活潑，他這種飽滿的精神，也同樣會贏得人們的親近，進而感染別人。

　　據說一代軍事天才拿破崙親率軍隊作戰時，戰鬥力便會增強一倍。原來，軍隊的戰鬥力在基本上基於士兵對於統帥的敬仰和信心。如果統帥抱著懷疑、猶豫的態度，全軍便要失去凝聚力，陷入混亂當中。拿破崙的自信和堅強，使他統率的每個士兵都增加了戰鬥力。著名的發明家愛迪生曾說：「自信是成功的第一祕訣。」阿基米德、居禮夫人、伽利略、祖沖之等歷史上廣為人知的科學家，他們因此能取得成功，首先因為有遠大的志向和非凡的自信心。一個人要想事業有成、做生活的強者，首先要敢想。敢想就是確立自己的目標，就要有所追求。不自信絕不敢想，連想都不敢想，當然談不上什麼成功了。曾有著名數學家，語言表達能力差，教書吃力，表達上不合格。但他發現自己長於科研，於是增添了自信心，從此致力於數學的研究，後來終於成為著名的數學家。

　　然而，現實生活中，有相當數量的人缺乏自信心。缺乏上進的勇氣和信心，其影響是巨大的：本來可能有十分的幹勁，也只剩下五六分甚至更少了。長此以往，這樣的人很難振作起來，成為一個被自卑感籠罩著的人。由缺乏自信導致自卑的人，不但會延遲進步，甚至可能自暴自棄、破罐破摔，那他將有很可悲的結局。

　　為什麼會出現這種現象呢？這是外在因素和內在因素互相作用的結果。從外在因素說，可能是受到的貶抑性評價太多，缺少成功的機會，處境不良；從內在因素說，可能是自尊心受損，自信心下降。又缺乏自我控制的能力。比如說，一個孩子在班級中不被重視，在團體中沒有表現自己能力的機會，或者在老師、家長面前受到太多的批評、指責，甚至諷刺、挖苦，或者受

到某種挫折（如考試成績差）後沒有應有的指導和具體幫助，都會傷害其自尊，影響他一生的自信。而後，其表現不佳，又可能招致新的貶抑，形成惡性循環。

自信與否真的能決定命運，如果你希望獲得人生的幸福，獲得一個成功的事業，一段美麗的愛情，那麼請從自信開始吧，樹立起強大的自信心，自尊心和自豪感，為自己喝彩，為自己加油鼓勁，相信你的人生會從此改變，你們命運之帆也會引導你駛向美麗的人生港灣。

自信是成功人生的心靈之燈

自信宛如荒漠中的甘泉，黑暗世界的心靈之燈。自信總能夠指引我們走出人生的困境，發現自己真實的價值。

從前，在非洲，有一個農場主，一心想要發財致富。一天傍晚，一位珠寶商前來借宿。農場主對珠寶商提出了一個藏在他心裡幾十年的問題：「世界上什麼東西最值錢？」

珠寶商回答道：「鑽石最值錢！」

農場主又問：「那麼在什麼地方能夠找到鑽石呢？」。珠寶商說：「這就難說了。有可能在很遠的地方，也有可能在你我的身邊。我聽說在非洲中部的叢林裡蘊藏著鑽石礦。」

第二天，為了獲得財富，珠寶商離開了農場，四處去收購他的珠寶去了。農場主卻激動得一宿未闔眼，終於他做了一個人生中最為重要的決定：將農場以最低廉的價格賣給一位年輕的農民，然後去尋找鑽石。很快，他就匆匆上路，去尋找遠方的寶藏了。

第二年，那位珠寶商又恰好路過農場，此時接待他的是新的農場主了。晚餐後，年輕的農場主和珠寶商在客廳中閒聊。突然，珠寶商望著主人書桌上的一塊石頭兩眼發亮，並鄭重其事的問主人這塊石頭是在哪裡發現的。農場主說就在農場的小溪邊發現的，有什麼不對嗎？珠寶商非常驚奇的說：這不是一塊普通的石頭，這是一塊天然鑽石！這一驚奇的發現讓他們決定一探究竟。隨後，他們來到小溪邊，竟然在同樣的地方又發現了一些天然鑽石。珠寶商決定和農場主一起來勘測，後來經勘測發現：整個農場的地下蘊藏著一個巨大的鑽石礦。結果，當然是新的農場主成為了億萬財富，而那位去遠方尋找寶藏的老農場主卻一去不返。很久以後，聽說他成了一名乞丐，最後窮困潦倒，投河死了。

這個故事不論在過去，還是在未來，都告訴我們：最珍貴的寶藏不在遠方，它就在我們心中。心中有寶藏，你就價值千萬，相信自己的人，能夠從中獲得一個充滿強烈自信的原動力。

在人生的旅途上，如果你太累了，那麼停下來，靜靜的想想我們自己吧：在整個世界上，我才是獨一無二的，沒有任何人會跟我一模一樣，為了實現我的使命，我已從祖祖輩輩的巨大積蓄中繼承了成功所需的一切潛在力量和才能，我的潛力無窮無盡，猶如深埋地下的鑽石寶藏。

做一個自信的人

社會的演變、時代的更替展現了一種人類進步，可有的缺乏自信的人卻害怕這種變化，不知如何應付這些巨變。當他們看到周圍的人群不斷的調節自我、改變自我以達到適應社會發展的最佳狀態時，除了焦慮、猶豫與堆積

許多不安的壓力之外，一無所獲。

　　但是試想一下，若是完全沒有了挑戰和應對挑戰的改變，世界將會多麼單調和缺乏活力。憑著科學的力量，人類的壽命可以延長至八十歲、九十歲，甚至更長。但是，若過著失卻了自立性的平淡人生，再多的時間對人們來說又有什麼用呢？一年等於一天，一世等於一天，只是徒然的浪費著光陰。生命只有一次，失去便永遠不會歸來。當我們在生命彌留之際，往事片段如電影一般滑過腦海，若其間沒有五彩繽紛的絢爛和充滿活力的熱情，只留下一堆枯燥而乏力的蒼白，我們豈不是捨棄了這僅有的一次機會，讓自己像一顆新星照亮歷史夜空的希望如泡影般幻滅！

　　因此，振奮起來吧，與其讓時間在身邊白白的流過，不留痕跡，還不如放開手腳，做些平時想做卻不敢做的有益的事。也只有這樣，才能描繪出一幅美麗而完美的人生圖畫。

　　有些人把一切歸咎與知識的匱乏，能力的不足，整日苦惱於自己是一個才能平庸的人。其實我們經知道，每個人的發展潛力相差並不是很大。成功者之因此功就在於盡量的活用時間，去發揮這些基本的共有的天賦。

　　在成功者中，有一個簡單的共通原則，即「不輕言放棄」。如說一個非常有名、成績輝煌的運動員，他也有陷入低潮的候。在這時，只有堅持下去、絕不放棄的人才能保持昔日的煌，獲得最後的成功。

　　別的領域也是如此，所有的成功者都是永不言敗，也永不放的人。實際上，導致中途而廢的因素很多，有些是因為感覺到自的才能無法得到發揮，有些是沒有勇氣與信心堅持下去……而些原因歸結到一點就是缺乏自信。因此，若要避免「放棄」，就要對自己的能力有信心，同時要經常想像自己成功時的模樣，你就會感到有一種動力支撐著你鍥而不捨的努力下去。

　　還有一點很重要，那就是在這個社會中給自己一個準確的位，認清自己是實現對自己有信心的基礎，同時還要避免恃才自傲。比如在擇業的時候，了解自己適合於做什麼工作，在哪面容易出業績。為自己找一個合適的定位，才有可能在自己拿手的行業中取得成功。相反，如果對自己認識不夠，去選擇些「熱門」但卻不適合自己的工作，是根本不可能成為一個成者的。

　　自信是一種激勵人奮發向上的動力，只有具有了自信，成功才不會遙遙無期。自信於女性而言，更為重要。當然這並不是說男性不需要自信。因為，女性的自信已經被世俗的見解給剿殺了，儘管女性有種種渴望成功的衝動，卻往往在一閃間就歸於沉寂，她們在相當長的一段時間裡甘心充當男性的附屬。由此可見，當社會轉型的時代來臨之際，面對平等的社會地位和相同的機遇，女性讓自信的熱情點燃自己，是多麼至關重要。

　　要學會用自由與積極的態度去面對人生。所謂「自由」，是要有自主性，掌握自我，由自己來決定、來行動；所謂「積極」就是要有向上的熱情。人類的能力是有限的，態度積極的人總是希望能盡量的擴充它。他們下定決心，努力去做，往往會收到意料之外的收穫。但是也有一些人在還沒動手之前就失了信心，那肯定不會獲得成功，就算僥倖成功一次，但絕不會有第二次。

把自卑從大腦裡清除掉

　　自卑就是一種認為自身的條件、情況等一切事物不如他人的不滿足感。自卑，除了消磨一個人的雄心、壯志，使他自暴自棄、悲觀失望之外，也沒有什麼好作用。事實上，包括你我在內的全世界 79 億人，每個人的潛能都

第四章　讓自信和樂觀趕走自卑

是無窮無盡的，沒有人生來就註定成功，也沒有人生來就註定會失敗。然而究竟結局如何，就要看大家對自我是怎麼認定的了。

如果你認定自己是個有能力、有才華的人，那麼你就會發揮出符合這種認定的一切天賦和能力；如果你認定自己是個能力低，運氣差，是個沒本事的窩囊廢，那麼，你就不可能發揮出你實際存在著的潛能。取得事業成功的人，從來都是在相信自己與眾不同，堅信自己能夠成為成功人士而堅持走下去，最終實現夢想的。須知你的命運完全可以由你自己掌握，你只要認定自己是什麼樣的人，就要堅定不移的走下去，因為一個人的成功是要衝破重重阻力的，尤其是自己給自己設置在內心的阻力，不管別人怎麼看待和評論你。

缺乏自信的人，因為成功的幸福和喜悅感遠離了自己而心中充滿自卑感。這種人在無心無力做一件有挑戰性的事情時，常常想到的是：「唉，我能力太差！」這種人無法擺脫自卑的「糾纏」，也根本無法達成自己的理想。而那些成大事者，首先想到的就是拒絕與自卑糾纏，一腳把自卑踩得粉碎。做不到這一點，即使你有過人的天賦，也會終身平庸。

自卑自賤是成功的最大障礙，只要自卑之念在頭腦中閃現，即將到來的成功女神就會立即掉頭遠去。如果拿破崙在率領軍隊橫跨阿爾卑斯山脈的時候說：「翻過山去實在太困難了」，那麼，阿爾卑斯山脈將永遠成為拿破崙及他的軍隊不可征服的敵人。

天資有高低，才幹有大小，但最缺乏天資最缺乏才幹的人也沒有理由自卑自賤，因為成功也會眷顧那些靠勤奮和汗水努力打拼的人。甘於自卑自賤，只能泯滅在你內心深處的某些天才成分，永遠也不會取得哪怕是一次小小的成功。

在我們身邊的人，包括我們自身在內，常常認為偉大的事業是屬於別人的，認為偉大的成功不配為自己享有，認為自己不能夠與偉大的人物相提並論。這種自卑自賤的心態如果不改變，他們就會真的卑賤下去。

事情就是這樣簡單而真實：你認為自己卑賤，那你就真的卑賤了；你認為自己高貴，那你就真的能夠高貴起來。世界上最好的東西是世界上的每一個人都可以擁有的。你要放棄成功的權力，那也沒辦法。生活中的一切快樂，並不只是留給那些所謂的「命運寵兒」來享受的。高貴的人也可能淪為乞丐，現今的乞丐或許會有出人頭地的那天。

雖然炫目的財富、誘人的權勢是一個人在現實生活中可以憑藉的成功資本，但是，這一切絕不是成功因素的全部，這一切都可以憑藉自信、進取而獲得。沿著那些成功人士的成功軌跡追尋，我們可以發現，他們在事業開始之際就深信自己的能力，深信將要從事的事業一定能夠成功，而沒有一絲一毫自卑自賤的影子。分析那些半途而廢、沒做成一件大事的人就能發現，他們在事業開始之際都能夠充滿熱忱；可一遇上挫折，才知道自己的熱忱缺少自信的依託和根基 —— 缺乏成就事業所必備的能力。於是，先前的點自信和堅持即刻土崩瓦解，他們一下子變得自卑自賤起來，從而失去了本該擁有的成功幸福。

世界文學名著《簡愛》中的男主人公羅徹斯特身為一個莊園主，財大氣粗，對自己的家庭教師、女主人公簡愛說過：「我有權蔑視你！」他自以為在地位低下、其貌不揚的簡愛面前，有一種很「自然」的優越感。但有著堅強個性又渴望平等的簡愛堅決的維護了自己的尊嚴，寸步不讓的反唇相譏：「你以為我貧窮卑微，矮小不美，就沒有自尊、沒有靈魂了嗎？不！我們在精神上是平等的！正像你和我最終將透過墳墓平等的站在上帝面前。」這番話強

烈的震撼了羅徹斯特，並使他對簡愛產生了由衷的敬佩。

　　你只要不是品德低下、行為卑劣的酒囊飯袋，那麼無論能力大小、地位高低、條件好壞，你都應有充分的自信，而不應自認低人一等，因為這種平等觀念是做人所應具備的基本態度和風度。

　　不要做一個自卑自賤的人，堅信奇蹟會在自己的努力和堅持中發生。從內心開始，悄悄的高貴起來吧，我們不僅會在努力中贏得別人的尊重，更是對自己的人生負責，對自己生命的尊重。

　　以下是建立信念的一些經驗之談：

(1)　不僅要把眼光盯在自己的短處上，也要客觀的看到自己的長處；既要看到自己的不如人之處，也要看到自己的過人之處。

(2)　有自卑感的人不妨多做一些力所能及、較有把握的事情，並竭盡全力爭取成功，以此累積點滴的成功經驗和感受。成功後，及時鼓勵自己：「別人能做到的事，我也做到了！

(3)　為了克服自卑感，可採取兩種積極的補救途徑：一是以勤補拙，二是揚長避短。

(4)　凡事不要期望過高，要善於自我滿足，知足常樂。無論學習或工作，目標不要定得太死太高，不然就容易受挫。滿足己有成就也是一種自信。

(5)　堅持在心理上每天給自己進行積極的自我暗示。

(6)　不逃避困難，鼓起勇氣去面對它，想一切辦法來克服它。

(7)　不斷的希望和追求更美好、更尊貴、更崇高的事物，給自己設一些挑戰，試著戰勝它們。

(8)　找出遭到挫折和失敗的原因，從中汲取經驗，堅持下去。

(9)　面對世界，笑口常開。樂觀是自信的必備心態，是面對困難、振奮勇氣的有力支撐。

(10)　每天至少誇獎自己一次，將積極的思想存入大腦。

女人更要打開自卑的枷鎖

在這個世界上，不知多少女人因為自卑，而深深的苦惱，多少女人為尋找克服自卑的良藥而苦苦求索。

心理學家告誡我們：自卑會導致失敗。那麼，自卑究竟是什麼呢？

自卑是一種消極的自我評價或自我意識。

自卑因為過多自我否定而產生的不良的情緒。其主要表現為對自己的能力、學識、素養、容貌和體型等自身因素評價過低；心理承受能力脆弱，經不起較強的刺激；謹小慎微，多愁善感，常產生猜疑心理；行為畏縮、瞻前顧後等。

一個自卑的人往往過低評價自己，總是拿自己的弱點和別人的強處比，覺得自己事事不如人，自嘆不如，妄自菲薄，從而喪失自信，引起心理上的悲觀失望，最後不思進取，甚至沉淪。

一個自卑的人，大腦會長期處於抑制狀態，而很少有歡樂和愉快的良性刺激轉換；中樞系統處於麻木狀態，體內各個器官的生理功能得不到充分的調動，無法發揮它們應有的作用；同時內分泌系統的功能也因此而失去常態，有害的激素隨之分泌增多；免疫系統功能下降，抗病能力也隨之下降，從而使人的生理過程發生改變，出現各種病症，如頭痛、乏力、焦慮，反應遲鈍、記憶力減退，食慾不振，早生白髮、面容憔悴、皮膚多皺、牙齒鬆動、

性功能低下等徵兆。

　　也就是說，自卑這種不利於健康的有害心理，不僅促使你在人生的道路上常走下坡路，而且還加速自己的衰老進程。

　　自卑感產生的原因也是多種多樣的，但主要的原因是以下這些。

1. 過低估計自己

　　當一個女人總是以別人為標準來認識自己，總是根據別人對自己的評價和自己與他人比較來認識自己的長短優劣。如果他人對自己做出較低的評價，特別是較有權威的人的評價，就會影響自己對自己的認識，從而過低的估計自己。

2. 消極情緒抑制了自信心

　　當每個人面臨一種新情況時，首先都會自我衡量是否有能力應付。性格內向的人因為自我認識不足，常覺得「我不行」，由於事先有這樣一種消極的自我暗示，就會抑制自信心，增加緊張，產生心理負擔，在學習和交往中，就不敢放開手腳，限制能力的發揮，工作效果必然不佳。

3. 挫折的影響

　　當一個女人遭受坎坷後，她就會產生各種反應，或消極、或妥協、或固執，就會變得消極悲觀，特別是性格內向的人。稍微受挫就如同受到了沉重的打擊，使他變得自卑。

4. 生理上的不足

　　一個人生理方面的缺陷，會在心理上產生明顯的影響。如有些人因為身

體矮小或相貌醜陋而感到自卑；有些人因為自己的身體有殘疾而自卑、每個人由於氣質、文化素養及生活環境的不同，脾氣、性格都不盡一致。但無論哪種人，自卑都是不正常的心理活動，應及時清除掉。

所有女人都希望成為一個有自信心的人，那麼你可以試問：你平日最專心的事情是哪一件？當你知道你的專心在什麼地方時，堆積你的信心就在哪裡！建立自信心的方法與建立專心的路徑相同。

在現實中，年輕美貌、事業有成並非女性自信心的唯一來源、人的自信也未必都建立在外在的物質基礎上。家庭和美、身體健康、心情舒暢、朋友眾多等，也是自信心不斷增強的因素。就如同養花種草，自信也需要經營和培植，是一個長期而耐心的過程。你可以用一些容易取得的小小成功來扶持你的自信心。

比如：作為人母幫助孩子的學習，成績提高；作為人妻做出一頓可口的飯菜，都可以成為你有自信的理由。

每個女人都有多方面的才能，社會的需要和分工更是多種多樣的。一個人這方面有缺陷，可以從另一方面謀求發展。只要有了積極心態，就可以揚長避短，把自己的某種缺陷轉化為自強不息的推動力量，也許你的缺陷不但不會成為你的障礙，反而會成為你成功的條件。

當你懷疑自己的能力並為自卑感所困擾的時候，你不妨從過去的成功經歷中吸取養分，來滋潤你的信心。你不要沉溺於對失敗經歷的回憶，把失敗的意象從你腦海中趕出去，因為那是你不友好的來訪者。

做為一個現代女性，不要把眼光總放在自己的弱項和失敗，而應將注意力和精力轉移到自己最感興趣、也最擅長的事情上去，從中獲得的樂趣與成就感將強化你的自信，驅散自卑的陰影，從而緩解你的心理壓力和緊張。

女性要學會戰勝自卑

女性怎樣才能從自卑的束縛下解脫出來呢？

一、全面了解自己，正確評價自己。

你不妨將自己的興趣、嗜好、能力和特長全部列出來，哪怕是很細微的東西也不要忽略。你會發現你有很多優點，並且對自己的弱項和遭到失敗的地方持理智和客觀的態度，既不自欺欺人，又不將其看得過於嚴重，而是以積極的態度應對現實，這樣自卑便失去了溫床。

二、轉移注意力。

不要老是在意自己的弱項和失敗，而應將注意力和精力轉移到自己最感興趣，也最擅長的事情上去，從中獲得的樂趣與成就感將強化你的自信，驅散自卑的陰影，從而緩解你的心理壓力和緊張。

三、對自己的自卑進行心理分析。

這種方法可在心理醫生的幫助下進行。具體作法是透過自由聯想和對早期經歷的回憶，分析找出導致自卑心態的深層原因。並讓自己明白自卑情結是因為某些早期經歷而形成的，它深入到了潛意識，一直影響著自己的心態。實際上現在的自卑感是建立在虛幻的基礎上的，是沒有必要的。這樣就可以從根本上瓦解自卑情結。

四、用行動證明自己的能力與價值。

其實，看一個人有沒有價值，根本用不著進行什麼深奧的思考，也用不

著問別人，有人需要你，你就有價值，你能做事，你就有價值。因此，你可以先選擇一件自己最有把握也有意義的事情去做，做成之後，再去找一個目標。這樣，每一次成功都將強化你的自信心，弱化你的自卑感，一連串的成功則會使你的自信心趨於鞏固。

五、從另一個方面彌補自己的弱點。

每個人都有多方面的才能，社會的需要和分工更是萬象紛呈。只要有了積極心態，把自己的某種缺陷轉化為自強不息的推動力量，也許你的缺陷不但不會成為你的障礙，反而會成為你成功的條件。因為它促使你更加專心的關心自己選擇的發展方向，促成你獲得超出常人的發展，最終成為超越缺陷的卓越人士。

六、從成功的回憶中建立成功的自我形象。

當你懷疑自己的能力並為自卑感所困擾的時候，你不妨從過去的成功經歷中吸取氧分，來滋潤你的信心。你不要沉溺於對失敗經歷的回憶，把失敗的意象從你腦海中趕出去，因為那是你不友好的來訪者。失敗絕不是你的主要方面，而是你偶然存在的消極面，是你心智不集中時開的小差。你應該多強調自己成功的一面。一連串的成功，貫穿起來就構成一個成功者形象。它強烈的向你暗示，你是具有決策力和行動力的，你能導演成功的人生。

七、看看自己最滿意的照片。

一個人看到具有紀念價值的物品時，往往會產生無限的聯想。比如：當你看到獎狀、獎盃時，便會回憶起從前獲得勝利時的一幕幕情景；而照片則更能喚起往事的回憶，將一個生動的自我形象清晰的刻在自己的腦海裡。消

極自卑的人不妨隨身帶著自己最得意的照片，當情緒低落時，它能有效的調節你的心情，照片上那張生動的臉，飛揚的神采和洋溢的喜悅對你來說，無異於一種振奮劑。它能明確的提醒你，你能以一種光彩照人的形象出現。

相信自己，必定成功

心存疑惑，就會失敗；相信勝利，必定成功。相信自己能移山的人，會成就事業；認為自己不能的人，一輩子一事無成。

有一位年輕人在大學裡上學，有一天他忽然發現，大學的教育制度有許多弊端，便馬上向校長提出。他的意見沒有被校長接受，於是他決定自己辦一所大學，自己當校長消除這些弊端。辦學至少需要 100 萬美元。上拿去找這麼多錢呢？等畢業後去賺，那太遙遠了。於是，他每天都在寢室裡冥思苦想如何能有 100 萬美元。同學們都認為他有神經病，做夢天上掉錢來。但年輕人不以為然，他堅信自己會籌到這一筆錢。

終於有一天，他想到了一個辦法。他打電話報社，說他明天準備舉行一個演講會，題目叫《如果我有 100 萬美元怎麼辦》。第二天他的演講吸引了許多商界人士參加，面對台下諸多成功人士，他在台上全心全意、發自內心的說出了自己的構想。

最後演講完畢，一個叫菲立普・亞默的商人站了起來，說：「小夥子，你講得非常好。我決定給你 100 萬，就照你說的辦。」

就這樣，年輕人用這筆錢辦了亞默理工學院，也就是現在著名的伊利諾理工學院的前身。而這個年輕人就是後來倍受人們愛戴的哲學家、教育家岡索勒斯。

　　其實生活中做什麼事，信心很重要。有人說，敢想就成功了一半，那另一半就是去做。這樣，你就一定會成功。

　　人人都想要成功。每一個人都想要獲得一些最美好的事物。沒有人喜歡巴結別人，過平庸的生活。也沒有人喜歡自己被迫進入某種情況。

　　最實用的成功經驗，可在聖經的章節中找到，那就是「堅定不移的信心能夠移山」。可是真正相信自己能移山的人並不多，結果，真正做到「移山」的人也不多。

　　不錯，你無法用「希望」來移動一座山；也無法靠「希望」實現你的目標。

　　但是，拿破崙・希爾告訴我們：只要有信心，你就能移動一座山。只要相信你能成功，你就會贏得成功。

　　關於信心的威力，並沒有什麼神奇或神祕可言。信心起作用的過程是這樣的：相信「我確實能做到」的態度，產生了能力、技巧與精力這些必備條件，每當你相信「我能做到」時，自然就會想出「如何去做」的方法。

　　每天都有不少年輕人開始新的工作，他們都「希望」能登上最高階層，享受隨之而來的成功果實。但是他們絕大多數都不具備必需的信心與決心，因此他們無法達到頂點。也因為他們相信自己達不到，以致找不到登上巔峰的途徑，他們的作為也一直只停留在一般人的水準。

　　但是還是有少部分人真的相信他們總有一天會成功。他們抱著「我就要登上巔峰」（這並不是不可能的）的積極態度來進行各項工作。這批年輕人仔細研究高級經理人員的各種作為，學習那些成功者分析問題和做出決定的方式，並且留意他們如何應付進退。最後，他們終於憑著堅強的信心達到了目標。

　　信心是成功的祕訣。拿破崙曾經說過：「我成功，是因為我志在成功。」

　　如果沒有這個目標，拿破崙必定沒有毅然的決心與信心，當然成功也就與他無緣。

　　信心不僅能使一個白手起家的人成為巨富，也會使一個演員在風雲變幻的政壇上大獲成功，美國第四十屆總統 —— 羅奈爾得‧雷根就是有幸掌握這個訣竅的人物。

每個人都是自己的精神領袖

　　也許自出生之日起，你就註定要經歷磨難。那麼，等你懂得自己面臨的困境時，請你喚醒自己心中的巨人，勇敢戰勝這些先天的磨難，要知道，每個人都是自己的精神領袖。

　　成大事者的確需要培養這種良好的自我認識心態。但是，假設一個人只能長到 150 公分的身高，而社會的平均身高是 165 公分，在這種情境下他會產生什麼樣的心態和境況呢？身材矮小的拿破崙渴望征服整個世界，並將歐洲甚至全世界的國王和他們的子民們置於自己的股掌之中，讓他們俯首稱臣。只有這樣他才能蔑視一切，稱雄於世。

　　毫無疑問，拿破崙能取得自己的人生的巔峰，是與他的自信和頑強拚搏密不可分的。當一個人存在明顯的缺陷時，他明顯就比常人要承受更多的苦難和磨礪才行。生來就具有嚴重的生理缺陷的人，或是遭遇到意外事故致殘致病的人，確實得承擔更大的身體和精神負擔。那些曾與身心障礙者一起工作過的理療專家們指出，無論他們會有多大的缺憾感，那並不能必然的阻礙，他們建立起比很多無病無痛的人更大的勇氣和自信。

　　有時，身體的殘疾正是人們建立良好的自我意象，改變世人偏見的巨大

推動力。曾經有位在童年意外事故中失明的人成了他生活的小鎮上的最有學問的人。他的詼諧和樂趣使得人們爭相為他誦讀書籍。牡蠣殼中的沙礫是滋養珍珠必不可少的物質。卓別林以其弱小的身軀創造出舉世聞名的喜劇。數年前，矮小的耶魯隊明星阿爾比‧伯恩一人獨進 21 球徹底打敗了哈佛隊。雖說阿爾比沒有高大的身材和堅實的肌肉。但他訓練出的驚人的速度和嫻熟的球技征服了所有的觀眾。大衛敢於用幼時牧羊練就的彈弓絕技與歌利斯的利劍比武。傑克以他的機智戰勝了豆莖上的巨人。

　　世上絕大多數迷人的婦女並不是絕世的佳麗。埃及豔后克麗奧佩脫拉長著大大的鼻子，伊莉莎白一世女王的脖子又細又長。斯塔爾夫人邋遢臃腫。傳世的美人並不刻意渲染他人對自己的興趣。特洛伊的海倫的確擁有讓數千艘輪船入海的漂亮臉蛋和身材。但是流傳至近的傳說中沒有一個讓人感到她的迷人、善良和聰慧。

　　我們都伴隨著自卑感而成長。我們出世時實在是太弱小了。生活既向我們提供了加強這些情感的機會，也為我們創造了克服它們的機遇。正是由於生活傷害了我們，因此它也哺育了我們、治癒了我們的創傷。

　　有時，甚至傷害本身也能帶來好處 ── 它足以讓我們產生積極的效應。愛好旅遊的朋友的越野自行車出了故障，當我們聽說後向他慰問時，他卻告訴了我們一個數年來最欣喜的經歷。當他走在一條從未走過的山坡小道上找尋援助時，他發現了一個迷人的山村。他從來不知道那裡有這麼一個山村。在那裡他發現了友好善良的人們。事實上，他從「不幸」中得到了極大的樂趣。聽罷他的故事，我們不禁希望自己也能偶遇一次這樣的經歷。人生會遇到什麼事情呢，這是大家都無法預料的。當人們回憶起往日緊張冒險的經歷時常說：「我再也不想遇到那樣的事了，但有過那麼一次也很不錯。」由於失

去了眼前的工作，人們或許進而發現了更能展現自己才華的新的職位。很多經歷了一次失敗婚姻的人們在第二次的婚姻中體會到了真正的幸福，做到了白頭偕老。

內科醫生都明白，兒童時期曾患過的嚴重疾病對成年後的病變常常可以產生強烈的抗體。在 1918 年流行的傳染病災難中，美國軍營裡很多來自農場的高大強壯的年輕人死去了上萬人，而那些來自都市貧民窟的骨瘦如柴的士兵卻表現出了極強的生命力。這些人在童年時代遭受過無數疾病和身體的磨難。因此，在面對成年後同樣的病毒折磨時，他們能夠倖存下來。

同樣，經歷過情感創傷之後，也能培養人們的堅強意志、敏銳的感覺和洞察力。例如：我們過去常常認為父母的離異必定會給孩子造成傷害。如今我們認識到離婚雖說會對孩子產生巨大的影響，很可能會傷害他們的情感，但情況未必總是那麼的糟糕。父母的離異或是疾病使得某位親人逝去確實是極其苦痛的事。但我們也明白它們能使孩子變得更加成熟和堅強。困苦的確可以轉變成人們生活中有利的成分。生意場上，有些公司從銀行借的錢越多、還錢越謹慎、它的信譽就越好。

我們無法從日常生活的每個細節中預測出什麼將對我們最為有利，即使我們已經知道何者最為有利，我們也並不能將所有的夢想都化為現實。生活賦予了我們太多的機會，然而變化無常，有時那些看似非常渺茫的事情也會以美好的結局告終。世上沒有只交好運的人，也沒有終身只與厄運為伍的人。有些人確實一個勁的遭受不幸，但是過多抱怨社會對己不公的人實際上是在抱怨對待自己是多麼的不好。

每個人都有屬於自己的成功時刻，正如每個花朵都有屬於自己的春天。男人往往力大無比身手非凡，女人美若朝霞，能把稻草變成黃金，能用溫柔

馴服猛獸。我們因為喜愛自己，因此我們在心中不時自我加以點綴。我們常常對自己稍加讚許，好在讚譽不會傷害人的心靈，在自我讚許和鼓勵下，我們才更有自信。

如果你越認為自己和善親切，就會越發友好的待人，越能接受自我和自我所有的缺憾，就越能接受自己所愛的人。請記住吧，每個人都是自己的精神領袖。

自己的人生由自己決定

生活中，命運的可怕正在於它毫無軌跡可循的「不確定性」。

每個人都握著失敗的種子，也都握著偉大的潛能。

在古老的歐洲有一則寓言：在義大利威尼斯城的小山上，住著一位智慧老人，他能回答任何人的問題。當地的兩個小孩想要愚弄一下這位老人，他們捉了一隻小鳥，就去找他。見到智慧老人，一個小孩手裡握著那隻小鳥就問：「您是無所不知的智慧老人，那您知道嗎，我手上的小鳥，是死的還是活的？」老人不假思索的說：「孩子，如果我說鳥是活的，你就會握緊你的小手把牠捏死；如果我說鳥是死的，你就會把手鬆開讓牠飛走。你知道，你的手握著這隻鳥的生死大權。」

這個故事不帶絲毫渲染，但它給了我們一個偉大的啟示：我們的命運就掌握在我們自己的雙手之中。這也正如哲學家沙特所說：「一個人的命運就操縱在他自己的手中。」

有數以百萬計的人相信自己註定要貧窮和失敗，因為他們相信，有一些奇異的力量是無法控制的。其實，他們就是自己這些「不幸」的製造者，他

第四章　讓自信和樂觀趕走自卑

們並非沒有致富的機會與能力，恰恰相反，很多人擁有優越的致富環境與條件，然而他們卻缺乏致富的勇氣與信心。因為他們心中存在著消極的信念，這種信念為潛意識所接受，然後被轉變為事實。現在我們可以確切的向你暗示：為了使你自己能夠致富與成功，你可以把你的希望轉變為事實或金錢價值的任何欲望，進入你的潛意識；而且只要你使自己處於盼望和自信的狀態中，這種轉變的過程就會自動發生。你的信心或信念，正是決定你的潛意識行動的主要因素；只要你是經由自我暗示的過程向潛意識下達命令，那麼沒有任何事情能夠阻止你「欺騙」你的潛意識。

　　一個人三十歲以前，大多數是不會相信命運的。他們用最大的勇氣去面對生活，用最堅決的行動去追求財富，也用他們最刻薄的話語去嘲笑那些討厭的相士和預言家們，使之感到非常難堪。如果有人要跟他們談論命運，他們也會笑而不答，不把這些預言放在眼裡！

　　但一過了三十歲，他們的觀念就變了，過多的負面的心理暗示給他們帶來的，是猶豫和困惑：很多人漸漸相信起命運來。他們認為人間有個主宰，在冥冥之中掌握著人們的命運，使他們順利，也使他們失敗；使他們歡樂，也使他們悲哀；使他們飛黃騰達，也使他們一敗塗地！這個在冥冥之中的主宰，照一般的說法，就是命運！

　　我們知道有人過著真正自由的生活，但並不是因為他富有，也不是因為他有個好伴侶，更不是因為有什麼魔力能保證他把自己生活中的任何事都做好。而是因為這種人擁有一種比最貴重的珠寶還有價值的禮物：他是自己命運的主人。

　　要知道幸運女神不願擁抱那些遲疑不決、懶惰、相信命運的懦夫。我們不信宿命，我們要堅信：我們能夠改善自己的命運，能成為最幸運的人。

讓心靈生活在樂觀的沃土

樂觀就如同心靈的一片沃土，所羅門也曾說：「樂觀的心態就是最強勁的興奮劑。」

成大事者都會選擇樂觀的生活態度，選擇了樂觀的生活態度你就這擇了量力而行的睿智和遠見，就學會了審時度勢、揚長避短，就學會了把握時機。

有個大臣因智慧超群而深受國王寵幸。他有一個不同尋常的特點：對待任何事情，他都保持積極樂觀的想法。也正是由於這種態度，他為國王解決了不少難題。因而深受國王的器重。

國王喜歡打獵，但在一次圍捕獵物的時候，不慎弄斷了一截手指。國王疼痛之餘，馬上叫來了智慧大臣，徵詢他對意外斷指的看法。智慧大臣仍輕鬆自在的對國王說，這是一件好事，並勸國王不要為此事而煩惱。

國王聽了很生氣。認為智慧大臣是在取笑他，即命侍衛將他關進監獄。

待斷指傷口癒合之後。國王又興致勃勃的忙著四處打獵。不幸的事終於發生了，他帶隊誤闖入鄰國國境，被埋伏在叢林中的野人捉住了。

按照野人的慣例。必須將活捉的這隊人馬的首領敬獻給他們的神，於是便將國王押上祭壇。正當祭奠儀式要開始時，主持的巫師突然驚叫起來。原來巫師發現國王斷了一截手指，而按他們部族的律例，獻祭不完整的祭品給天神，是要遭天譴的。野人趕緊將國王押下祭壇，把他驅逐出去，另外抓了一位大臣獻祭。國王狼狽的逃回國，慶幸大難不死。忽然，他想起智慧大臣說斷指也許是一件好事，便馬上將他從牢中釋放出來，並當面向他道歉。

智慧大臣和往常一樣，仍然保持著積極樂觀的態度，笑著原諒了國王，

143

並說這一切都是好事。

「說我斷指是好事，現在我能接受；但如果說因我誤會你，而把你關在牢中。讓你受苦，你認為這是好事嗎？」國王不服氣的質問。

「臣在牢獄中，當然是好事。陛下不妨想想，今天我若不是在牢中，陪陛下出獵的大臣會是誰呢？」智慧大臣笑著回答。

無論遇到多麼難辦的事，我們都要保持積極樂觀的心態，相信一切問題都會解決的。

有一位虔誠的作家，在被人問到該如何抵抗誘惑時，他回答說：「首先，要有樂觀的態度；其次，要有樂觀的態度，最後，還是要有樂觀的態度。」

從眾多的傳記中，我們可以了解到，古往今來，那些天賦秉異的偉人們，大多都具有樂觀的生活態度 —— 他們不為名利、金錢或權勢所動 —— 在平靜中享受生活的樂趣，迸發著自己的熱情，例如荷馬、賀拉斯、維吉爾、蒙田、莎士比亞以及賽凡提斯等，他們的作品都很好的反映出這一點。在他們經久不衰的著作中。充分表現出了那種對平靜和樂觀的追求。樂觀向上的人物，不勝枚舉，我們在這裡要提到的還有路德、莫爾、培根、達文西、拉斐爾，以及麥克爾・安吉洛等。他們之因此快樂，是因為把畢生的精力都投入到了為之奮鬥的事業中，並享受著工作的樂趣 —— 用他們的博學不斷的創造美好的生活。

那麼，我們如何才一生都保持愉快的生活呢？請閱讀下面八條：

承認弱點：人無完人，金無足赤，要承認自己的弱點，樂意接受別人的建議、忠告。並有勇氣承認自己需要幫助。

吸取教訓：面對失敗和挫折應該從中吸取教訓，勇往直前。

有正義感：在生活中誠實和富有正義感，朋友們就會樂於幫助你。

能屈能伸：對待人生的態度應該是處之泰然，人的一生會遇到意想不到的打擊或其他不幸，要客觀對待、隨遇而安。

熱於助人：幫助別人。與人關係融洽，自然就會受人尊敬。

寬恕他人：自己受到不平等待遇時，學會寬恕和同情他人。

堅守信念：當作任何事情時，都必須堅守個人的信念。

心境開朗：只要牢記實踐，快樂就會永存心間。

用樂觀的態度化自卑為自信

在自我補償的過程中，必須正確面對失敗。人生之路，一帆風順者少，曲折坎坷者多。成功是由無數次失敗構成的，正如美國奇異電氣公司創始人沃特所說：「通向成功的路是把你失敗的次數增加一倍。」但失敗對人畢竟是一種「負性刺激」，總會使人產生不愉快、沮喪、自卑。那麼，如何面對？如何自我解脫？就成為能否戰勝自卑、走向自信的關鍵。

面對挫折和失敗，唯有樂觀積極的心態，才是正確的選擇。其一，做到堅忍不拔，不因挫折而放棄追求；其二，注意調整、降低原先脫離實際的「目標」，及時改變策略；其三，用「局部成功」來激勵自己；其四，採用自我心理調適法，提高心理承受能力。

要使自己不成為「經常的失敗者」，就要善於挖掘、利用自身的」資源」。雖然有時個體不能改變「環境」的「安排」，但誰也無法剝奪其作為「自我主人」的權力。應該說當今社會已大大增加了這方面的發展機遇，只要敢於嘗試，勇於拚搏，是一定會有所作為的。屈原被放逐乃賦《離騷》，司馬遷受宮刑乃成《史記》，就是因為他們無論什麼時候都不氣餒、不自卑，都有堅忍不

拔的意志！有了這一點，就會掙扎困境的束縛，走向人生的輝煌。

　　此外，作為一個現代人，應具有迎接失敗的心理準備。世界充滿了成功的機遇，也充滿了失敗的可能。因此要不斷提高自己應對挫折與干擾能力，調整自己，增強社會適應力，堅信失敗乃成功之母。

用心感受生活的樂趣

　　真正的快樂，不是用金錢和權勢換來的，有錢有權的富貴們，不一定人人都快樂，個個都會領略生活的樂趣。

　　很多人越來越重視對金錢、權勢的追求和對物質的占有，殊不知金錢和權力固然可以換取許多享受的東西，可不一定能獲取真正的快樂。

　　錢越多的人，內心的恐懼感越深重，他們怕偷，怕搶，怕被綁票。權勢越大的人，危機感越強烈，他們不知何時丟了烏紗帽，不知何時遭人陷害，時時小心，處處提防，惶惶然終日寢食難安。恐懼的壓力，造成心理變態失衡。

　　過去有個大富翁，家有良田萬頃，身邊妻妾成群，可日子過得並不開心。

　　而挨著他家高牆的外面，住著一戶窮鐵匠，夫妻倆整天有說有笑，日子過得有滋有味。

　　一天，富翁小老婆聽見隔壁夫妻倆唱歌，便對富翁說：「我們雖然有萬貫家產，還不如窮鐵匠開心！」富翁想了想笑著說：「我能叫他們明天唱不出聲來！」於是拿了家裡兩根金條，從牆頭上扔過去。打鐵的夫妻倆第二天打掃院子時發現不明不白的金條，心裡又高興又緊張，為了這兩根金條，他們連

鐵匠爐子上的活也丟下不做了。男的說：「我們用金條置些好田地。」女的說：「不行！金條讓人發現，會懷疑我們是偷來的。」男的說：「你先把金條藏在炕洞裡。」女的搖頭說：「藏在炕洞裡會叫賊娃子偷去。」他倆商量來，討論去，誰也想不出好辦法。從此，夫妻倆吃飯不香，覺也睡不安穩，當然再也聽不到他倆的歡笑和歌聲了。富翁對他小老婆說：「你看，他們不再說笑，不再唱歌了吧！」而富翁卻因家裡再也沒有金條，不用防備盜賊，心裡變得輕鬆起來，他們夫妻倒能每天都有好心情唱歌了。看，開心就是如此簡單。

鐵匠夫妻倆之因此失去了往日的開心，是因為得了不明不白的兩根金條，為了這不義之財，他們既怕被人發現懷疑，又怕被人偷去，有了金條不知如何處置，因此終日寢食難安。

現實生活中也是如此，有些有錢人雖然守著一堆花花綠綠的鈔票，守著一幢豪華的洋房，守著一位貌合神離的天仙，未必就能咀嚼到人生的真趣味。

開心不開心同樣也不能用手中的「權」來衡量。有了權，未必就能天天開心。我們時常看見有些弄權者，為了保住自己的「烏紗帽」，處處阿諛逢迎，事事言聽計從，失去了做人的尊嚴，哪裡還有什麼真正的開心？

有些人利用手中的權，拿公款大吃大喝，遊山玩水，上歌廳舞廳「泡妞」，雖然獲得了一時的感觀刺激，找到了一時的開心，但卻給自己帶來了訴不完的懷悔。他們就如同歌德筆下的浮士德，拿自己的靈魂去換取一段開心快樂的時光，結果變成了傻瓜，他們最後失去的不僅僅是快樂和開心。

善於培養你的快樂

亞伯拉罕‧林肯說：「只要心裡快樂，絕大部分人都能如願以償。」

心理學家 M‧N‧加貝爾博士說：「快樂純粹是內在的，它不是由於客體，而是由於觀念、思想和態度而產生的。不論環境如何，個人的活動都能夠發展和指導這些觀念、思想和態度。」除了聖人之外，沒有一個人能隨時感到快樂。正如 G‧蕭伯納所諷刺的那樣，如果我們覺得不幸，可能會永遠不幸。但是，我們可以憑藉動腦筋和下決心來利用大部分時間想一些愉快的事，應付日常生活中使我們不痛快的瑣碎小事和環境，從而使我們得到快樂。我們對小事的煩惱、挫折、牢騷、不滿、懊悔、不安的反應，在基本上純粹出於習慣。我們做這種反應已經「練習」了很長時間，也就成了一種習慣性反應。這種習慣性的不快樂反應大多起因於我們自以為有損於自尊心的某種事情。一個司機無緣無故的向他人按喇叭，我們談話時有人肆意插嘴，我們以為某人該來幫忙他卻沒有來等等。甚至一些非個人的事情也可能被認為是傷害我們的自尊心而引起我們的反應：我們要搭的公共汽車不得已而來遲了，我們要打高爾夫球時偏偏下雨了，我們急著上飛機時交通忽然阻塞了等等。我們的反應是憤怒、沮喪、自憐，換句話說：「不高興！」

不要讓事情把你搞得團團轉。治療這種病最好的藥方就是使用造成不快樂的武器 —— 自尊心。不知你是否參加過一個電視節目，看到過節目主持人操縱觀眾的情況。主持人拿出「鼓掌」的標記，大家就都鼓掌；主持人又出示」笑」的標記，所有些人又都笑起來。

他們的反應像綿羊一樣，告訴他們怎樣反應，他們就奴隸般順從的做出反應。你現在也是這種反應。你讓外在事物和其他人來支配你的感覺和反

應。你也像馴服的奴隸一樣，等某件事或某種環境向你發出信號 ——「生氣」——「不痛快」，或者「現在該不高興了」—— 你就迅速的服從命令。

養成快樂的習慣，你就變成一個主人而不再是奴隸。正如 H・L・史蒂文生所說過的：「快樂的習慣使一個人不受，至少在基本上不受外在條件的支配。」

你的意見可能使事情更不樂觀。甚至在遇到悲慘的條件和極其不利的環境時，我們一般也能做到比較快樂，即使不能做到完全的快樂 —— 只要我們不在不幸之中再加上我們自憐、懊悔的情緒和於事無補的想法。

人是一個追求目標的動物，因此，只要他朝著某個積極的目標努力，他一定能自然正常的發揮作用。快樂就是自然正常的發揮作用的徵兆。人只要發揮一個目標追求者的作用，不管環境如何，他也會感到十分快樂。湯瑪斯・A・愛迪生有一間價值幾百萬美元的實驗室因沒買保險而被火白白燒掉了。後來有人問他：「你該怎麼辦呢？」愛迪生回答：「我們明天就開始重建。」他保持著進取的態度，可以斷言：他絕不會因為自己的損失而感到不幸。

心理學家 H・L・霍林沃茲說過：快樂需要有困難來襯托，同時需要有以克服困難的行動來面對困難的心理準備。

威廉・詹姆斯說：「我們所謂的災難基本上完全歸結於人們對現實採取的態度，受害者的內在態度只要從恐懼轉為奮鬥，壞事就往往會變成令人鼓舞的好事。在我們嘗試過避免災難而未成功時，如果我們同意面對災難，樂觀的忍受它，它的毒刺也往往會脫落，變成一株美麗的花。」

快樂使人健康長壽

林肯曾經說：「據我觀察，人們都是自己想要怎麼快樂，就能怎麼快樂。」

一個人想要快樂，便會採取積極態度，這樣他便會把快樂吸引過來。

「我要快樂……」，這一首流行曲一開頭的幾句話就包含許多真理：「我要快樂，但是除非能使你快樂，否則我就不會快樂。」

為自己找尋快樂最保險的方法是，奉獻自己心力使別人快樂。快樂是一種難以捉摸而短暫的感覺。刻意去找它，它會逃之夭夭；但你如果把快樂帶給別人，它就會自動跑來。

柯萊兒·釗斯是奧克荷馬市立大學宗教系一位教授的夫人，她告訴拿破崙·希爾她剛剛結婚時的一段趣事。「我們結婚頭兩年住在一個小鎮裡，」「我們的鄰居是一對老夫婦，太太幾乎已經瞎了，整天坐在輪椅上；老頭子身體好，除了理家還照顧她。」

「耶誕節前幾天，我跟先生一起裝飾聖誕樹，忽然心血來潮，決定替這對老夫婦也布置一棵。於是我們買了一棵小樹，用漂亮的飾品和彩燈把它裝飾好，又包了幾份小禮物，在聖誕夜送了過去。」

「老太太哭了起來，淚眼模糊的望著閃爍耀眼的燈光。她丈夫一再說：『我們好幾年都沒有聖誕樹了。』第二年，我們每一次過去看他們時，他們都會提到那棵樹。」

「我們替他們做的只是一件小事，但我們卻得到了快樂。」他們的快樂是自己善心的結果，它變成一種深厚溫暖的感覺，永遠留在記憶裡。

最常見、最持久的一種快樂則近乎一種滿足狀態 —— 一種既非快樂，又

非不快樂的狀態。

如果在一段時間裡，你感覺以積極的心態為主，你一方面覺得很快樂，一方面又覺得沒什麼快樂，那你就是個快樂的人。

我們一生大半的時間都在家裡跟家人度過。可惜這個原本應該安全而充滿快樂與愛的避風港，常常會變成互相敵對的地方，使家人享受不到快樂與和諧。

在我們「PMA，成功之道」的一個班級裡，有一個大約 20 幾歲積極向上的青年被問道：「你有什麼問題嗎？」

「有。」他回答：「就是家母。其實我已經決定這個週末就要離家了。」

我們和他談話以後才發現，母子之間的關係顯得不太和諧，老師發現他積極專制的個性跟他的母親一模一樣。

老師便對他說：「你跟你母親的個性顯然相似，因此你應該可以由自己的態度推斷她的態度，設身處地想一想自己的感覺便能了解她的感覺，因此你的問題應該很容易解決。」

「下面是你這星期的特別功課：母親要你做事時，就『高高興興的』做；她發表意見時，你要真誠而愉快的隨聲附和，或乾脆什麼也不說。這樣你就覺得愉快極了，說不定她也會學你的樣子哩。」

「沒有用」學生說，「她實在很難纏！」

「完全正確，」老師回答說，「除非你用積極的態度去努力，否則沒有用的。」

一星期以後，老師又向這個青年提到這個問題，他這麼回答：「我很高興的告訴你，整整一個星期，我們之間沒有說過一句令人難過的話，我決定不走啦。」

第四章　讓自信和樂觀趕走自卑

　　我們往往以為大家都喜歡自己所喜歡的，大家都想自己所想的，而且一般人都以自己的反應來推斷別人的反應。這種看法有時候是正確的，就如同前面那個青年跟他母親一樣。但是也有許多問題卻是父母不了解子女的個性跟自己不同所致。

　　不久以前，我跟一個大機構的總裁約好見面。他在擔任公職，因為表現優異，名字經常上報。當我去看他那天，他卻非常苦惱。「沒有人喜歡我！連自己的孩子都討厭我！為什麼會這樣？」他問道。

　　其實這位先生非常疼孩子，他把用金錢所能買到的東西都給兒女，絕不讓他們有一點不滿足。而這種不足是驅使他奮鬥不懈的原動力。他總是嘗試保護孩子，不讓他們受到一點委屈，也捨不得讓他們像自己一樣艱苦奮鬥。兒女從小開始，他就沒有期望他們感激，因此他從未得到過感激 —— 他卻以為孩子自然而然便會感激他。

　　假使他當初教導孩子感激，並且讓孩子出去磨練，來獲得力量，情形也許會改觀。他使孩子快樂時自己也很快樂。假使在他們成長過程中，他能多信賴他們一點，使他們了解他為他們的幸福所做的艱苦奮鬥，他們就會更體諒他了。

　　不過這位先生，或有類似情形的任何人，用不著這麼悶悶不樂，他大可把護身符 FMA 那一面翻上來，盡量讓自己親愛的人來接近自己，了解自己。

　　此外，他也應該多花點時間把「自己」跟他們一起分享，讓他們知道他愛他們，而不是只用物質去滿足他們。假使他把自己像財富一樣跟他們一起分享，就會得到他們愛與諒解的豐厚回報。

　　世界最快樂的人長在「快樂谷」裡面。他的富有在於他擁有永恆的價值，在於他擁有永遠不會失去的東西 —— 那些給他滿足、健康、心靈的平靜與靈

魂的和諧的東西。

以下就是一個人所擁有財富和他獲得財富的方法：

幫助別人尋求快樂，因而自己也獲得快樂。

我的生活很節制，因而獲得健康。

我不恨人，不嫉妒人，卻愛護、尊敬所有些人。

我從事愛心活動，慷慨的付出，因此很少疲倦。

我不要任何人的恩惠，只要求一個特權 —— 讓所有喜歡我幸福的人跟我分享這幸福。

我與自己的良心交好，因此它正確的引導我做每一件事情。

我的物質財富超過我的需要，因為我不貪求：我只渴望那些在我活著時讓我活得有意義的東西。我的財富來自那些因分享我的幸福而受益的人。

第四章　讓自信和樂觀趕走自卑

第五章　做情緒的主人

　　好的情緒能夠帶來好的身心，同樣，不良的情緒是健康身體的無形殺手。

　　聰明的人會控制自己的情緒，依照自己的個性，選擇一種最適當有效的泄怒方法，並將它養成習慣，那麼當那危險的怒火上升時，就不難立刻將它消除於無形之中了。

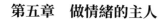

負面情緒能讓人營養不良

美國著名家庭經濟學家海倫·科特雷克在《通向健康之路》中，較為詳盡的剖析了負性情緒影響體內營養素吸收利用的機制。

1. 緊張

在緊張狀態下，入的心跳加快，血流加速，必然消耗大量的氧和營養素。在消耗比平時多的同時，又會產生比平時多得多的廢物。要排除這些廢物，內臟器官必須加緊工作，又要消耗氧和營養素，從而造成惡性循環。

2. 憂鬱

較長時間處於憂鬱狀態中的人缺少消化液對胃壁的刺激，進食這種生理反應已不再是必然，故食慾銳減，即使勉強進食，也會出現消化不良或腹瀉。由此產生的體內營養素缺乏，會發生種種生理不適，而這些生理不適，又會加重心理不適，使憂鬱更為嚴重。

3. 憤懣

憤懣發怒者，會使體內分泌系統功能失調，胃中消化液分泌過多，對胃黏膜的刺激症狀加重，進食就更少，體內營養素缺乏就更為嚴重。

惱怒會帶來瘋狂

美國金融公司經理丹德亨先生，在年輕時，出任某家公司的一個小小的職員。由於種種原因，同事們都很輕視他，上司也不肯提拔他，這使他感

覺非常不舒服。其實每個初入社會服務的青年，大多也都有過這種感覺。當然，如果他們把這種感覺顯露到臉上來，必使上司更加反感。而丹德亨是怎麼做的呢？

他告訴別人：「我有一個時期，這種不快的感覺十分嚴重，以致到了忍無可忍的地步，我想非辭職休息不可了，便預備好紙筆，決定開始寫辭職信。

「在動手寫信之前，我用紅墨水（因為紅墨水的字跡較黑墨水更易使我洩憤）把所有上級職員乃至經理每個人的缺點，都一一寫在紙上，我自己覺得寫得十分恰當。因為我用了不少形容詞，把我所批評的人，罵得體無完膚，寫好後，我自己再從頭到尾複讀一遍，感覺十分得意，便拿去讀給我的一個老朋友聽。

「這位老朋友聽我讀完後，既不讚許，也不反對，只是讓我再去拿一瓶黑墨水來，把那些曾經被我批評得體無完膚的人的才能寫出來，再把我自己的才能寫出來，隨後又令我寫出在公司任職十年後的改善自己地位的計畫。最後我把那張紅墨水寫的紙條拿出來對照看了一遍，於是我的滿腔怒火完全消失殆盡了。我再經過一番理智的考慮後，決定仍舊繼續在這裡工作。」

從這件事以後，丹德亨先生接著說：「每當我胸中憤怒的時候，總是立即坐下來，把我滿肚子的牢騷都用紅墨水寫在紙上。這樣一來，我立刻感覺輕鬆了不少，好像一個被放了氣的皮球一樣。這些紙條一直被我隱密的收藏起來從不拿給別人看。幾年之後，公司裡的同事們都知道了我有著制止怒氣的極大涵養而另眼看待。我希望那些心浮氣躁的人，都學學這種寫紙條的方法來約束自己！」

著名的美國紐約電氣大王愛德里茲先生也說：「當你大發雷霆、滿腹牢騷時，寫一封斥罵的信，是你發洩的最好方法。但最要緊的是，你寫好了之

後，暫時把它擱到明天再說。你在這擱置的時間中，應該仔仔細細的想一想，如果你把這封信寄了出去，結果是不是對你有利？」

記住：把你的怒氣發洩在無關緊要的小事上，可以使你養成遇到任何大事都鎮定自若的忍耐力。美國名人之一畢林斯先生，曾任全美煤氣公司總經理達三十年之久。他在總經理任內，給人最深刻的印象，就是他對於許多小事常常會大發脾氣，對於那些重大事情卻反而鎮靜異常。

例如有一次，他乘車回家，下車時，把一盒雪茄遺落在車裡了，不久後他記起來，再返身去找，但早已不見了。

這包雪茄的價值，不過是五美分一支，對他而言真可算是微乎其微的損失。但他竟因此而氣得面紅耳赤、暴跳如雷，以致旁觀者都以為他失去的是一件蓋世無雙的珍寶。

後來有一次，他憑空遭遇了十萬倍於那次的損失，但他卻反而鎮定得若無其事。

那是全世界鬧著經濟恐慌的年代，畢林斯先生有好幾天因為臥病在床，沒有去公司辦公。就在這幾天裡，有一家銀行倒閉了：他湊巧在這家銀行裡有三萬美元的存款，結果竟成了「呆帳」。等到他病癒後，聽到這個消息，卻只伸手搔了搔頭髮，然後沉思了一會，便說：「算了，算了。」

因為這個時候，他已經懂得，任何怨恨都是徒勞。這是一條金科玉律：遇到一些感覺不快的小事時，儘管發洩你的怒氣，直到你的心境完全恢復舒坦為止。因為這樣可以使你永遠保持開朗鎮定的情緒，使你一旦遇到大事發生，就可以用全副精神從容的應付。否則，不論事情大小，遇到氣便積在心裡，等到面臨更大的打擊時，你堆積多時的大小怒氣，便都將如爆裂的氣球一樣，衝破了理智的範圍，變得毫無自製的能力了。

　　更重要的是：怒氣發洩後，就必須立即把心情寬鬆下來，這樣你的怒氣才算沒有白白發作。反之，如果你發作後，仍然把這事牢繫在心，不肯忘卻，那你所獲得的結果，一定會達到不堪想像的地步，而且到處都難與人相處。

　　已故的紐約商界名人鮑蒙先生，曾經與人談及一樁關於他自己很有趣的故事。

　　事情是這樣的：有一日，鮑蒙出外散步，偶然的聽見他的下屬喬治正在對人埋怨他們公司的待遇太苛刻，而他的工作時間是那樣長，上司又不肯提拔他。鮑蒙聽得怒火上升，幾乎想立刻走過去叫他滾蛋。但是他靜立了一會，等到自己怒氣稍退後，才走過去向那個職員問道：「喬治，近來你可是受了什麼委屈嗎？」

　　喬治一時驚惶失措，忙說：「沒有什麼，先生，我覺得很好！」

　　「方才你不是在說你的工作太多，公司待你不好嗎？」鮑蒙仍很和悅的說。

　　這使喬治感到局促不安，終於承認方才的失言，並且說他感覺不快的最大問題，是由於昨天黃昏時，在泥地中換了一個汽車輪胎的緣故。

　　當你在日常生活中，或與人接觸時受了一些氣時，最好是回到房間裡靜靜的坐一會，甚至寫下來思考一下，或是到鄉下去散散步，到各種娛樂場所去玩玩。總之，你必須用一切方法來解除你的煩惱，直到恢復你的心情為止。

　　有一次，美國銀行界大亨史蒂芬，因為某位職員做錯了事而痛加斥罵。他讓那可憐的職員站在他的面前，自己坐在辦公桌後，板起一張冰冷的臉孔，手裡拿著一枝鉛筆，指著職員的鼻子，大聲痛斥。言詞間極盡嘲諷譏刺

之能事，尤其當他說到最後幾句惡毒的話時，那位職員不由得全身戰慄起來，恐慌得滿頭大汗、啞口無言。

當時恰巧有一個史蒂芬的朋友在旁坐著，他看見了這幕令人難堪的場面，忍不住義憤填膺，站起來向史蒂芬說：「朋友！我有生以來，第一次看見像你這樣凶惡殘暴的人。這位先生是貴銀行極重要的一位職員，現在你竟當著別的客人的面毫無顧忌的痛加辱罵，幸虧他的修養過人，否則即使他因此對你動粗人家也將不以為奇。我們對待任何人，都不該擺出這種毫不留情的鐵面孔來。現在我只想替你說句解圍的話：你的精神受到太深的刺激了，應該趕快走出這裡，好好的靜養一下！」

這一番話驚醒了史蒂芬，雖然臉色並未立刻和緩下來，但當那位朋友走後不久，他立刻收拾行李，到外埠去靜養了一個時期。因為他知道造成他態度惡劣的，是一大堆的煩惱憤怒所累積而成的。因此，當他旅行回來之時，他已幾乎完全變成另外一個人 —— 一個和藹可親的人了。

發怒最易使人們喪失理智，因而間下種種不近情理的滔天大禍。因此當發覺自己已經忍無可忍、快要發作時，最好立刻設法離開，跑到一個可以使自己暫時忘了一切的地方去靜一靜。

越是在緊張複雜的場合，越應使你的頭腦冷靜清楚，這樣你才不會給自己找麻煩。

當別人大發雷霆時，你越保持冷靜沉著的態度越好，如果你能做到這步，你就不難發現對方因情緒波動而顯露出的種種不妥，利用它逐一加以擊破了。

聰明的人會依照自己的個性，選擇一種最適當有效的發洩方法，並將它養成習慣，那麼當那危險的怒火上升時，就不難立刻將它消除於無形

之中了。

克服思想上的僵化

積極而主動的保持良好的情緒，會促進你生活和工作的成功，會促進你的身體健康。對客觀事物產生消極反應，對自己的情緒失

去應有的控制，我們稱之為一種思想上的僵化。這種僵化對你的身心健康極為不利。

有一個病人，4年來，每天早上頭總是痛。一到早上6點，他就等著頭痛的到來，然後服用止痛藥。他讓所有的朋友和同事都知道他是多麼難受。實際上，這個病人是把頭痛當作引人注意的招牌或接受同情與憐憫的藉口。醫生告訴他不要消極的等待頭痛，而是當頭痛時試著想別的事以分散注意力。他採納了醫生的建議，終於治癒了頭痛病。

許多實例表明，腫瘤、感冒、關節炎、心臟病以及其他疾病，包括癌症。這些疾病總是突如其來的發生在人們身上。在治療被認為患有「不治之症」的病人時，一些研究人員逐漸的認識到，協助病人排除疾病的意念，可能是一種消除疾病的辦法。許多醫生都見過病人生病的起因是非生理性的，當他們遭受某種困難或危險時，便會突然生病。有一個36歲的男子，因為夫妻關係不和，決定在某年3月1日和妻子離婚。這個決定是2月25日做出的，然而到了2月28日，這位男子突然發起高燒，嘔吐不止。在以後的幾天裡，病情不斷反覆，拖了很久才治癒。離婚所導致的羞恥、憂慮等情緒是他遭此大病的根本原因。

現在，很多人已經相信心理可以導致病痛，也能消除疾病。當人們的腫

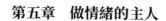

瘤發生某種變化的時候，大腦都是在高度興奮之中，此時的血壓、心率、代謝等都會相應發生變化。有人甚至認為大多數的病症是可以自我控制的。只要你保持樂觀輕鬆的情緒，積極配合醫生的治療。多數病症的治癒也並不是全仰仗醫生的高明，病人自己就是一個不容忽視的重要因素。人們都知道。相當多的患者，一旦明白自己的生病情況，病情就會急劇惡化。

　　因此，不論遇到什麼事都要始終保持心情的愉快、樂觀。要知道只有自己不放棄自己，才有戰勝困難、戰勝疾病的機會。

消除心理疲勞的良方

　　現代醫學心理學研究表明，心理疲勞是由長期的精神緊張、反覆的心理刺激及複雜的惡劣情緒逐漸影響形成。

　　高血壓、冠心病及腫瘤等已成為嚴重威脅人類健康的疾病。這些疾病的病因、病理較為複雜，但一般與精神心理、社會環境及生活方式等因素有密切關係。不久前，世界衛生組織在一份報告中稱：工作緊張是威脅許多在職人員健康的因素。太累，太疲勞已是人們日常生活中的「流行詞」了。心理疲勞正在成為現代社會、現代人的「隱形殺手」。

　　如果得不到及時疏導化解，長年累月，在心理上會造成心理障礙、心理失控甚至心理危機；在精神上會造成精神萎靡、精神恍惚甚至精神失常，引發多種心身疾患，如緊張不安、動作失調、失眠多夢、記憶力減退、注意力不集中、工作效率下降等，以及引起諸如偏頭痛、蕁麻疹、高血壓、缺血性心臟病、消化性潰瘍、支氣管哮喘、月經失調、性慾減退等疾病。

走出心靈荒原，不再淡漠

有一位著名的數學家，曾在科研領域中做出過卓越的貢獻，並以他的名字命名了一個數學定理。儘管他在科研事業上出類拔萃，然而他卻是一個情緒障礙症患者。他性格孤僻內向，成天關在小房間裡看書學習，演算公式，攻克難題，幾乎談不上人際社交。他為人沉默寡言，興味索然，給人一種「古怪」的印象。他在 40 歲左右才在別人的催促下結了婚。但他結婚時不知如何辦婚禮，婚後不知道上街購買生活用品。由於過度內向離群，對外界反應不敏捷，社會適應力很差，他曾遇到車禍，身體也因此大受影響。

這位數學家所表現出來的情緒障礙症狀。心理治療學上稱之為淡漠症。淡漠症患者往往表情淡漠，缺乏強烈或生動的情緒體驗。他們對人冷淡，甚至對親人也如此，缺少對他人的溫暖與體貼。他們幾乎總是單獨活動，主動與人交往僅限於生活或工作中必需的接觸，除一般親屬外無親密朋友或知己，很難與別人建立深厚的情感連繫。因此，他們的人際關係一般很差。

他們似乎超凡脫塵，不能享受人間的種種樂趣，如夫妻間的交融、家人團聚的天倫之樂等，同時也缺乏表達人類細膩情感的能力。故大多數淡漠症患者都單身，即使結了婚，也多以離婚告終。

一般說來，這類人對別人的意見漠不關心，無論是讚揚還是批評，均無動於衷，從而過著孤獨寂寞的生活。其中有些人，可能會有些業餘愛好，但多是閱讀、欣賞音樂、思考之類安靜、單獨的活動，部分人還可能一生沉醉於某種專業，做出較高的成就。但從總體來說，這類人生活平淡、刻板，缺乏創造性和獨立性，難以適應多變的現代社會生活。

淡漠症患者適合在人少的場所工作，如圖書館書庫、山地農場林場等，

他們更容易從事宗教事業和過隱居生活，不適合在人員眾多的場合工作。

　　淡漠症的形成一般與人的早期心理發展有很大關係。人類個體出生以後。有很長一段時間不能獨立，需要父母親的照顧。兒童就是在與父母的關係中建立自己的早期情緒特徵的。在成長過程中，儘管每個兒童不免要受到一些指責。但只要感覺到周圍有人愛他，就不會產生心理上的偏差。如果終日不斷被罵、被批評，得不到父母的愛，兒童就會覺得自己毫無價值。更進一步講，如果父母對子女不公正，就會使兒童產生心理上的焦慮和敵對情緒，有些兒童因此而分離、獨立、逃避與父母身體和情感的接觸，這樣就會出現淡漠症狀。

　　由於淡漠症患者往往無法與他人建立正確的人際關係，難以適應生活的需要，因此必須對他們進行一定的心理治療。治療目標就是要糾正其孤獨離群性、情感淡漠及與周圍環境的分離性。具體可要求他本人有意識的分析自己，確定積極人生的理想、追求和目標。應使其懂得一個道理：人生是一個奧妙無窮的愉快旅程，每一個人都應該像一位情趣盎然的旅行家，像欣賞天地萬物那樣，每時每刻都沉醉在奇趣歡樂中，這樣才能充滿生活的樂趣和前進的活力。要盡力創造條件，有意識的接觸社會實際生活，擴大接受社會資訊量，促使興趣多樣化，並逐步參加一些興趣小組活動，增加與他人的交往，享受團體生活的樂趣。這樣，情緒淡漠的冰山才會逐漸消融，世上也才會又多一個快樂的使者。

　　以下是少女們對於「什麼東西使她們幸福」的回答：「倒映在河上的路燈；從樹葉間隙能夠看得到紅色的屋頂；煙囪中冉冉升起的煙；紅色的天鵝絨；從雲間透出光亮的月兒……」

　　雖然這些答案並沒有充分表現出幸福的完整性，但無疑卻存有某些宇宙

美的精華。想要成為幸福的人，重要的祕訣便是：改變淡漠的生活態度。

別讓瑣碎的小事影響了你的情緒

情緒是人的思想與行為的生物，事情做得順利，情緒就好。看天，天是藍的；看花，花是好的；看人，人是精神的。事情還沒做完甚至於還沒開始著手做，障礙一個接著一個，頭腦轉不過彎，情緒上就受波動了，看什麼什麼不順眼，儘管它們和你高興時所看到的一模一樣。

如果情緒僅僅是思想與行為的終極或「排泄物」—— 如果事情做砸了，痛苦一場那也罷了。糟糕的是，情緒往往會改變你原來的觀念，並自然而然的對你以後要做的事產生影響。情緒不是思想和行為的終極「排泄物」，它是思想和行為中的一個過程，是一個重要環節。

其實，壞情緒不僅僅是暴怒、頹喪，它還包括憂慮。對所做的事過於患得患失，情感過於低沉，瞻前顧後，都會在你邁向成功的道路上設置障礙。卡內基告誡我們：我們生活在世界上的光陰只有短短幾十年，但我們卻浪費了很多時間，為一些早就應該忘的小事煩惱，為無法改變的事情憂慮。時間一天天過去，這是多麼可怕的損失。我們通常能很勇敢的面對生活中那些大的危機，可是卻會被芝麻小事搞得垂頭喪氣。

這裡有皮魯克斯常說的一句名言：「悲觀的人即使在晴天，也同生活在陰天裡。這是因為心理和性格上都烙上了『想』字。」換個角度看，樂觀是一個人獲得美好生活的源泉。在這個世界上，唯有一種心情，能讓我們感覺到一切都是美好的，那就是保持樂觀的性格。那麼，怎樣才能用樂觀「瓦解」悲觀呢？人的心態是隨時隨地可以轉化的。一個人心裡想的是快樂的事，他就

第五章　做情緒的主人

會變得快樂；心裡想的是傷心的事，心情就會變得灰暗。因而，快樂與否，完全在你——你可以選擇一種心態生活。

積極的人是樂觀的人。生命太短暫了，我們不能為小事羈絆住前進的腳步。懂得「生活技術」的人不一定就是懂「生活藝術」的人！

美國芝加哥的約瑟夫・沙巴士法官說：「婚姻生活之因此不美滿，最基本的原因通常都是一些小事情。」而紐約的地方檢察官法蘭克・荷根也說：「我們的刑事案件裡，有一半以上是緣於一些很小的事情：在酒吧中逞英雄，為一些小事情而爭吵不休，講話侮辱了別人，措辭不當，行為粗魯——就是這些小事情，結果引起了傷害和謀殺的惡性事件。」

小事情也會成為你生命的謀殺者！

我們不都像森林中的那些身經百戰的大樹嗎？我們經歷過生命中無數狂風暴雨和閃電的打擊，但都撐過來了。可是卻會讓我們的心被憂慮的小螞蟻——那些用食指就可以撚死的小螞蟻吞噬。

面對我們的生活，也許你有點疲憊不堪，但這種不幸的境況，又何嘗不是你每天累積憂慮的結果？

也許，你確有難言的痛苦和憂慮，以致使你對日後的人生失去興趣；但是，你卻可以用另外一把鑰匙去打開快樂之門——從而去改你憂愁不堪的形象。

如果我們把憂慮的時間，特別是用在一些小事上的時間茫在更重要的工作、學習、愛人等事情上，那麼憂慮就會在忙碌的光芒下消失。

人必須隨時隨地保持積極的心態，人的心態是隨時隨地可以轉化的。一個人心裡想的是快樂的事，他就可以擁有快樂。生活要過得簡單而不貧乏，有情趣而不孤異，這需要懂得生活的技術。懂得「生活技術」的人，不一定

就是懂「生活藝術」的人！所謂「生活技術」，也就是「職業技術」—— 你有「謀生」的本能嗎？假使你回答說「有！」那麼，你的「謀生本能」就是「生活技術」，因為沒有這種「技術」，你便不能「生活」！

一個有智慧的人，他到了 40 歲中年以後，生活就過得非常「簡單化」、「模式化」了！所謂「簡單化」，並不是說「簡單的生活」，而是說：對於一切事情，能夠處置得法，不隨便浪費精力，所使用的精力，皆能獲得工作上的效果，不使一分能力浪費到沒用的地方。

美國芝加哥的約瑟夫·沙巴士法官，他曾審理過 4 萬件婚姻衝突的案子，並使 2000 對夫婦重新和好。他說：「大部分的夫婦不和，根本是起於許多瑣碎的事情。諸如，當丈夫離家上班的時候，太太向他揮手再見，可能就會使許多夫婦免於離婚。」勞·白朗寧和伊莉莎白·巴瑞特·白朗寧的婚姻，可能是有史以來最美妙的了。他永遠不會忙得忘記在一些小地方讚美妻子和照顧她，以保持愛的新鮮。他如此體貼的照顧他的殘廢的妻子，結果有一次她在給姐妹們的信中這樣寫道：「現在我自然的開始覺得我或許真的是一位天使。」

年齡很大了的老人，也應節省精力的浪費，讓自己沉浸在自己更熟知的領域中。這並沒有什麼高深的哲理，因為目的雜亂以後，足以擾亂「能力」而使我們的「努力」成為「徒勞」，這種結果必然讓你無法快樂！不過，有的欲望和興趣，是需要我們有耐心去追求，然後方可滿足你快樂的需要！

當然，僅僅生活簡單化還不夠，應該趁著年輕的時候，好好的學習一些技藝！一個人到了 50 歲以後，能力就將逐步衰退，學習進步的速度，就不得不減慢了！因此，50 歲以後的人，要想學習什麼新的技藝，那是比較困難的！

簡單的生活瑣事，可能會給你帶來不同的結果，就看你運用怎樣的心境來處理了。

把你的痛苦表達出來

在某公司，食堂裡有一個姓賀的小夥子，人高馬大，做起工作來十分賣力。那一年因談戀愛與父母發生分歧，他一時想不開，就跑到附近的鐵路上去撞火車。

虧了他命大，被火車頭碰了一下，竟沒有死。但還是在醫院裡住了半個多月。

幾個同事到醫院去看他。有人開玩笑的問：「下次還去撞嗎？」

他苦笑著，搖搖頭：「再也不做那種傻事了！」

在場的人都笑了。

只有小賀的父母坐在一邊沒有笑。他母親的眼淚直流下來，用粗糙的手抹著。幸好小賀只是受了傷，如果真的被撞死了，這一對老夫妻該多難受啊！

小賀只是自殺未遂，受害的是自己和家人，而有些人的感情用事卻造成他人的悲劇，對社會造成危害。

三十五歲的呂某是一名小學教師，透過刻苦自學，取得了大專文憑，後來被調入鄉中學任教。

熟悉他的人都說，呂老師人很老實，不愛說話，但對教學很認真。

呂某屬於性格內向、不愛交際的那種人。他還有一個弱點——性格內向人的通病——就是比較膽怯。當只有他一個人時，課講得很好。但只要有主

管和其他教師旁聽，他就慌了神，連說話也結結巴巴的。有的主管聽了他的課以後，說他是不合格的教師。

某年秋季開學前，校長要他當國二（2）班的班導。他感到恐懼，怕當不好。這時妻子快要生小孩了，他如果當了班導，就要帶學生上早操、早自習，要住在學校裡。而他的生活自理能力又很差。因此他一想到這事就煩惱，用他的話來說，兩個月來一直想躲在一個沒有人的地方哭。

這一天，呂某又找到校長，要求不當班導。他說了許多理由，但校長還是不答應。晚上，他回到學校宿舍裡，感到一陣陣煩躁不安。

天漸漸黑了，此時的呂某又渴又餓到廚房想煮飯，但找來找去找不到食物，只看見桌子上放著一把菜刀。

他順手拿起刀來；摸摸刀口，還算鋒利。這時，壓抑了兩個多月的怒火像火山一樣爆發出來，他的心理防線立即被沖垮了。他一手拿著手電筒，一手抓著菜刀，來到學生宿舍。手電筒的白光下學生正在地鋪上睡覺。他發瘋一般，舉刀砍去。

頓時，宿舍裡一片哭喊聲，血流遍地。有兩個學生喊了兩聲便不再動彈。呂某已失去理智，他揮舞著菜刀，見人就砍。

當幾位教師聞聲趕來後，他已殺紅了眼，舉刀向教師砍過去⋯⋯

等派出所警察趕來將其制服時，兩名學生已慘死在刀下，多名學生、教師受傷。

毫無疑問，呂某受到了法律的嚴懲。但這一慘案給全校學生和教師帶來的心理創傷，久久不能痊癒。

呂某從一個老實的教師，變成一個瘋狂的殺人凶手，原因竟是如此簡單，不願意當班導。

心胸狹窄是呂某犯罪的主要原因。這樣的人遇事喜歡鑽牛角尖，往往為了一件小事耿耿於懷，老在心裡想著。不良情緒像麵糰一樣發酵、膨脹。

如果他們能夠將這種不良情緒宣洩出來，比如找個朋友、親人或上司，好好談一談，或者有人勸一勸，也許就沒事了。反之，不良情緒累積到一定程度，會像決堤的洪水傷害他人。

24歲的楊某，從小生長在山村裡，學業成績十分優秀。那年，他考上了都市某大學，過幾年又考取了研究生。照理，像楊某這樣受過高等教育的人，應該具備一定的思想道德水準。但是，在他內心中一直有深深的自卑感。一個是家境貧窮，一個是他自以為男性特徵發育不好，是個隱疾。這使他不敢到學校的浴室去洗澡。

楊某在都市舉目無親。他想以發憤讀書取得好成績，來博取別人的尊重。可是，他發現同學肖某成績總是比他好。不管他怎樣努力，總排在肖某後面。

不久，他又發現肖某與自己喜歡的一個女同學談戀愛。這使他對肖某恨之入骨。楊某打電話給女同學的父母，請他們勸女兒不要與肖某來往，打算以此破壞肖某與女同學的關係。但此舉反而使這位女同學更加看不起他。

自卑、自私、忌妒，像毒草一樣占據了楊某的心靈。他情緒低落，更加寡言少語，心情煩躁，什麼也做不下去。

七月的一天清晨，他感到渾身燥熱，睡不著覺，就拿起早已準備好的菜刀，朝同寢室正在熟睡的肖某頭上猛砍。一個才華橫溢的研究生就這樣被奪去了生命。

經專家鑒定，楊某患有憂鬱症，作案時處於憂鬱症發病期，只須承擔部分刑事責任。這樣的結果，傷害了兩個家庭，都是心理問題在作怪啊。長期

以來，人們十分重視學生的智力發展，這當然很重要。可是，只重視智力遠遠不夠，更重要關心他們的心理健康。

把獨處從孤單變成享受

有一次，年輕的齊克果在是選擇愛人還是選擇上帝這個問題上陷入了混亂和困惑。

他很愛一名女孩，但是他認為人的愛是唯一的，這和愛上帝是完全衝突的，他必須而且也只能選擇一個。在經過一番思想鬥爭之後，他還是選擇了上帝。齊克果終身未婚，他把自己的全部熱情和才智都獻給了上帝。但是他又和真正的教徒不同，他對上帝的愛是一種追求至高無上真理的愛，也就是說，他的愛不可避免的成為一種背叛與皈依至死鬥爭的愛。這樣一來，無論是教徒還是非教徒都不理解他。

齊克果認為自己無論是在人群中還是在精神上都是孤軍奮戰的，他的孤獨正是他區別於別人的標誌。

孤獨本身並不是一件美好的事情，但是孤獨可以造就一個人的人性光輝和偉大，它幾乎是每一個偉人的必經之路。因為不經過孤獨的歷練，就不會有堅忍的精神和不屈的意志，更不會有屬於自己的道路。

因為，要想成為真正意義上的人，必要忍受孤獨，甚至忍受一生。當然，孤獨是可以改變的。

一位中學老師講過這樣一段故事：有一個學生本來性格內向，後來他借著玩足球而變得開朗起來。原來，這位同學的生活環境很差，缺課又多，當然成績不會進步，因而使得他非常自卑。他上學常常遲到，放學後也常常流

連於校園裡,而後才拖著蹣跚的步伐回家。有一天,一位體育老師在校園裡碰見他說:「看到你無所事事,你過來跟著我練球好啦!」老師說著,馬上把球投過去。從此以後,這個少年就熱衷於足球運動,接著他也恢復了爽朗的性格。

從上述的例子裡,可以發現在體育活動或學習過程中,隱藏著不可思議的力量,能使人從不安或失意中穩定下來。

例如學習射箭也有一個具體的目標。如想射中中間的紅心,就必須聚精會神於一點上。同樣,任何競技活動,它們眼前都擺著一個具體的目標或敵人。在書法、讀書裡,也有具體的形象表示樣本,那些學習小提琴的孩童,他們上課之後,也立刻能發揮驚人的集中力,因為他們就要登台表演了。

如果你和自己都不能好好相處的話,還能期望別人什麼呢?

很多人都害怕孤單。他們不知道自我創造的後果,因此犯了極大的錯誤,即認定自己絕對不能孤單。他們每次盡量讓自己避免孤單的時候,都讓自己再度感受到恐懼的侵襲。恐懼什麼呢?就如同有人說的,「我單獨一個人的時候,簡直覺得自己一無可取。」

許多人都有同樣的恐懼。也許你喜歡和一些朋友聚在一起,在電話中聊上半天,或偶爾探問人家的私事,或在別人忙的時候堅持要去看他,或在團體裡太注意自己,好像怕別人會看漏了你或忘記你似的。你可能會要求別人幫你做一點小事,以確定別人真的喜歡你。很多人都這麼做,結果卻越來越不喜歡自己,別人也覺得他不容易接近。

當獨處難免時,你要練習學會獨處。如果你已經習慣和別人一起的話,剛開始打破這個習慣可能會使你覺得不舒服。如果你覺得不愉快的話,就探測自己的感覺。你為什麼一直盼望電話鈴響呢?你是否擔心自己和某人的關

係？你是不是厭煩自己？如果這樣的話，你可以找點事做做 —— 以克服獨處時的恐懼。但不要覺得獨處的時候，一定得做點有「建設性」的事情，才能掩飾單獨一人的怪異行為。

如果你能享受獨處的時刻，那麼你找朋友的意圖將完全出之於真心，而非軟弱。你打電話給朋友約他吃晚餐，只因為你想看他，而不是因為你無法忍受一個人單獨吃飯。你的朋友會覺得你真心的喜歡他、看重他，而不是只想依賴他。你將變得更可愛 —— 對那些想找個真心朋友，而不是找個比他更脆弱的朋友的人而言。

走出陰影，活在陽光下

一般聰明的人絕不會坐在失敗的陰影中為自己的不幸而悲傷，卻很有可能辦一件事去彌補這種創傷。

任何一個人走向成功的道路，都不會是一帆風順、平平坦坦的，都或多或少的要走些彎路，在一次又一次的跌倒之後才能為自己找到成功的出路。

現實中，每個人都會面臨失敗的考驗。成功者也會失敗，但他們之因此是成功者，就在於他們失敗了以後，不是為失敗而哭泣流淚，而是從失敗中總結教訓，並勇敢的站起來，再接再厲。

可是失敗者則不然，他們失敗之後，不是積極的從失敗中總結教訓，而是一蹶不振，始終生活在失敗的陰影裡。他們可能也會總結，但他們的總結只限於曾經失敗的事情，「我當初要是不那麼做就好了」，「開始我要是如何做就不會失敗了」，或會找出種種藉口為自己的過錯去開脫責任。

如果你只是一味的自責、懊惱，活在失敗的陰影裡，實際上根本於

事無補。

美國生理學家謝靈頓，年輕時曾不務正業，人們稱他「壞種」。開始，他並不以為恥，毫無悔過之心。可是有一次，他向一位他深深愛慕的女孩求婚，那女孩說：「我寧願投河淹死，也絕不嫁給你！」

謝靈頓因此無地自容，萬分愧疚，從此幡然悔悟。他發誓：「將要以輝煌的成就出現在人們面前。」於是，他懷抱發憤的志向，悄悄離開了那位女孩，也徹底埋葬了舊我。由於他刻苦鑽研，在中樞神經系統生理學方面碩果累累，先後在英國多所知名大學擔任教授，1932 年獲諾貝爾生理學、醫學獎。

這杯牛奶已經打翻了，再悲傷的哭泣也無濟於事。但如果因為今天打翻了的這杯牛奶，而使人們以後不再打翻牛奶，不再犯類似的錯誤，那麼即使打翻一杯牛奶也值得。

謝靈頓的確打翻過牛奶，犯過錯誤，他肯定也自責、懊惱過，但他沒有將自己的一生都用於自責和懊惱上，而是用行動證明了自己！

現實生活中，成功的人，不一定是智商很高的人，而是在犯錯誤之後能認識自己的錯誤，並積極的抓住機遇，去開拓屬於自己的目標的人。成功和失敗之間，往往只有一紙之隔。如果你能正確的認識到自己的不足，並加以更正，從不足的陰影中走出來，奮力前行，那麼最後的勝利就一定會屬於你。

快樂就是保持自我本色

要想獲得生活的幸福和事業的成功，那麼你要真正的做你自己，做最好的自己。「必須克服模仿的行為！」這也是美國作曲家歐文‧柏林給後期的

作曲家喬治‧格希文的忠告。柏林與格希文第一次會面時，已聲譽卓越，而格希文卻只是個默默無名的年輕作曲家。柏林很欣賞格希文的才華，以格希文當時所能賺的三倍薪水請他做音樂祕書。可是柏林也勸告格希文：「不要接受這份工作，如果你接受了，最多只能成為歐文‧柏林第二；要是你能堅持下去，有一天，你終會成為第一流的格希文。」

格希文接受了忠告，並漸漸成為當代極有貢獻的美國作曲家。

像查理‧卓別林這樣的人，以及其他所有些人都曾經學到這個教訓，而且多數人得先付出一定的代價。

卓別林開始拍片時，導演要他模仿當時的著名影星，結果他一事無成，直到他開始成為他自己，才漸漸成功。鮑勃‧霍伯也有類似的經驗，他以前有許多年都在唱歌跳舞，直到他發揮自己的才能才真正走紅。

當瑪麗‧馬克布萊德第一次上電台時，她試著模仿一位愛爾蘭明星，結果沒有成功。直到她以自己本來面目 —— 一位由密蘇里州來的鄉村女孩 —— 才成為紐約市最紅的廣播明星。

吉瑞‧奧特利一直想改掉自己的德州口音，打扮得也像個都市人，他還對外宣稱自己是紐約人，結果只招致別人背後的訕笑。後來他開始重拾三弦琴，演唱鄉村歌曲，才奠定他在影片及廣播中最受歡迎的牛仔歌手的地位。

一個人抹掉自我本色意味著什麼？意味著去模仿別人，跟著別人的屁股後面跑，這樣把別人的特色誤以為是自己應該追逐的東西，多半都不能成大事的，即使成了大事也是沒有什麼特色的。這一點，對成大事者來說，是一大忌諱。因此，一個人抹掉自我本色等於「慢性自殺」。

美國北卡羅萊州的愛迪斯‧阿爾雷德是一個極為敏感羞怯且胖乎乎的女孩，她的母親非常古板，認為她把衣服穿得太漂亮是一種愚蠢，而且衣服太

第五章　做情緒的主人

合身容易撐破，不如做得寬大一點。正因為如此，阿爾雷德從不參加任何聚會，也沒有什麼值得開心的事。上學後，她也不參加同學們的任何活動，甚至運動項目也不加入。原因是，她總覺得自己跟別人「不一樣」。

長大後，她嫁了一位比她大幾歲的先生，但她還是沒有任何改變。她丈夫的家是一個穩重而自信的家庭。她想要像他們那樣，但就是做不到。她努力模仿他們，也總是不能如願。她丈夫也幾次嘗試幫她突破自己，卻總是適得其反，她越來越緊張易怒，害怕見到任何朋友，甚至一聽到門鈴聲都會驚慌！後來她是徹底的失敗了。她害怕丈夫有一天會發現真相，因此每次在公共場合，她都盡量顯得開心，甚至裝得過了頭。最後她竟然想到自殺。

但她終於沒有自殺，而是很好的活了下來。

那麼是什麼事改變了這位幾乎自殺的婦人呢？只是一句偶然的話。

有一天，她的婆婆和她談到她是如何教育子女的，她說：「不論遇到什麼事，我都堅持讓他們保持自我本色……」「保持自我本色！」這幾個字像一道靈光閃過阿爾雷德的腦際，她發現所有的不幸都起源於她把自己套入了一個不屬於自己的模式中去了。

一夜之間她變了！她開始保持自我本色。她首先研究自己的個性，認清自己，並找出自己的優點。她開始學會怎樣配色與選擇衣服樣式，以穿出自己的品味。她也開始主動交結朋友，並加入一個團體 —— 雖然只是一個小團體。當他們請她主持某項活動時，她剛開始很害怕。但是透過多次上台，她的勇氣讓她更自信了。儘管這是一段相當漫長的過程 —— 但現在她比過去快樂很多。

保持自我本色這一問題，「與人類歷史一樣久遠了」。戈登·基爾凱醫生指出，「這是全人類的問題。」很多精神、神經及心理方面的問題，其隱藏的

病因往往是他們不能保持自我。安吉羅‧派屈寫過 13 本書，還在報上發表了幾千篇有關兒童訓練的文章，他曾說過：「一個人最糟的是不能成為自己，並且在身體與心靈中保持自我。」

可是這種模仿他人的現象在好萊塢就相當嚴重。好萊塢著名導演山姆‧伍德曾說過，最令他頭痛的事，是幫助年輕演員克服這個問題：保持自我。他們每個人都想成為二流的拉娜‧特勒斯或三流的克拉克‧蓋博，「觀眾已經嘗過那種味道了，」山姆‧伍德不停的告誡他們，「他們現在需要點新鮮的。」

山姆‧伍德在導演《再見，奇普斯先生》和《戰地鐘聲》等名片前，好多年都在從事房地產，因此他培養了自己的一種銷售員的個性。他認為，商界中的一些規則在電影界也完全適用。完全模仿別人絕對會一事無成。「經驗告訴我，」山姆‧伍德說，「盡量不用那些模仿他人的演員，這是最保險的。」

保羅‧伯恩頓是一家石油公司的人事主任，他曾談起求職者所犯的最大錯誤是什麼。他面試過的人超過六千人，也寫過一本《求職的六大技巧》，因此對這個問題他應該知道得很清楚。他說：「求職者所犯的最大錯誤，就是不能保持自我。他們常常不能坦誠的回答問題，只想說出他認為你想聽的答案。」可是那一點用也沒有，因為沒有人願意聽一種不真實的虛偽的東西。

威廉‧詹姆士曾說過，一般人的心智慧力使用率不超過百分之十，大部分人不太了解自己還有些什麼才能。與我們應該取得的成就相比，其實我們還有一半以上的潛能是未醒著的。我們只運用了身心資源的一小部分。我們之因此至今沒有成功，是因為我們往往都活在自己所設的限制中，我們擁有各式各樣的資源，卻常常不能成功的運用它們。

既然你我都有這麼多未加開發的潛能，又何必擔心自己不像其他人。遺傳學告訴我們，你是由父親和母親各自的二十三條染色體組合而成，這

第五章　做情緒的主人

四十六條染色體決定了你的遺傳，每一條染色體中有數百個基因，任何單一基因都足以改變一個人的一生。你在這世上是獨一無二的。以前既沒有像你一樣的人，以後也不會有。

即使你父母相遇相愛孕育了你，也只有三百萬億分之一的機會有一個跟你完全一模一樣的人，換句話說，即使你有三百萬億個手足，他們也都跟你不同。這只是猜測嗎？當然不是，這完全是科學的事實。

你在這個世界上是一個嶄新的、獨一無二的自我，為此而高興吧！歸根究柢，所有的藝術都是一種自我的展現。你只能唱你自己、畫你自己。你的經驗、環境和遺傳造就了你。不管好壞，你只有好好經營自己的小花園，也不論好壞，你只有在生命的管弦樂中演奏好自己的樂章。

必須根除依賴心理

依賴性是很多人不能成大事的劣根所在，這種習慣是把希望都寄託在別人身上，而自己不捨得出一點力氣。成功人士的習慣就是依靠自己！依賴別人是人們普遍存在的一種壞習慣。

要實現心理獨立，首先就得擺脫依賴他人的需要。請注意，這裡講的是「依賴的需要」，而不是「與人交往」。一旦你覺得需要別人，你便成為一個脆弱的人，一種現代奴隸。這就是說：如果你所愛的人離開了你、變了心或死去了，那麼你必然會陷入惰性、精神崩潰甚至絕望至死。社會告誡我們，不要在心理上依賴父母、老師、上級等各種各樣的人，你或許總是在等待某些人來安撫你。如果你覺得必須根據某人的意願做某事，而且事後感到怨恨，不做又感到內疚的話，那麼可以肯定，你必須走出這一盲點。

　　一個有創業勇氣和才幹的人，最好的謀生之路就是自己練好內功，獨闖大業，沒有資金也好，沒有靠山也好，只要有拼盡人生一口氣，就不愁夾縫裡擠出一條生路來。

　　曾經有個年輕人，他以年薪 250 萬元被一家大公司聘用。可是上任僅一百多天，他就被炒魷魚，於是，他又一次成為媒體聚焦的人物。

　　這位年輕人在大學時期就在無數次的小試牛刀中證明了自己是塊經商的好材料，畢業之後他只做上幾天的統計人員工作，就備感百無聊賴的日子窒息難耐。他毅然辭掉了固定的工作，孑然一身，兩手空空，走上了闖天下的征程。

　　他最初空懷抱負，無地施展，一次次打工都因不甘當基層而辭職走人，但他闖來闖去，在近十年的漂泊中始終沒有選好自己的定位，只是不斷的換老闆而已。依賴別人，使他一直難成大事，最後一次冒冒失失的當了一百多天的「高價雇工」又宣告失敗，才徹底的使他明白了自身的癥結所在。

　　那是在一個冬季，他在一家大報上看到了某公司 250 萬元招聘一名市場部經理的廣告，他報名應聘，接受了一次面談，他很快就被通知進入了初選的 40 名。當時，他在應聘時打聽那家公司的實力卻遭拒絕，沒過多久，他又被通知已進入前 20 名，他真有些丈二金剛摸不著頭緒，實在不知道自己是如何被選中的。第三次見面，他以三寸不爛之舌，結合自己的經歷大談行銷理論，就又糊里糊塗進入了前 10 名，這時他對公司還是知之甚少，並且感覺這個企業有什麼地方不對，但當他得知自己是 108 名佼佼者中選出來的前三名時，骨子裡爭強好勝的個性促使他不斷向前，此時三名候選人已透過媒體開始在大眾面前亮相，他已難以置身事外，整天處於一種亢奮狀態，就在最後的爭奪戰中，他占據了絕對優勢。

第五章　做情緒的主人

　　但是在短短的任職期間，他備感苦悶，他缺乏許多發揮回天之力的客觀條件，包括行銷部的自主權等等，他誇下的海口無力兌現，他被稱為「繡花枕頭」，讓公司炒魷魚，公司又以種種藉口，拒付高額年薪，他感到深深的屈辱，覺得自己像一隻猴子，被人牽著耍了一圈，然後又被隨意的扔了出去。後來雖然在法律下兌現了報酬，但從此他對高薪聘用徹底的失去了信任。

　　他在總結自己闖天下謀發展的教訓時認識到，他浪費了近十年的最佳創業時光，失敗歸因於依賴別人，在別人的手心裡練功。他深切的體會到，謀事業，求發展，命運一定要掌握在自己手裡。

　　千里之行始於足下。空慕虛名，圖謀轟轟烈烈一時的效應，只能浪費生命。

　　另一個年輕人是個殘疾人，他以 250 元賣血賺錢求學起步，一直到成為報販之王，闖開一片「賣報大王」的天下，沒有靠誰的青睞、誰的施捨，他憑的是自強不息的毅力和對機遇的獨具慧眼。他給年輕朋友們傳授的成大事經驗之一，就是不能把人生設計成打工一族，打工只是初闖天下的權宜之計，特別是像他這樣的殘廢人，自己能做多大事業就開闢多大一份天地。打工則只有半生前途。

　　依賴別人使一個人失去精神生活的獨立自主性。依賴的人不能獨立思考，缺乏創業的勇氣，其肯定性較差，會陷入猶疑不決的困境，他一直需要別人的鼓勵和支援，借助別人的扶助和判斷。依賴者還會表現出剝削的性格傾向 —— 好吃懶做，坐享其成。

　　依賴者會形成一些特有的症狀，他們缺乏社會安全感，跟別人保持距離。他們需要別人提供意見，或依賴媒體的報導，經常受外界指使，自己好像沒有判斷能力。他們潛藏著脆弱，沒有發展出機智應變的能力，較

易失業。

我們可以採取下列方式消除依賴心理：

(1) 制定一份「自我獨立宣言」，並向他人宣告，你渴望在與他人的交往中獨立行事，徹底消除任何人的支配（但不排除必要的妥協）。

(2) 與你依賴的人談話，告訴他們你為何要獨立行事，並明確你出於義務而行事時自己的感受。這是著手消除依賴性的有效方法，因為其他人可能甚至還不知道你處於服從地位的感受如何。

(3) 提出有效生活的五分鐘目標，確定如何在這段時間內同支配你的人打交道。當你不願違心行事時，不妨回答說「不，我不想這樣做」，然後看看對方對你的這一答覆的反應。

(4) 當你有足夠的自信心時，同支配你的人推心置腹的談一談，然後告訴他，你以後願意透過某個手勢來向他表明你的這種感覺，比如說，你可以摸摸耳朵或歪歪嘴。

(5) 當你感到在心理上受人左右時，告訴那人你的感覺，然後爭取根據自己的意願去行事。請記住：你的父母、愛人、朋友、上級、孩子或其他人常常會不贊同你的某些行為，但這絲毫不影響你的價值。不論在何種情況下，你總會引起某些人的不滿，這是生活的現實，你如果有心理準備，便不會因此而憂慮不安或不知所措，便可以掙扎在情感上束縛你的那些依賴枷鎖。

(6) 如果你為支配者（父母、愛人、上級或孩子）陷入惰性，那麼即便有意迴避他們，也還會無形中受人支配。

(7) 如果你覺得出於義務而不得不去看望某個人，問問你自己：別人若處於某種心理狀態，你是否願意讓別人來看望你。如果你不願意，那就

應該「己所不欲，勿施於人」。找這些人去談談，讓他們認識到僅僅出於義務的交往是有損於人的尊嚴的。

(8)　堅持不帶任何條件的經濟上的獨立，不向任何人報帳。你如果得向別人要錢花，便會成為他的奴隸。

(9)　不要繼續發號施令，控制別人；不要繼續受制於人，唯命是從。

(10)　承認自己有保持私密的願望，不必把自己的所有想法和經歷都告訴某人。你是獨特而與眾不同的，應該有自己的祕密，如果事事都要告訴別人，那你便沒有選擇可言，當然也就成了不獨立的人。

(11)　如何在晚會上，不要老是陪伴著你的夥伴，不要出於義務而一直陪著他。兩個人分開去找別人講講話，晚會結束之後再聚到一起。這樣，你們會加倍的擴大自己的知識和見聞。

(12)　如何記住：你沒有為別人高興的義務。別人自會尋求解脫和愉快。你可以在與別人的相處中得到真正的樂趣，但如果感到有義務讓別人高興，那你就失去了獨立性，就會因別人不高興而愁眉苦臉；更糟糕的是，你會以為是你使他不高興的。你對自己的情感負責，在這一點上人人如此，毫無例外。除了你自己以外，誰也不能控制你的情感。

(13)　如何不要忘記：習慣並不是做任何事情的理由。不錯，你以前一直服從別人，但不能因此再繼續受人支配。

真正生活的實質在於獨立。因此，幸福的婚姻關係是最低程度的融合加上最高程度的自治與獨立。或許你非常害怕衝出依賴關係，但如果問問你在精神上依賴的那些人，就會驚奇的發現，他們最欽佩的，正是那些敢於獨立思考、獨立行事的人。真有意思。你要是獨立了，別人就會尊重你，特別是那些拼命要支配你的人會更敬佩你。

改變消極情緒

　　要想成大事，只養成獨立的習慣還是遠遠不夠的，這就要求有責任心，因為要實現自治自立的成功人生，健康的情感和獨立的手段固然重要，但是如果缺乏責任心的確立，自治自立的人生目標還是無法實現。

　　在我們成長的道路上，家庭、社會給予了我們無限的關懷與關心。當我們獨立之後，理所當然應該回報他們，而這種回報也就是我們所要面臨的責任：對自己、對家庭、對社會的責任。勇敢的承擔責任，是有獨立習慣的表現，也是成大事者個人能力的展現。

　　有這樣一個故事，從中希望大家可以受到啟發。

　　有一段日子裡，戈登感到人生乏味，自己靈感枯竭，意志消沉，並且消極情緒越來越加重，他只好去看醫生。在對身體做了全面檢查後，並沒發現任何異常。於是醫生便建議他出去做一次旅行，到他少年時代最喜愛的地方去度一次假。度假期間，不要說話、讀書、寫作以及聽收音機。然後醫生給他開了四張處方，吩咐他分別在度假那天的上午九點、十二點、下午三點和六點打開。

　　戈登依據醫生的吩咐到了心愛的海灘，上午九點準時打開第一張處方，上面寫著「仔細聆聽」。他當時就懵了，醫生難道瘋了？讓我連坐三個小時？但他還是試著按醫生的吩咐耐心的四下傾聽。他聽到海浪聲、鳥聲，不久又聽到許多從前未注意的聲音，他一邊聆聽，一邊想起小時候大海教給他的耐心、新生以及萬物息息相關等觀念，他逐漸聽到往日那熟悉的聲音，也聽出沉寂，心中逐漸平靜下來。

　　中午，他打開第二張處方，上面寫著「設法回顧」。於是他開始從記憶裡

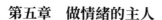
挖掘點點滴滴的快樂往事，想起那些細節，心中漸漸升起一種溫暖的感覺。

第三張處方上寫著「檢討動機」。這比較難以辦到，因為起先，人都要為自己的行為辯護，在追求成功、受人肯定與安全感的驅使下，他不得不採取某些舉動。可最後仔細想想，這些動機並不完全恰當，這也許正是他陷入低潮的原因。回顧過去愉快滿足的生活，他終於找到了答案。於是他寫下了下面的話：

我突然頓悟到，動機不正，諸事便不順。不論郵差、美髮師、保險推銷員或家庭主婦，只要自認是為他人服務，都能把工作做好。若是為私利，就不能如此成功。這是不變的真理。

第四張處方上寫著「把憂愁寫在沙灘上。」他俯身用貝殼碎片寫了幾個字，然後轉身離去，甚至連頭也不回，因為他知道，潮水馬上會湧上來。

不要讓憤怒情緒傷了自己

我們每個人都避免不了動怒，憤怒者表現出厭煩或生氣，僅是一種外在表情，其核心則是一種惰性。也許會說：「是的，我也明知自己不該發怒，但就是控制不住自己」。如果這樣，你更得看看心理學家如何替你診治了。

留心四周，你無不可以找到正在生氣發怒的人們。商店裡，也許顧客正在和營業員吵架；計程車上，司機也許正因交通堵塞而滿臉怒色：公共汽車上，也許兩人正在為搶占博愛座而吵架……。此種情形，不勝枚舉。那麼你呢？是否動輒勃然大怒？是否讓發怒成為你生活中的一部分，而且你是否知道：這種情緒根本無濟於事？也許，你會為自己的暴躁脾氣大加辯解：「人嘛，總都有生氣發火的時候」、「我要不把肚子裡的火發出來，非得憋死不可」。

在這種藉口之下，你不時的自我生氣，也衝著他人生氣，你似乎成了一個憤怒之人。

其實，並非人人都會不時的表露出自己的憤怒情緒，憤怒這一習慣行為可能連你自己也不喜歡，更不用說他人感覺如何了。因此，你大可不必對它留戀不捨，這不能幫助你解決任何問題。

讓我們來看看心理學家們是如何看待「憤怒」的。這裡我們所提的憤怒是指當某人在事與願違時做出的一種惰性反應。它的形式有勃然大怒、敵意情緒、亂摔東西甚至怒目而視、沉默不語。它不僅僅是厭煩或生氣，它的核心是惰性。憤怒使人陷入惰性，其起因往往是不切實際的期望大千世界要與自己的意願相吻合。當事與願違時，便會怒不可遏。

憤怒情緒對人的心理沒有任何好處。

如果你仍然決定保留自己心中憤怒的火種，你可以透過不造成重大損害的方式來發洩憤怒。然而，你不妨想想，你是否可以在沮喪時以新的思維支配自己，用一種更為健康的情感來取代使你人生憤怒的惰性。

美國一位來自伊利諾州的議員康農在初上任時就受到另一位代表的嘲笑：「這位從伊利諾州來的先生口袋裡恐怕還裝著燕麥呢！」

這句話的意思是諷刺他還沒有掙扎農夫的氣息。雖然這種嘲笑使他非常難堪，但也確有其事。這時康農並沒有讓自己的情緒失控，而是從容不迫的答道：「我不僅在口袋裡裝有燕麥，而且頭髮裡還藏著草根。我是西部人，難免有些鄉村氣，可是我們的燕麥和草根，卻能生長出最好的苗來。」

康農並沒有憤羞成怒，而是很好的控制了自己的情緒，並且就對方的話「順水推舟」，作了絕妙的回答，不僅自身沒有受到損失，反而使他從此聞名於全國，被人們恭敬的稱為「伊利諾州最好的草根議員。」

第五章　做情緒的主人

　　有些人在與別人合作時聽不得半點「逆耳之言」，只要別人的言詞稍有不恭，不是大發雷霆就是極力辯解，這樣的人又怎能成大事呢。這樣做是不明智的。這不僅不能贏得他人的尊重，反而會讓人覺得你不易相處。採取虛心、隨和的態度將使你與他人的合作更加愉快。

　　我們在與人相處時，不可能事事都一帆風順，不可能要每個人都對我們笑臉相迎。有時候，我們也會受到他人的誤解，嘲笑甚至輕蔑。這時，如果我們不能控制自己的情緒，就會造成人際關係的不和諧，對自己的生活和工作都將帶來很大的影響。因此，當我們遇到意外的溝通障礙時，就要學會控制自己的情緒，輕易發怒只會造成相反的效果。

　　凡是允許其情緒控制其行動的人，都是弱者，真正的強者會迫使自己控制情緒。一個人受了嘲笑或輕蔑，不應該窘態畢露，無地自容。如果對方的嘲笑中確有其事，就應該勇敢的承認，這樣對你不僅沒有損害反而大有裨益；如果對方只是橫加侮辱，且毫無事實根據，那麼這些對你也是毫無損失的，你盡可置之不理，這樣會益發顯現出你的人格魅力。

　　能否很好的控制自己的情緒，取決於一個人的氣度、涵養、胸懷、毅力。歷史上和現實中氣度恢弘、心胸博大的人都能做到有事斷然，無事超然，得意淡然，失意泰然。正如一位詩人所說：憂傷來了又去，唯我內心平靜常在。

關鍵時刻，要讓頭腦冷靜下來

　　倘若你有喜歡發怒的習慣，相信你一定深受其害。

　　上班時塞車堵得厲害，交通指揮燈仍然亮著紅燈，而時間很緊，你煩躁

的看著手錶的秒針。終於亮起了綠燈，可是你前面的車子遲遲不啟動，因為開車的人精神不集中，你憤怒的按一下喇叭，那個似乎在打瞌睡的人終於驚醒了，倉促的往前駛。而你卻在幾秒鐘裡把自己置於緊張而不愉快的情緒之中。

美國研究應激反應的專家理查‧卡爾森說：「我們的惱怒有 80% 是自己造成的。」這位加利福尼亞人在討論會上教人們如何不生氣。卡爾森把防止激動的方法歸結為這樣的話：「請冷靜下來！要承認生活是不公正的。任何人都不是完美的，任何事情都不會按計畫進行。」

經醫學認證，應激反應是在頭腦中產生的。即使是在輕微的惱怒情緒中，大腦也會命令分泌出更多的應激激素。這時呼吸道擴張，使大腦、心臟和肌肉系統吸入更多的氧氣，血管擴大，心臟加快跳動，血糖升高。

埃森醫學心理學研究所所長曼弗雷德‧舍德洛夫斯基說：「短時間的應激反應是無害的。」他說：「使人受到壓力是長時間的應激反應。」他的研究所的一項調查結果表明：61% 的德國人感到在工作中不能勝任；有 30% 的人因為覺得不能處理好工作和家庭的關係而有壓力；20% 的人抱怨同上級關係緊張；16% 的入說在路途中精神緊張。

理查‧卡爾森的一條黃金規則是：「不要讓小事情牽著鼻子走。」他說：「要冷靜，要理解別人。」他的建議是：表現出感激之情情，別人會感覺到高興，你的自我感覺會更好。

怎樣改變喜歡發怒的習慣呢？學會傾聽別人的意見，這樣不僅會使你的生活更加有意思，而且別人也會更喜歡你；每天至少對一個人說，你為什麼賞識他，不要試圖把一切都弄得滴水不漏。只要找，總是能找到缺點的。這樣找缺點，不僅會使你也會使別人生氣；不要頑固的堅持自己的權利，這會

浪費你許多精力；不要老是糾正別人，常給陌生人一個微笑；不要打斷別人的講話；不要讓別人為你的不順利負責。要接受事情不成功的事實，天不會因此而塌下來；不要有事事都必須完美的想法，你自己也不是完美的。這樣做，你的生活會突然變得輕鬆得多。

當你抑制不住自己想發怒時，你不妨問自己：一年後生氣的理由是否還那麼重要？這會使你心平氣和的看待眼前的事情。

做一個胸襟開闊的人

胸襟是否開闊是衡量一個人能否成大事的重要方面，因為胸襟越開闊的人，往往眼光高遠，不計小利，以大局為重。做人，要做一個胸襟開闊的人。

1. 動輒憤怒是很多人的習性

我們每個人都避免不了動怒，憤怒情緒也是人生的一大盲點，是一種心理病毒：它同其他病一樣，可以使你重病纏身，一蹶不振。也許你會說：「是的，我也明知自己不該發怒，但就是控制不住自己。」若你是一個欲成大事者，你就應該注意，能不能消除憤怒情緒與你的情緒控制能力有關。

其實，並非人人都會不時的表露自己的憤怒情緒，憤怒這一習慣行為可能連你自己也不喜歡，更不用說他人感覺如何了。因此，你大可不必對它留戀不捨，它不能幫助你解決任何問題。任何一個精神愉快、有所作為的人都不會讓它跟隨自己。

憤怒既是你做出的選擇，又是一種習慣。它是你經歷挫折的一種後天反應。你以自己所不欣賞的方式消極的對待與你的願望不相一致的現實。

事實上，極端憤怒是精神錯亂 —— 每當你不能控制自己的行為時，你便有些精神錯亂。因此，每當你氣得失去理智時，你便暫時處於精神錯亂狀態。

同其他所有情感一樣，憤怒是大腦思維後產生的一種結果。它不會無緣無故的產生。當你遇到不合意願的事情時，就告訴自己：事情不應該這樣或那樣，於是你感到沮喪、灰心；然後，你便會做出自己所熟悉的憤怒的反應，因為你認為這樣會解決問題。只要你認為憤怒是人的本性之一部分，就總有理由接受憤怒情緒而不去改正。

但只要你不去改正，你的憤怒情緒將會阻止你做好事情。成大事者是不會讓憤怒情緒所左右的。歷史上有好多這樣的例子。他們中能壓下怒火的就成功，而憑著這一怒之氣行事的則大多失敗了。請看下面的兩個例子：

西元前 203 年，劉邦與項羽在戰場上進行激烈的戰爭，就在此時，韓信攻占齊地後派人給劉邦送來了信，要求封他為假齊王。劉邦見信後勃然大怒說：我被困在這裡天天盼他來幫助，他卻想自立為王。正在這時，張良用手拉了拉劉邦的袖子，悄聲對他說：現在戰場形勢於我不利，怎麼能阻止韓信稱王呢？不如答應他的要求，立他為王以穩住其心，否則他會倒戈叛亂的。劉邦這才恍然大悟，忙改口對使者說：大丈夫平定諸侯，要當就當他個真王，哪能當假王呢？這一步棋穩住了韓信，使韓信盡心竭力的為劉邦效命，為漢朝的統一立下了汗馬功勞。

而在三國時期，關雲長失守荊州，敗走麥城被殺，此事激怒劉備，遂起兵攻打東吳，眾臣之諫皆不聽，執意起大軍東征，最終導致兵敗。

從這兩件事中就可看出，在關鍵時刻是不可以讓怒火左右情感，不然你會為此付出代價。

2. 切忌做一個心胸狹小之人

胸襟是否開闊是衡量一個人能否成大事的重要方面，胸襟狹小，只看重蠅頭小利。

「大丈夫行不更名，坐不改姓，行得正，走得端」，這是俗話，但也展現了一個人的胸襟如果足夠開闊，那麼他所做的事情和他的做人原則，一定是很有特點的。

小事情會使人偏離自己本來的主要目標和重要事項，因此，有積極心態的人不會把時間花在這些小事上。如果一個人對一件無足輕重的小事情做出反應 —— 小題大作的反應 —— 這種偏離就產生了。以下這些小事情的荒謬反應值得參考。

1654 年的瑞典與波蘭之戰僅僅是因為在一份官方文書中，瑞典國王的附加頭銜比波蘭國王少了一個。

大約 900 年前，一場蹂躪了整個歐洲的戰爭竟然是因水的爭吵而爆發的。

有人不小心把一個玻璃杯裡的水濺在托萊侯爵的頭上，就導致了一場英法大戰。

一個小男孩向格魯伊斯公爵扔鵝卵石，導致瓦西大屠殺和 30 年戰爭。

雖然由一件小事引發一場戰爭發生的可能性在我們的身上不大，但我們可能會因小事而使周圍的人不愉快。因此說，一個人為多大事發怒也就說明了他的心胸有多大。

拿破崙・希爾認為，在人生的舞台上，選擇做一名焦點人物，扮演重要的角色，把自己的性格塑造得更得人心，也就更接近成功。

　　人生的許多大問題之一就是「性格」問題，由於不合群的性格的存在，使得人與人之間產生了許多困擾及難題，並且他們均是在人與人之間由於不能和諧相處而產生的。由於彼此個性的衝突，造成了多少家庭的破碎，友誼的決裂、勞資的矛盾等等，甚至國與國之間也因為觀點不一致而演變成干戈相見。

　　在這個問題上，我們所具備的最大能力 —— 選擇，再度扮演著一個最重要的角色。你可以讓自己做一個友善的人，也可以去做一個難以相處的人；你可以熱心助人，也可以拒人於千里之外；你可以與人虛心合作，也可以固執己見；你可以使自己激動，也可以要自己冷靜；你可以讓自己發脾氣，也可以使自己對那些原本會使你生氣的事淡然處之；你可以去做一個和藹可親的人，也可以做一個尖酸刻薄的人；你可以信任別人，也可以對誰都不信任；你可以自以為人人都與你為敵，也可以自信大家都喜歡你；你可以乾乾淨淨、清清爽爽，也可以邋邋遢遢、不修邊幅；你可以蹉跎、怠惰。也可以雄心勃勃……難道你不能自己做選擇嗎？這，不用想，你當然能。

　　一個能成就一番事業的人，定是一個心胸開闊的人。

　　一個人要成大事，一定要有一個開闊的胸懷，只有養成了使自己的胸襟開闊，坦然面對，包容一些人和事的習慣，才會在將來取得事業上的成功與輝煌！

做一個負責任的人

　　責任是每個人都要面對和承擔的，我們不應該逃避。只要我們洗滌掉心中的塵埃，培養高尚的情操；只要我們把人生的意義和目標弄清楚，它就會

像一座燈塔，指引著我們前進的方向。一個對自己對社會對家庭負責的人，是不會讓心靈蒙上塵埃的，一個對未來充滿希望的人定是一個對自己負責的人。他們不停的學習，用知識拂去心靈的塵埃，用知識點亮燈塔的明燈。因為他們懂得一個人需要不停的學習。

1. 對自己負責

承擔責任，是年輕人必備的素養之一。而年輕人面臨的責任是眾多的，第一個就是要對自己負責。只有對自己負責，使自己有一顆獨立的責任心，才會可能負起他的責任來。

責任心獨立的第一步是對自己負責。也許有人會對這種說法很不以為然，難道我們還有誰傻到對自己不聞不問嗎？仔細想一想，這確實不是危言聳聽。對自己不負責任的人大有人在，不是有許多人一直無所事事，從不嚴格要求自己，放任自流以至於一事無成嗎？因此從廣泛意義上來說，那些具備了自治自立能力標準而最終仍以失敗告終的人基本上都是對自己不負責任的人。進一步講，一個對自己都沒盡到責任的人，又怎麼能對家人對社會盡什麼責任呢？

年輕人應該認識到這一點，並且做好準備，成為一個能夠承擔責任，敢於面對責任的人。健康的身體、高尚的情操、努力的學習，這些都是準備條件中必不可少的成員。只有健康的身體，才會擔得起責任的重擔。保持一個健康的體魄，不僅在於一日三餐增加營養，多多休息，而且還應該多做運動積極鍛鍊身體。運動對於一個人維持健康至關緊要，可是這往往被大多數人所忽略了。

人都有惰性，在沒有外界督促的情況下，人的惰性馬上便暴露出來了。

在年輕的時候，因為我們的身體還有點資本，因此許多人對參加鍛鍊不以為然。可是，一旦過了中年，當身體開始像破舊的機器一樣開始出現故障時，則大局已定，為時已晚。許多人稱由於工作忙，根本抽不出空餘時間鍛鍊身體。這顯然是一個偷懶的藉口罷了，因為運動一不需要特定的場合，二不需要指定的器材，到健身房鍛鍊固然不錯，可在家裡照樣也能舒展筋骨。年輕人應該摒棄這種想法，而保持健康的體魄，為將來的事業打下基礎。

高尚的情操可以培養我們鎖定人生的座標，確立人生的價值體系。年輕人要在生活中注意到這一點，不斷陶冶自己的情操，使之高尚、昇華。

而現實生活中有許多人一旦離開學校，就不再繼續學習了。有電視台做了一次調查，結果發現許多人家裡根本沒有買過什麼新書，書架上放的幾乎全是在校學習期間的課本。這反映了一個事實：上班後人們不再閱讀一些嚴肅的書，不在工作之外求知，往往把時間浪費在閒聊、電視、手機上。

這並不是說我們不應該有學習以外的其他事情，而是要求我們多學習一些東西，年輕人更應如此。我們更應該學一些工作之外的新東西，以增強自己的綜合能力。這樣才能在這種動盪不安的社會立於不敗之地。年輕人要成大事，首先要養成對自己負責的習慣。

2. 對家人負責

一個年輕人要認識到，人光能對自己負責還不夠，因為人是生活在家庭中、社會中的。一個能夠對自己負責的人，還應該對生育、養育自己的家庭負責。從照顧未成年的弟弟妹妹，到贍養自己的長輩；從對自己孩子的撫養到忠於自己的妻子或丈夫，都一樣同等重要。可以說，這是一個做人的最起碼道德標準，也是年輕人要獨立面對的一類問題。

在物欲橫流的今天，沒有責任心的人是很容易就喪失原則的。一個年輕人是否能獨立，是否能承擔責任，是他能否成大事的一個檢驗標準。

現在的社會，節奏快了，世界發展了變化了。由於眾多的原因，兒女們回家的次數越來越少了，家的概念已經越來越淡薄了。面對這樣的問題，年輕人在思考什麼呢？難道說老人們的標準也在降低嗎？從「要求被贍養」到「常回家看看」，這難道不值得我們深思嗎？承擔起自己應該承擔的責任，成為一個真正負責任的人。

3.向社會負責

年輕人是社會未來的支柱。因此年輕人身上的責任也最重。年輕人不但要對自己的「小家」負責，更要對自己的「大家」負責。

我們生活在一個人際互賴的社會裡，我們從這個高度發達的社會裡享受物質文明的豐碩成果。同樣，社會也要求我們每個人盡自己的努力奉獻自己的聰明才智，用當前較為流行的話說，就是要求我們要有「敬業精神」。這不僅僅是社會的要求，也是實現自治自立人生責任心獨立的一個重要標準。一個有責任心的年輕人，他能夠全身心投入事業，能夠為社會做出自己的貢獻。這時候，他是社會中的一員，他同時又是獨立的一個人，因為他有著獨立的人格。

只有那些熱愛自己的事業，對自己追求的目標全身心投入的人，才會獲得人生的成功。從一些簡單的物理現象中我們就很容易理解這個道理。人生就是如此，例如：在一般條件下，即使天氣再熱，陽光也不容易把東西給烤焦。可是我們拿一個凸透鏡卻可以做到這一點。因為凸透鏡把射來的陽光聚成了一個點，因此易燃物就會燃燒。「一個志在大有成就的人，他必須知道

限制自己。反之，那些什麼都想做的人，其實什麼事都做不了，而終歸於失敗。他必須專注於一事，不可分散他的精力於多方面。」

正是這種思想的指導，使無數年輕人為事業而奮鬥，敢於付出代價，也正如此，他們成就了自己一生的事業。

經驗證明，只有那些勇於為事業付出代價的人，才有可能做成一番大事業。企圖投機取巧耍小聰明的人最終會被自己的小聰明碰得頭破血流。任何事業的成功都是要付出代價的，只有首先做出奉獻，然後才會獲得。

種瓜得瓜，種豆得豆。任何代價都不會白白付出。只要你選擇的路適合自己，堅持走下去，就一定能有所收穫。那些患得患失、膽小怕事、不願付出的人是不可能取得什麼成功的。年輕人應該學習前者，而鄙視後者。

敢於面對人生路上的責任並承擔它，這是素養。擁有這種素養的人，首先是一個獨立的人，其次是個成功的人，現在的年輕人，應該是為自己的理想而奮鬥的一代人，社會為你提供了機會，其餘的條件要自己去面對和創造了。只有學會了獨立，養成了獨立的習慣，你的事業才有可能成功。一句話，要成人事者，需先養成獨立的習慣。

第五章　做情緒的主人

第六章　學會選擇和放下，別讓心太累

大多數人在人生旅途中背負了太多的東西 —— 許多東西其實是不必要的。盡可能丟棄那些無謂的問題及煩惱吧！放鬆心情，輕鬆一下，好好想一想。我們已經很好，無論在事業上或是生活上失利，都不必背負太多。

生活中應該學會放下

　　人的一生沒有一帆風順的，不可能盡如人意，或多或少總會遇到一些不開心的事情。比如：在做業務時遇到一位刁難的客戶，因某件事情受到上司的批評，和朋友發生不愉快，小肚雞腸的人與你有意為敵……這些都可能直接影響到自己的心情。心情不好，勢必影響工作，因此，我們應該學會「放下」，把那些不愉快、不順心的事統統「放下」，特別是對那些小肚雞腸的人，不予理睬可以說是最大的輕蔑，無視他的存在，自己該怎樣還怎樣，開心就好。世上小肚雞腸、心胸狹窄的人畢竟是少數，大多數朋友都是善意和友好的。看到這一點，就會使自己放鬆心情。心情好了，不僅有利於工作，還有利於自己的身心健康，兩全其美，何樂而不為呢？

　　放下難言的負荷，方能解開心靈的枷鎖；放下滿腹的牢騷，方能蘊蓄不倦的威力；放下巧語的詭辯。方能擁有深邃的思想；放下虛偽的矯飾，方能贏得真摯情，做生活中的智者，就要先從學會放下、善於放開始。放下是美好的心境，是豁達的心態，也是智慧的選擇。放下不是噩夢方醒，不是六月飛雪，也不是優柔寡斷，更不是偃旗息鼓，而是拾階而上的從容，閒庭信步的淡然。只有學會放下，你才能使自己更寬容、更睿智，在生活中面對選擇才能果斷做出決策。

　　放下是靈性的覺醒，也是慧眼現。在很多情況下，人們要想得到一些東西，就必然要放下另外一些東西。當必須放棄時，就該果斷放棄，這才是真正的智者。唯有放下，才能走得更遠；唯有放下，才能得到更多。生活中如果不懂得放下，往往會在無意中失去最珍貴的東西。

　　放下心裡的多想，甚至放下執著的追求，在短時間內也許是痛苦的，而

且放下後的重新選擇也未必就一一帆風順，還有可能有困難與挫折。但這就是生活，只有學會放下，你才能收穫更多，才能體會得更多，才能在出入無門時發現新的契機和希望。人生在世。沒有一個人願意放下屬於自己的東西。有既得的，有想要的；有精神的。有物質的；有名利的，有情分的。「難捨…『捨不得』等詞彙，展現了人們面對放下時的痛苦和無奈。

但是，經驗告訴我們，一些東西如果不放下，勢必會成為負累。正如印度詩人泰戈爾所說：「當鳥翼繫上了黃金，鳥兒就飛不遠了。」勇於放棄是現實需要，善於放棄則是處世藝術。在人生的征途中，經常會出現一些迂迴曲折的坎坷或是峰迴路轉的機遇，對這些挑戰和機遇每一個人都需要做出抉擇，是放下還是角逐也是每個人都會面對的難題。該出手時就出手，該放下時就放下，這就是生活，這就是人生。

不要背負太多

人們需要各種人際社交，為人處事，但是人總是精力有限的，過多的事情，即便是些好事，也會讓人覺得承受不了。不論你多麼喜歡社交活動，也不論你多喜歡和朋友在一起，但是看到日曆簿上有一段屬於自己的空白時間，你心中會很奇妙的有一種安詳寧靜的感覺。那段時間是完全屬於自己的，可以想做什麼就做什麼，也可以什麼事都不做。在日曆上留一些空白時間，會給你一種平靜的感覺，感覺找到了心靈的歸屬。在不知道給自己留時間之前，永遠找不到時間去做自己真正想做的事。但是只要能為自己留一些空白時間，就能為自己做一些事，而不只是做別人要求你做的事。通常伴侶會要求你做一些事，孩子也經常需要你幫忙，包括鄰居、朋友與親友請求你為他們做些什麼，甚或陌生人的懇求也是不斷的，譬如電話行銷或推銷員

的打擾等等，感覺上好像每個人都想侵占一點你的時間，你一點閒置時間也沒有。

　　很好的解決之道是與自己訂下約會，就如同與情人或客戶訂下約會一樣。除非有重大變故，否則一定要堅守約定。和自己訂約會的方法簡單方便，在日曆上畫出幾個不讓任何人打擾的空白日子即可，除非是有特殊的意外發生，任何人都不能搶走這段時間。也就是說任何人要求這段時間做任何事：朋友的拜訪，給某人打電話，或是客戶需要幫忙……任何事都不行，因為已經有計畫了，而這個計畫是跟自己在一起的。在這個月接近月底的時候，再找另一天劃掉的空白日子，那也是個和自己約會的神聖時光，要確定那天絕不會被別的事填滿。不難想像，堅持和自己約會是需要時間慢慢去適應的。剛開始這麼做時，心中可能會有些不安，好像自己在消磨時光，錯失良機，甚至自私自利呢！尤其是當日曆上還有空白時，實在很難跟別人說自己沒時間！不過事實證明和自己訂約會是件很有意義的事，相信試過之後你也會這麼認為。

　　讓日曆中的留白成為生活的一部分，也會是自己最珍惜最願意保留的重要時光。但這並不是說工作不重要，或是覺得與家人在一起的時光沒意思。而是這段時光對心靈有平衡與完善的作用。缺乏了這樣的時間，你一定會成為一個背負太多的人，因此很容易變得暴躁易怒、沮喪不安，似乎失去了自我。因此為了避免這樣的情形出現，你可以從今天開始與自己訂約會。挑選一段固定的時間，某天的某一小時，或一週一次或一個月一次都可以，而且時間長短不拘，就算只是十幾分鐘也可以，重點在它屬於你一個人，完全歸你的心支配。其次是當別人要跟你約定時間時，絕對不能輕易將這段神聖的時光犧牲了。要特別珍惜這樣的時光，甚至比任何時光都重要。別擔心，你

絕不會因此而成了一個自私自利的人。相反的，當你再度感到生命是屬於自己的時候，會更有能力去為別人著想。只有真正的獲得自己所需時，你才能更輕易的滿足別人的需要。

有這樣一個人，他經常仰望天空，遐想作為人類一員的他在宇宙中處在什麼地位。宇宙讓他印象最深的地方就是它的巨大 —— 大得讓他做任何「比較」都變得蒼白無力。事實上，也已經沒有「比較」可言了：在無限的宇宙面前，地球的地位甚至不如大海裡的一滴水；而以這種比較基礎來看，「他」在地球上的地位則不如一滴水中的某個原子。

如果這就是人在宇宙中的真正位置，那麼我們所碰到的問題又算得了什麼呢？當然，這些問題好像對我們都很重要，但是如果拿整個宇宙作對照，它們就變得根本不值一提。

我們每天碰到的困難當然都很真實，但如果換一個較適當的基點來衡量事物，這些困難根本算不上是「大災難」。

你因加入到 40 歲人群的行列而鬱鬱寡歡嗎？有些人根本不會為這種問題難過，他們生活在世界上的高熱地區，他們的平均壽命只有 37 歲，不管男人或女人，他們根本就不必經歷所謂「悲慘的 40 歲生日宴會」！

你正為每天不知道吃什麼菜、做什麼飯而傷腦筋嗎？告訴你，這個世界每天有一萬人死於飢餓，此外，還有好幾千萬人苦於營養不良引起的各種疾病。

房租太貴讓你煩惱嗎？你看到過生活在街頭上的流浪漢嗎？這些幸運的傢伙從來不用為房租問題煩惱，他們生在街頭，也死在街頭。他們唯一要操心的事情，就是晚上睡覺前能不能找到一塊破布禦寒。

臉蛋不漂亮嗎？和雙目失明的人比，和四肢殘缺的人比，和智障低下的

人比，你願意是後者嗎？

當我們知道有這麼多慘狀仍然在世界上很多地方被默默的承受的時候，我們卻因為在某個高雅的餐廳沒占到好座位而大發雷霆；因為工作中的一點點小挫折垂頭喪氣；因為體重沒有減輕深感懊惱；為了每個月的巨額開銷抱怨不休……這就是我們的煩惱、我們的問題嗎？到底拿它們來和什麼標準作比較？

長期不間斷的專注於痛苦是一件既不正確又不正常的事，因此，如果我們的手扭傷了還得洗衣做飯，如果我們感冒躺在床上還得擔心辦公桌上庫存的公事，我們肯定會心煩。這一點絕對可以理解。但是我們處世的觀點若只局限在這類芝麻小事上，那麼即便是最微不足道的困難也可能變成人生的主要障礙，於是拘泥於這種小節終將耗盡我們寶貴而又有限的時間和精力。

大多數人在人生旅途中背負了太多的東西 —— 許多東西其實是不必要的。盡可能丟棄那些無謂的問題及煩惱吧！放鬆心情，輕鬆一下，好好想一想。我們已經很好，無論在事業上或是生活上失利，都不必背負太多，要堅信：真正的光明並不是沒有黑暗的時間，只是不被黑暗遮蔽罷了；真正的英雄並不是沒有卑怯的時候，只是不向卑怯屈服而已。

捨不得的代價

人生總會面臨各種選擇和取捨，可是當面對你在最親摯愛時，你會捨得，選擇犧牲自己或者別人嗎？下面這樣一個故事，或許會給你一些啟發。

一位藥材商人來到村子，向村民收購靈芝，出價十分的高。但此時正值冬季，高山上的氣溫已經降到了零下幾十攝氏度，上山採藥十分危險，許多

村民都不敢輕易上山，也只好望價興嘆了。

有一家父子 3 人決定冒一次險，因為商販出的價格實在太誘人了。他們登上了高山，並且到了冰川地帶，但卻一無所獲。準備回來的時候，山上起了暴風雪，氣溫驟降，年事已高的父親被嚴重凍傷，無法行走了。他倒在冰冷的雪地上，明白自己無論如何也走不下山了，便果斷的對兩個兒子說：「我不行了，你們快把我的衣服脫下來穿上，設法下山。」

兩個兒子不肯丟下父親，不願從父親身上脫下大衣，堅持要背父親下山。

父親不斷斥責他們這種「自殺行為」，但卻無法阻止他們。他們背著父親只走了一小段路，就迷失了方向，父親也昏過去了。

兒子們淚流滿面，一聲聲喊著「爸爸」。大兒子脫下身上的大衣蓋在父親身上，試圖把父親救回來。過了許久，父親已經沒有一絲氣息，大兒子也被凍傷了。他對弟弟說：「看來我要在這裡陪父親了。小弟，你把我的衣服脫下來穿上，設法走下山去，家裡還有母親、奶奶在等著我們。」

弟弟悲痛萬分，他摸摸父親，再摸摸哥哥，父親的身體已經僵硬，哥哥的身體還有一絲餘熱，他脫下自己的大衣，蓋在哥哥的身上，企圖救活他。

第二天，暴風雪過去了，父子 3 人倒在一起，父親蓋著大兒子的大衣，大兒子蓋著小兒子的大衣，而小兒子只穿著一件薄薄的棉衣。

村人們把他們抬下山來，邊走邊流淚。

他們說：「什麼叫骨肉相連，他們父子 3 人就是。」

但是有人卻惋惜的說：「應該有兩人可以活下來，但他們錯過了生存的機會。」

的確，如果兩個兒子穿上父親的大衣，徒手下山，是可以回到家的，但

他們捨不得父親。

此後一年之中，他們的家人紛紛在痛苦中鬱鬱而終。

莫讓名利之心拖累自己

生活中，很多人總是把得失看得太重，把名利看得太重，期望自己位高權重，期望能擁有萬貫家財。這種人這樣通常會備受名利折磨，輕者身心勞累，重者害人害己，成千古之恨。

生活中，很多人擁有金錢，但卻沒有快樂，他們對金錢垂涎欲滴。整日挖空心思、千方百計想要得到它的人，恐怕永遠也不會快樂而且身心勞累。四大吝嗇鬼之一的嚴監生，都快死了，已經講不出話來了，還是大瞪著兩眼，直豎著兩根指頭不肯咽氣。像他這樣的人，絞盡了腦汁，「辛苦」經營了一輩子，賺下了萬貫的家財，本來是可以帶著「成就感」心滿意足的去了，可是他卻死活不肯嚥下最後一口氣。旁邊的族人皆不明白嚴監生直豎的兩根指頭到底是什麼意思，最後還是他的小兒媳婦機靈，因為她發現嚴監生的兩眼死死的瞪著桌旁的油燈。油燈裡燃著兩根燈芯，嚴監生伸著兩根指頭不就是不滿意燃著的兩根燈芯嗎？按照嚴家的規矩，本著「節儉」的原則，應該熄掉一根燈芯才是。於是小兒媳婦趕緊跑過去熄掉了一根燈芯。這招真是靈驗，一根燈芯剛熄，嚴監生就咽氣了。

世上類似於嚴監生這樣臨死還被自己無盡的貪欲折磨著的人雖然只是文學作品中的人物，但是為了名，為了利，整日處心積慮，乃至不擇手段的人實在是太多了。得到了名利也許能給你短暫的滿足和快樂，然而名利如浮雲，你能夠得到它，也會不留一絲痕跡的失去它。生命對每一個人來說就是

單程旅行，沒有回頭路可走，因此，盡量使自己的靈魂沉浸在輕鬆、自在的狀態，這是最好不過的。

　　人人都有名利之心，這是不可避免的，但是一個人要求富貴，必須得之有道，持之有度。就生活的價值而言，如果我們能夠體會人生的酸甜苦辣，沒有虛度時光，心靈從容充實，則不管我們是貧是富皆可以滿意了。

　　富貴榮華生不帶來，死不帶走。如果我們看破了這一點，對於世間的榮華富貴不執著和貪戀，那麼我們的心胸自然就會平靜如水。

　　有些人總是費盡心機的追逐金錢和地位，一旦願望實現不了，便口出怨言，甚至生出不良之心，採用不義手段來為自己謀利，到頭來還會因此害了自己，莊子曾說過：「不為軒冕肆志，不為窮約趨俗，其樂彼與此同，故無憂而已矣。」這句話大意是說那些不追求官爵的人，不會因為高官厚祿而沾沾自喜，也不會因為窮困潦倒、前途無望而趨炎附勢、隨波逐流，在榮辱面前一樣達觀，因此他也就無所謂憂愁。莊子主張「至譽無譽」。在他看來，最大的榮譽就是沒有榮譽。他把榮譽看得很淡，他認為，名譽、地位、聲望都算不了什麼。儘管莊子的「無欲」、「無譽」觀有許多偏激之處，但是當我們為官爵所累、為金錢所累的時候，何不從莊子的訓喻中發掘一點值得借鑒的東西呢？

　　其實人活著就是為了享受快樂，但生活中很多人由於貪心過重，為外物所役使，終日奔波於名利場中，每天憂鬱沉悶，不知人生之樂，因此我們不妨花點時間，平心靜氣的審視一下自己，是否在心中藏著許多欲求而不可得的小祕密，是否常常被這些或名或利的欲望攪得心煩意亂。心中有點小祕密是正常的，因為每個人總會有著各種欲求，只不過有些人懂得如何正確的面對這些或者正當或者不正當的欲求：正當的欲求，他會盡量去滿足，實在憑

自己的能力滿足不了的，他也會平心靜氣的面對這樣的事實；不正當的欲求，他會為此而感到內疚，感到慚愧，會在心底檢討自己，不會發展到為了這樣的欲求而不擇手段的地步。但也有人不會控制自己的名利之心，結果貽誤了自己，毀了自己的一生。

凡事樂觀看待

有人做事總是把眼前利益看得很重，而不能辯證的看事情，結果反而失去了永遠的利益。

古時，一位姓塞的老翁。不小心丟了一匹馬，鄰居們都認為是件壞事，替他惋惜。塞翁卻說：「你們怎麼知道這不是件好事呢？」眾人聽了之後大笑，認為塞翁丟馬後急瘋了。幾天以後，塞翁丟的馬又自己跑了回來，而且還帶回來一群馬。鄰居們見了都非常羨慕，紛紛前來祝賀這件從天而降的大好事。塞翁卻板著臉說：「你們怎麼知道這不是件壞事呢？」大家聽了又哈哈大笑，都認為老翁是被好事樂瘋了，連好事壞事都分不出來。果然不出所料，過了幾天，塞翁的兒子騎新來的馬去玩，一不小心把腿摔斷了。眾人都勸塞翁不要太難過，塞翁卻笑著說：「你們怎麼知道這不是件好事呢？」鄰居們都糊塗了，不知塞翁是什麼意思。事過不久，發生戰爭，所有身體好的年輕人都被拉去當了兵，派到最危險的前一線去打仗，九死一生而塞翁的兒子因為腿摔斷了未被徵用，在家鄉大後方過著安定幸福的生活。

這就是老子的《道德經》所宣揚的一種辯證思想。基於這種辯證關係，我們可以明白，即使是看起來很壞的「吃虧」，也會帶來意想不到的好處。生活中此類事常見，因此人一定要把眼光放遠，懂得該忍就忍，有時看似吃虧

的事反而是獲得更大利益的前提和資本。

美國亨利食品加工工業公司總經理亨利‧霍金士先生突然從化驗室的報告單上發現，他們生產食品的配方中的添加劑有毒，雖然毒性不大，但長期服用對身體有害。但如果不用添加劑，又會影響食品的新鮮度。

亨利‧霍金士考慮了一下，他認為應以誠對待每一位顧客，毅然把這一有損銷量的事情告訴每位顧客，於是他當即向社會宣布，防腐劑有毒，對身體有害。

這一下，霍金士面對了很大的壓力，食品銷路銳減不說，所有從事食品加工的老闆都聯合了起來，用一切手段向他反撲，指責他別有用心，打擊別人，抬高自己，他們一起抵制亨利公司的產品。亨利公司一下子跌到了瀕臨倒閉的邊緣。

苦苦掙扎了 4 年之後，亨利‧霍金士已經傾家蕩產，但他的名聲卻家喻戶曉，這時候，政府站出來支持霍金士了。亨利公司的產品又成了人們放心滿意的熱門產品。

亨利公司在很短時間裡便恢復了元氣，規模擴大了兩倍。亨利‧霍金士一舉登上了美國食品加工業的第一把交椅。

生活中的聰明人善於從吃虧當中學到智慧。「吃虧是福」也是一種哲理，其前提有兩個，一個是「知足」，另一個就是「安分」。「知足」則會對一切都感到滿意，對所得到的一切充滿感激之情；「安分」則使人從來不奢望那些根本就是不可能得到的或者根本就不存在的東西。沒有妄想，也就不會有邪念。表面上看來，「吃虧是福」以及「知足」、「安分」會有不思進取之嫌，但是，這些思想確實能夠教導人們成為對自己有清醒認識的人。

人非聖賢，誰都無法拋開七情六欲，但是，要成就大業，就得分清輕重

第六章　學會選擇和放下，別讓心太累

緩急，該捨的就得忍痛割愛，該忍的就得從長計議。歷史上劉邦與項羽在稱雄爭霸、建立功業上就表現出了不同的態度，最終也得到了不同的結果。蘇東坡在評判楚漢之爭時就說，項羽之因此會敗，就因為他不能忍，不願意吃虧，白白浪費自己百戰百勝的勇猛；漢高祖劉邦之因此能勝就在於他能忍。懂得吃虧，養精蓄銳。等待時機，直攻項羽弊端，最後奪取勝利。

夢漢兩王平日的為人處世之不同自不必說，楚漢戰爭中，劉邦的實力遠不如項羽，當項羽聽說劉邦已先入關時，怒火衝天，決心要將劉邦的兵力消滅掉。當時項羽 40 萬兵馬駐紮在鴻門，劉邦 10 萬兵馬駐紮在灞上，雙方只隔 40 里，兵力懸殊，劉邦危在旦夕。在這種情況下，劉邦先是請張良陪同去見項羽的叔叔項伯，再三表示自己沒有反對項羽的意思，並與之結成兒女親家，請項伯在項羽面前說句好話。然後，第二天一早，又帶著隨從、拿著禮物到鴻門去拜見項羽，低聲下氣的賠禮道歉，化解了項羽的怨氣，緩和了他們之間的關係。表面上看，劉邦忍氣吞聲，項羽賺足了面子，實際上劉邦以小忍換來自己和軍隊的安全，贏得了發展和壯大力量的時間。劉邦對不利條件的隱忍，面對暫時失利的堅忍不拔，反映了他對敵鬥爭的謀略，也展現了他巨大的心理承受能力。

劉邦正是把眼光放遠，靠著吃一些眼前虧的技巧，贏得了最後的勝利。有人說劉邦是一忍得天下，相信這種智慧不是有勇無謀的人可以修練成的。今天，我們不一定會遇到這種你死我活的敵對關係，但無論在怎樣的條件下，都要把眼光放遠，能夠忍讓，懂得吃虧，因為「塞翁失馬，焉知非福」，捨小謀大才能成功。

該放棄就放棄

在塑膠業界經歷了一番風風雨雨的李嘉誠，幾年苦心經營後終於在商海中站穩了腳跟，並贏得「塑膠花大王」的美譽，賺得盤滿缽滿。

然而，物極必反。早在李嘉誠開發塑膠花之前，他就預見到，塑膠花只是社會快節奏的產物，只能風行一時而已。隨著時代的發展，人們將趨向於崇尚自然，而塑膠花無論如何也不能取代有生命的植物花卉。

處於全港塑膠業領先地位的李嘉誠，空閒之餘，常會思考這樣一個問題：塑膠花的大好年景還會持續多久？什麼時間會結束呢？

雖然長江公司擁有穩固的大客戶，同時又是塑膠業的龍頭老大，不用煩惱市場問題。但如果整個行業在走下坡路，長江的發展前景也必然有限。

此外，越來越多的因素在向李嘉誠敲著警鐘 —— 香港塑膠廠已是遍地開花，塑膠花簡直都快氾濫成災了。據港府勞工處註冊登記的資料，塑膠及玩具業廠商，1960 年為 557 家，1968 年為 1900 家，1972 年則猛增至 3358 家。該行業的從業人員，由 1960 年占全港製造業勞工總數的 8.4%。上升到 1972 年的 13.21%。而且，該行業的廠商，有半數以上是塑膠花專業廠和兼營塑膠花的。

李嘉誠深知，塑膠花業之因此如此興旺，一方面是由於這種產品本身所具備的某些優點，另一方面是它迎合了人們追求時髦的心理。而且，後者才是其中最為主要的因素。曾幾何時，富人窮人，全都以繫塑膠褲帶為榮，可是後來，塑膠褲帶漸漸的再也無人問津了。最終，人們還是覺得真皮褲帶好。

塑膠花又何嘗不是這樣的呢？儘管塑膠花可以變幻無窮，但無論怎麼變

第六章 學會選擇和放下，別讓心太累

最終還是塑膠花，絕對無法完全替代充滿自然氣息的植物花，

李嘉誠從海外雜誌上了解到，有的家庭已把塑膠花掃地出門，又重新種上了天然的植物花。在國際塑膠花市場，已開發國家的需求量日益減少，已形成了產品嚴重庫存的局面。市場已開始漸漸的向南美等中等發達國家傾斜了，而這些國家，也在利用當地的廉價勞動力生產塑膠花。在香港，勞工薪資逐年遞增，勞動力不再低廉。由於塑膠花屬於勞動密集型產業，它的發展一定不會長遠。

香港已出現過幾次塑膠花庫存現象，主要原因就在於生產過濫和歐美市場的萎縮。雖然庫存並沒有造成大災難，更未直接影響長江，卻引起了李嘉誠的高度重視。

正是在這一系列分析的基礎上，李嘉誠未雨綢繆採取了應變行動。他的未雨綢繆，不是增加投資，強化競爭能力，而是採取一種順其自然的態度，讓其自興自衰。逐漸從塑膠花市場中淡出，慢慢放棄這個使他成名的產業。

他逐漸開始把全部精力投注於締造以地產業為龍頭的商業帝國，這也是他從商以來，在心中逐漸醞釀成形的宏偉抱負。與塑膠花相比，後者在他的心目中地位更重要，也正是由於他後來實現了這一抱負，輿論界才給他加上了「超人」的桂冠。

識時務者為俊傑——李嘉誠正是這樣一位商界奇才。

李嘉誠是第一個進入塑膠花領域的商人，賺了一大筆之後，他又審時度勢，急流勇退。無論是前進還是後退，他都占盡了先機。

做生意就是這樣：該投入時就要果斷投入，該撤離時也不能有絲毫猶豫，要義無反顧的離開。

從某一方面來說，只有勇於放棄的商人才會是一個大有作為的商人。

「盛極必衰，月盈必虧。」道家的樸素辯證法，自然也適用於商界。

任何一項行業，當它走過自己的成熟階段後，必將走向衰落，而這個時候如果不進行自我調整，還抱著不放，必將隨著該項業務的衰落而走向失敗。

勇於撤退的實例很多。比如香港「假髮之父」劉文漢發現美國盛行「假髮熱」，於是斷定善於跟風趨潮的香港必定會步其後塵，因此，搶先在香港成立假髮製造公司，結果真如他所料，大大賺了一筆。接著，他又料定假髮熱只會維持一時，不會長久。於是，在市場攀到高峰時，及時退出，並攜資移居澳大利亞，開創新的事業。不久，事實證明了劉文漢判斷的準確性。美國的「假髮熱」消退，香港的假髮製造廠商紛紛倒閉。此時，香港假髮業的開拓者劉文漢，卻全身而退在隔岸觀火。

日本商戰聖手松下幸之助說過：「高明的槍手，他的收槍動作往往比出槍還快。」

儘管李嘉誠果斷收手，退出了塑膠業，但無論他後來的事業發展到如何龐大，獲得的盛譽有多少，他都永遠不會忘記從事塑膠花生產的那段歲月。

那是他開拓自己事業之初最艱辛的一段歲月，是塑膠花把他引入了輝煌事業的大門，給了他實現遠大抱負的信心，也使他的意志力得到了磨練。

李嘉誠在後來的創業中一直牢記這些經驗和教訓，使他的事業走向了更大的輝煌。

李嘉誠是靠一招鮮，贏得了事業的輝煌發展。如果他一直靠著一招鮮，那麼，今天可能就不是現在的樣子。他的成功就在於及時放棄了幫他成功的塑膠花產品，而選擇了另一種產業。

小利不爭，大利不放

生活中總有這樣的人，他們做事時一門心思只考慮不能便宜了別人，但卻忽視了於自己是否有利。不便宜別人就得自己吃虧，因此，不要怕便宜了別人，「便宜」別人又「得益」自己，何樂而不為呢？有時候，急於成功，反而會適得其反。

在收購「和記黃埔」大獲成功之後，李嘉誠並未沾沾自喜，他顯得異常平靜。在生意場上他講的是一個「和」字，李嘉誠是開明之人，處處以和為貴，尋找共同點，這一點非一般人所及。

「我一直奉行互惠精神。當然，大家在一方天空下發展，競爭兼併，不可避免。即使這樣，也不能拋掉以和為貴的態度。」

李嘉誠初入和記黃埔，出任執行董事時，在與董事會主席韋理及眾董事交談中，分明感到他們的話中含有這層意思：「我們不行，難道你就行嗎？」

李嘉誠是個喜歡聽反話的人，他特別關心喝彩聲中的「噓聲」，因為當時香港的英商華商，有人持這種觀點：「李嘉誠是靠滙豐的寵愛，才輕而易舉購得和記黃埔的，他未必就有管理好如此龐大老牌洋行的本事。」

當時英文《南華早報》和《虎報》的外籍記者，盯住沈弼窮追不捨：「為什麼要選擇李嘉誠接管和記黃埔？」

沈弼答道：「長江實業近年來成績頗佳，聲譽又好，而和記黃埔的業務自擺脫 1975 年的困境步入正軌後，現在已有一定的成就。滙豐在此時出售和記黃埔股份是理所當然的。」他還說：「滙豐銀行出售其在和記黃埔的股份，將有利於和記黃埔股東長遠的利益。我堅信長江實業會為和記黃埔未來的發展做出極其寶貴的貢獻。」

　　李嘉誠深感肩上擔子的沉重，深怕有負滙豐大班對自己的厚望。俗話說：「新官上任三把火。」但李嘉誠似乎一把火也沒燒起來。他是個毫無表現欲的人，只希望用實績來證明自己。

　　初入和記黃埔的李嘉誠只是執行董事，按常規，大股東完全可以凌駕於領薪水的董事局主席之上，但李嘉誠卻從未在韋理面前流露出「實質性老闆」的意思。李嘉誠作為控股權最大的股東，完全可以行使自己所控的股權，爭取董事局主席之位。但他並沒有這樣做，他的謙讓使眾董事與管理層對他敬重有加。

　　李嘉誠的退讓術，與古代道家的「無為而治」有異曲同工之妙。

　　按慣例，董事局應為他支付優厚的董事酬金，但李嘉誠堅辭不受。他為和記黃埔公差考察、待客應酬，都是自掏腰包，從不在和記黃埔財務上報帳。

　　能做到這一點的人，的確很少。更多人是利用自己的特權撈好處，在自己所控的幾家公司裡，能撈則撈，能宰則宰。小股東怨聲載道，開起股東年會來，就吵得天翻地覆。

　　由此可見，李嘉誠的精明，到了爐火純青的地步。他小利全讓，大利不放，取捨之間，張弛有度。

　　李嘉誠很快便獲得了眾董事和管理層的好感及信任。在決策會議上，李嘉誠總是以商量建議的口氣發言，實際上，他的建議就是決策 —— 眾人都會自然而然的信服他、傾向他。漸漸的，韋理大權旁落，李嘉誠未任主席兼總經理，實際就已開始主政。後來，在股東大會上，眾股東一致推選李嘉誠為董事局主席。

　　李嘉誠不在和記黃埔領取董事酬金，並非為博取好感，一時大方，而是

一貫如此。

李嘉誠出任 10 餘家公司的董事長或董事，但他把所有的酬金都歸入「長實」公司的帳上，自己全年只拿 5000 港幣。這還不及當時一名清潔工的年薪。

以 1980 年代中期的水準，像長實這種盈利狀況較好的大公司，僅一家公司的主席酬金就有數百萬港幣；進入 1990 年代，更遞增到 1000 萬港幣左右。李嘉誠 20 多年堅持只拿 5000 港幣，便意味著出讓了數以億計的個人利益。

不過，李嘉誠每年放棄數千萬酬金，卻贏得了公司眾股東的一致好感。愛屋及烏，他們自然也會信任「長實」股票。

李嘉誠是大股東和大戶，股票升值，得大利的當然是李嘉誠。有大眾股東的幫襯，「長實」股票自然會被抬高，「長實」市值必然大增，股民得到好處，李嘉誠欲辦大事，就很容易得到股東大會的通過。

對李嘉誠這樣的超級富豪來說，酬金當然算不上大數目。大數目是他所持股份所得的股息及增值。

1994 年 4 月至 1995 年 4 月，李嘉誠所持「長實」、生啤、新工股份，所得年息共計有 12.4 億港幣，這還尚未計算他的非經常性收入，以及海外股票的年息。不管怎麼說，在香港這個拜金若神、物欲橫流的商業社會裡，李嘉誠能不為眼前的利益所動，處處照顧股東和公司的利益，實在是難能可貴。

事實上，任何事情要想做好、做精，都需要有良好的心理素養，不為情緒所左右。武林高手不會輕易出手，軍中名帥不會一怒出師。精明的商人也是這樣，絕不會憑一時衝動而撒財使氣。只有這樣，才能把生意做到藝術的境界。

難怪有人說，長江實業最珍貴的財產就是李嘉誠。這就無怪乎香港人提到李嘉誠，多少帶有崇敬的意味。

樂享簡單的生活

一些人常常感嘆自己活得累，這其實是由於他們奢求的太多，不斷的給自己增加各種負擔，結果讓自己疲憊不堪，如果能試著放下一些東西，他們就會發現自己會變得更快樂。

據說上帝在創造蜈蚣時，並沒有為牠造腳，但牠可以爬得和蛇一樣快。有一天，牠看到羚羊、梅花鹿和其他有腳的動物都跑得比自己還快，心裡很不高興，便羨慕的說：「哼！腳越多，當然跑得越快。」

於是，牠向上帝禱告說：「上帝啊！我希望擁有比其他動物更多的腳。」

上帝答應了蜈蚣的請求。他把好多好多的腳放在蜈蚣面前，任憑牠自由取用。

蜈蚣迫不及待的拿起這些腳，一隻一隻的往身體裝上去，從頭一直裝到尾，直到再也沒有地方可貼了，牠才依依不捨的停止。

牠心滿意足的看著滿身是腳的自己，心中暗暗竊喜：「現在我可以像箭一樣的飛出去了！」

但是，等牠開始要跑步時，才發覺自己完全無法控制這些腳。這些腳劈里啪啦的各走各的，牠非得全神貫注，才能使一大堆腳不致互相絆跌而順利的往前走。

為此，想得到更多的蜈蚣很痛苦，但一點辦法也沒有，只能後悔當初不該奢求過多，給自己造成極大的負擔。生活的道理也是這樣的，只有簡單才

能快樂。

「只有簡單，才能快樂。」不奢求華屋美廈，不垂涎山珍海味，不追名逐利，不扮貴人相，過一種簡樸素淨的生活，才能感受生活的快樂，一些外在的財富也許不如人，但內心充實富有才是真正的生活。這才是自然的生活，有勞有逸，有工作著的樂趣，也有與家人共用天倫的溫馨，自由活動的閒暇，還用去忙裡偷閒嗎？

睿智的古人早就指出：「世味濃，不求忙而忙自至。」所謂「世味」，就是塵世生活中為許多人所追求的舒適的物質享受、為人欣羨的社會地位、顯赫的名聲等等。現代人追求「時髦」、「新潮」、「時尚」、「流行」，像被鞭子抽打的陀螺一樣忙碌 —— 或拼命打工，或投機鑽營，應酬、奔波、操心……很難再有輕鬆的躺在家中床上讀書的時間，也很難再有與三五朋友坐在一起的閒暇，忙得會忽略了自己孩子的生日，忙得沒有時間陪父母敘敘家常……

偉大的科學家法拉第，不僅為人類發現了電磁感應，還完成了由磁向電的轉化，發現了電磁定律和磁致旋光效應。為此，世界各國給予他 94 個名譽頭銜。但他並沒有為外物所役，而是堅持著自己的平民作風，簡單而快樂的活著，只求從自己的工作中獲取快樂。當英國宮廷想封他為爵士，給他加一個貴族的頭銜，使他永遠擺脫平民的身分時，宮廷每一次派人試探都遭到了他的拒絕。

1857 年英國皇家學會會長班特利勳爵辭職，皇家學會學術委員會一致認為，如果能請德高望重的法拉第教授出來繼任會長，那是再理想不過的了。學術委員會派法拉第的好友丁鐸爾和幾名代表勸說法拉第接受這個職位，因為這是一個英國科學家所能享受的最高榮譽。但法拉第並不追求榮譽。他對丁鐸爾說：「我是個普通人，到死我都將是個普普通通的麥可‧法拉第。現在

我來告訴你吧，如果我接受皇家學會希望加在我身上的榮譽，那麼我就不能保證自己的誠實和正直，連一年也保證不了。」丁鐸爾和代表們失望的走了。

過了幾年以後，皇家學院院長諾森伯公爵去世，學院理事會又想請法拉第出來當院長，法拉第又一次拒絕了朋友們的好意。

法拉第在他最後的日子裡，辭去了皇家學院的職務，住進了英國女王贈送給他終生居住的房子裡。他的忠誠的妻子陪伴在他的身邊，四隻蒼老的手常常握在一起，滿眼都是笑意，他感謝她，是她為自己付出了終生的辛勞，是她陪自己度過了那些最艱難的時刻，他們的愛情像一顆燃燒的鑽石，持續不斷的發出白熾無煙的耀眼的光華長達 46 年之久。他們結合的深度和力量，法拉第認為其重要性「遠遠超過其他事情」。

法拉第度過了自己十分有意義的一生，他對人生已不再留戀，但如果說法拉第還有什麼牽掛，那就是不放心妻子，因為他沒有給自己的妻子留下多少財產，又怕將來沒有人照顧她。也許，你會覺得法拉第傻的可以，自己為世界創造了那麼多財富，到最後卻還要為妻子的生活煩惱。事實上，他身後的所有事情根本無須負擔，因為他簡樸的一生，有價值的一生足可以讓自己的妻子在以後的日子裡幸福的活著，因為，他給妻子留下的是別人永遠都無法給予的快樂和慰藉。

「迴避」也是生活的藝術

1960 年代早期的美國，有一位很有才華、曾經做過大學校長的人，出馬競選美國中西部某州的議會議員。這位先生資歷很高，又精明能幹、博學多識，看起來很有希望贏得選舉的勝利。

　　但是，在選舉的中期，有一個很小的謠言散布開來：三四年前，在該州首府舉行的一次教育大會中，他跟一位年輕女教師「有那麼一點曖昧的行為」。這實在是一個彌天大謊，這位候選人對此感到非常憤怒，並盡力想要為自己辯解。由於按捺不住對這一惡毒謠言的怒火，在以後的每一次集會中，他都要站起來極力澄清事實，證明自己的清白。其實，大部分的選民根本沒有聽到過這件事，但是，現在人們卻越來越相信有那麼一回事，真是越抹越黑。大眾們振振有辭的反問：「如果他真是無辜的，他為什麼要百般的為自己狡辯呢？」如此火上加油，這位候選人的情緒變得更壞，也更加氣急敗壞的在各種場合為自己洗刷，譴責謠言的傳播。然而，這卻更使人們對謠言信以為真。最悲哀的是，連他的太太也開始相信謠言，夫妻之間的親密關係被破壞殆盡。最後他失敗了，從此一蹶不振。

　　螢幕硬漢阿諾・史瓦辛格競選州長時，也面對了各種刁難和中傷，可是他根本不去理會，不去應答那些無聊的責難。這反而增加了他在選民中的人格魅力，贏得了更多選民的信賴和支持，並最終獲得了大選的勝利。

　　競選是這樣，現實生活也是如此，自己想做什麼事，就一心一意去實現它。對出現的阻撓。不要介意，把它們當作生活中的瑣碎之事，暫時迴避一下，就會盡平浪靜，一切就會過去了。

人生需活用加減法

　　有人說過這樣的一句話：「年輕的時候，拼命想用『加法』過日子，一旦步入中年以後，反而比較喜歡用『減法』生活。」

　　所謂「加法」，指的是什麼都想要多、要大、要好。例如：錢賺得更多、

工作更好、職位更高、房子更大、車子更豪華等等；當進入中年之後，很多人反而會有一種迷惘的心態，花了半生的力氣去追逐這些東西，表面上看來，該有的差不多都有了，可是，自己並沒有變得更滿足、更快樂。

人生在不同的階段，需要的東西自然也會有變化。

每個人在來到這個世上時都是兩手空空，沒有任何東西，因此重要的事情也只是「吃喝拉撒睡」。

隨著歲月流逝人的年紀越來越大，生活也開始變得複雜。除了一大堆的責任、義務必須承擔之外，身邊擁有的東西也開始多了起來。

至此之後，便不斷的奔波、忙碌，肩上扛的責任也越來越重。而那些從各處弄來的東西都是需要空間存放的，因此，需要的空間也越來越大，當我們發現有了更多的空間之後，立刻毫不遲疑的又塞進新的物品。當然，累積的責任、承諾以及所有要做的事也不斷的增加。

曾有這麼一個比喻：「我們所累積的東西，就好像是阿米巴變形蟲分裂的過程一樣，不停的製造、繁殖，從不曾間斷過。」那些不斷增多的物品、工作、責任、人際、財務占據了你全部的空間和時間，許多人每天忙著應付這些事情，累得早已喘不過氣，幾乎耗掉半條命，每天甚至連吃飯、喝水、睡覺的時間都沒有，也沒有足夠的空間活著。

拼命用「加法」的結果，就是把一個人逼到生活失調、精神瀕臨錯亂的地步。這是你想要過的日子嗎？

這時候，就應該運用「減法」了！

這就好像參加一趟旅行，當一個人帶了太多的行李上路，在尚未到達目的地之前，就已經把自己弄得筋疲力盡。唯一可行的方法，是為自己減輕壓力，就如同將多餘的行李扔掉一樣。

著名的心理大師容格曾這樣形容，一個人步入中年，就等於是走到「人生的下午」，這時既可以回顧過去，又可以展望未來。在下午的時候，就應該回頭檢查早上出發時所帶的東西究竟還合不合用？有些東西是不是該丟棄了？

理由很簡單，因為「我們不能照著上午的計畫來過下午的人生。早晨美好的事物，到了傍晚可能顯得微不足道；早晨的真理，到了傍晚可能已經變成謊言」。

或許你過去已成功的走過早晨，但是，當你用同樣的方式度過下午，你會發現生命變得不堪負荷，窒礙難行，這就是該丟東西的時候了！

用「加法」不斷的累積，已不再是遊戲規則。用「減法」的意義，則在於重新評估、重新發現、重新安排、重新決定你的人生優先順序。你會發現，在接下來的旅途中，因為用了「減法」，負擔減輕，不再需要背負沉重的行李，你終於可以自在的輕鬆上路了！

人生不必太好勝

做人沒有必要總是爭強好勝。凡事爭足了面子，占盡了風頭。最後只會讓自己落得個一無所有的下場。這就如同你手裡的一捧沙子。你抓得越緊，沙子就從指縫間漏得越快。

曾經有這樣一個故事。一位顧客到茶室用茶。當他把檸檬與牛奶同時放入紅茶中時，發現牛奶結塊了。於是，衝著服務小姐大喊。

「小姐！你過來！你過來！看看！你們的牛奶是壞的，把我一杯紅茶都糟蹋了！」

「真對不起！」服務小姐充滿歉疚的笑道，「我立刻給您換一杯。」

新紅茶很快就端上來了，碟邊跟前一杯一樣，放著新鮮的檸檬和牛奶。小姐輕聲的告訴顧客說：「我是不是能建議您，如果放檸檬，就不要加牛奶，因為有時候檸檬酸會造成牛奶結塊。」這位顧客的臉一下子紅了，他匆匆喝完茶就離開了。

不一會，有人笑問服務小姐：「明明是他的錯，你為什麼不直說呢？他那麼粗魯的叫你，你為什麼不還以一點顏色？」

「正因為他粗魯，因此要用婉轉的方式對待；正因為道理一說就明白，因此用不著大聲！」小姐說，「理不直的人，常用氣壯來壓人。理直的人，要用氣『和』來交朋友！」生活中，類似這樣的事常有，你若真的總是認真的和對方計較個明白。到最後也不一定真的可以讓自己占了上風。因此，遇事可以不必太認真。在大是大非問題上知道什麼是該做的，什麼是不該做的，符合生活的尺度和準則就可以了。那些雞毛蒜皮的小事，我們大可不必計較太多。忍一忍，裝一裝糊塗，反而會避免許多麻煩。

大凡世上的無謂爭端多起於小事，一時不能忍，鑄成大禍，不僅傷人，而且害己，這是匹夫之勇。凡事能忍者，不是英雄，至少也是達士；而凡事不能忍者縱然有點愚勇，終歸是城府太淺。所謂「小不忍則亂大謀」就指這個意思。

忍耐並非懦弱，而是於從容之中靜觀或蔑視對方。唐朝的婁師德，是世家公子，祖上歷代都做大官。他弟弟到代州去當太守。他囑咐說：「我們婁家屢世為官，澤及你我，因此難免故人說道。你出去做官，要認清這一點，遇事要能忍耐。」他弟弟說：「這我懂得，就是有人把口水唾到我臉上，我也自己擦掉算了。」婁師德說：「這樣還不行。」弟弟又說：「那就讓它在臉上自己

乾。」婁師德說：「這才對了。」

　　忍耐是一種難得糊塗的素養，它需要健康的心理。這種糊塗不是誰都能做到的，也不是誰都能學會的。做到了，萬物皆備於我；學會了，人格就被提升。婁師德教誨他的弟弟「唾面自乾」，實在是忍耐毅力的展開和情性的張揚。

　　無論是民族還是個人，生存的時間越長，忍耐的功夫就越深。生活在世上，要成就一番事業，誰都難免經受一段忍辱負重的曲折歷程。因此，忍辱幾乎是有所作為的必然代價，能不能忍受則是偉人與凡人之間的區別。韓信受辱胯下，張良獻履橋端，難道他們就真的可以無視自己的自尊嗎？不是，是因為他們有難得糊塗的勇氣，忍人之所不能忍，糊塗他人之不能糊塗，因此可成大業。做人就該有一點糊塗的時候，不必凡事都要爭強好勝，占盡風頭。

學會遺忘

　　人生幾十年，我們在成長和生活工作中，發生了許許多多的事情，無論痛苦還是美好，無論我們是否願意。但是，我們總不能把所有的經歷都記憶在心中，這個時候，我們會發現，上天教會我們了「遺忘」。只是我們過度強調「記憶」的好處，卻忽略了「遺忘」的功能與必要性。生活中，許多事需要你記憶，同樣也有許多事需要你遺忘掉。

　　比如：你失戀了，總不能一直溺陷在憂鬱與消沉的情境裡，必須盡快遺忘；股票失利，損失了不少金錢，心情苦悶提不起精神。你也只有嘗試著遺忘；期待已久的職位升遷，人事令發布後竟然沒有你，情緒之低可想而知。

解決之道別無他法 —— 只有勉強自己遺忘。

只有遺忘了那些不快，才會更好的前進。

然而，想要遺忘卻不是想像中那麼容易。遺忘是需要時間的，如果你連「想要遺忘」的意願都沒有，那麼，時間也無能為力。

一般人往往很容易遺忘歡樂的時光，對於不快的經歷卻常常記起，這是對遺忘的一種抗拒。換言之，人們習慣於淡忘生命中美好的一切；但對於痛苦的記憶，卻總是銘記在心。就如你吃過了糖會很快忘記甜，吃過了黃連卻口有餘苦。

的確，很多人無論是待人或處事，很少檢討自己的缺點，總是記得「對方的不是」以及「自己的欲求」。其實到頭來，還是很少如願 —— 因為，每個人的心態正彼此相剋。

反之，如果這個社會中的每個人，都能夠試圖將對方的不是及自己的欲求盡量遺忘，多多檢討自己並改善自己，那麼，彼此之間將會產生良性的互補作用，這也才是每個人希望達到的。

美國有這樣一個故事：有一次，一位女士給了一個朋友三條緞帶，希望他也能送給別人。這位朋友自己留了一條，送給他不苟言笑、事事挑剔的上司兩條，因為他覺得由於上司的嚴厲使他多學到許多東西，同時他還希望他的上司能拿去送給另外一個影響他生命的人。

他的上司非常驚訝，因為所有的員工一向對他敬而遠之。他知道自己的人緣很差，沒想到還有人會感念他嚴苛的態度，把它當作是正面的影響而向他致謝，這使他的心頓時柔軟起來。

這個上司一個下午都若有所思的坐在辦公室裡，而後他提早下班回家，把那條緞帶給了他正值青春期的兒子。他們父子關係一向不好，平時他忙

著公務，不太顧家，對兒子也只有責備，很少讚賞。那天他懷著一顆歉疚的心，把緞帶給了兒子，同時為自己一向的態度道歉，他告訴兒子，其實他的存在給做父親的他帶來無限的喜悅與驕傲，儘管他從未稱讚他，也少有時間與他相處，但是他是十分愛他的，也以他為榮。

　　當他說完了這些話，兒子竟然號啕大哭。他對父親說：他以為他父親一點也不在乎他，他覺得人生一點價值都沒有，父親不喜歡自己，恨自己不能討父親的歡心，正準備以自殺來結束痛苦的一生，沒想到他父親的一番言語，打開了心結，也救了他一條性命。這位父親嚇得出了一身冷汗，自己差點失去了獨生的兒子而不自知。從此這位上司改變了自己的態度，調整了生活的重心，也重建了親子關係，加強了兒子對自己的信心。就這樣，整個家庭因為一條小小的緞帶而徹底改觀。送人以緞帶，證明你已遺忘了相處中所受的那些委屈和責難，憶起別人給你的快樂和益處。而受你緞帶者卻更能被你感動，看到你的心靈之美，愛你，助你。學會遺忘，拾起那根緞帶送給讓你受傷的那個人，他將回報你一片燦爛的陽光。

放下嫉妒，做好自己

　　人與人之間，就怕相互比較，比較就容易發現差距和不足。有些人暗下決心，以成功者為榜樣，發憤圖強，有些人卻心懷妒忌和怨恨，嫉恨他人比自己好。可是，別人真的比自己好嗎？或者他們比自己有錢、有權、有地位，可是這些，就可以證明他們比自己好嗎？幸福，並不是一定與，權錢和物質相連的。幸福只是一種感覺，是自我對擁有的生活的滿意度、認可度。很多時候，富人未必感覺比窮人幸福。

　　表面的風光，能代表的僅是他符合社會成功標準的能力，但代表不了他的幸福指數。因此，你沒必要嫉妒任何人。沒有人的一生是一帆風順的，沒有人的成功是一蹴而就的，沒有人是完全沒有苦、沒有痛，完全幸福的。哪怕是小溪，也有起浪的時候。誰不會在人前裝得光鮮，裝得堅強，裝得幸福，裝得成功呢？誰不是把自己最好的一面展示給別人呢？如此聰明的現代人，誰還會去扮演祥林嫂的角色？既然如此，又有什麼值得你嫉妒的呢？

　　再說，就算是別人真比自己好，你嫉有何用？妒有何益？別人的終究是別人的，無論怎樣都成不了自己的。沒有人可以隨隨便便就成功，他的輝煌是用他的汗水澆灌出來的。就算他是蔭於祖輩，用佛家的話來說也自有他的因果輪迴。你所要做的就是努力做好自己，使自己一步步接近目標。

　　如果一個人的心中充滿了嫉妒，那麼這個社會上永遠不會缺少讓他嫉妒的對象。因為人外有人，天外有天，永遠有他達不到的高度和得不到的美好。善於嫉妒別人的人，看不到自己擁有之珍貴，只看到別人的成就和風光。不思量如何進取拚搏，以求縮短差距，而是幻想祈禱著那個（些）人忽然倒楣，好讓他獲得心理平衡；或者使盡手段力圖打擊對方，十足的小人心理。善於嫉妒別人的人，整天陷在別人成功的陰影裡，或者成天琢磨著心事，對身邊的美好視而不見，他眼裡的世界全是別人的光彩和自己的卑微、不甘，心之陰暗，可憐可嘆更可悲！嫉妒唯一的結果就是打擊自己的自信，摧毀自己擁有的美好，百害而無一利，損人更不利己。

　　嫉妒就如同一隻蒼蠅，經過身體的一切健康部分，而停止在創傷的地方。嫉妒是一種恨，這種「恨」使人對他人的幸福感到痛苦，對他人的災殃感到快樂。有嫉妒心的人，自己不能完成偉大事業，便盡量去詆毀他人的偉大，貶抑他人的偉大性使之與自己相齊。放下你的嫉妒，輕裝上陣，你會發

現，越放下越輕鬆！

　　倘若你產生了嫉妒的心理，也用不著太緊張，因為嫉妒是可以化解的，只要你把自己的生命放到歷史的高度來認識，不圖一時的痛快，不圖一時的宣洩，人生自有定論。放下嫉妒的包袱，繼續趕路，你會發覺自己的步子輕鬆而愉悅。因為寬容。你會心安，因為大度，你會無愧，這樣的人生才會充滿魅力，這個世界也會因此而更加美麗。放下嫉妒。你想要什麼就努力的去爭取。唯有如此，才能成就自己的成功，完善自己的幸福。放下自卑，向成功邁進。

第七章　學會寬容與包容，樂享健康快樂

　　寬容可以超越一切，因為寬容包含著人類善良美好的心靈，因為寬容需要一顆博大、寬廣的心。而缺乏寬容，將使一個人從偉大墮落為比平凡還不如。

做人要有寬容的心態

　　所謂寬容的心態，就是以寬闊的胸懷和包容的心態，去面對各種人和事。寬容本身包含著謙遜。古人說，滿招損，謙受益。一個人如果不能虛懷若谷，就不能有效的吸納有益於自身發展的精神食糧，只有具備海納百川，有容乃大的心態，我們才能學習他人的長處，彌補自身上的短處，充實、拓展、成就自我。寬容不僅是一種與人和諧相處的素養，一種時代崇尚的品德，更是吸納他人長處、充實自我價值的良好思維素養。

　　「宰相肚裡能撐船」，既然要做一個能位於一人之下，萬人之上的人，必須具備一個強大的基礎，那就是有一顆和常人不一樣的寬容之心。一個人要想成功，只有處處多為別人著想，將心比心，設身處地，寬容別人，這樣才會得到更多的人理解和支持，夢想才會更容易實現。在現代社會中試想一下，在談判桌上，每一方都互不相讓，無法寬容對方，都想贏得更多的利益和實惠，結果往往會造成僵持，甚至不歡而散的局面。針對一個與你觀點不一致，或者你認為是與你唱反調，不配合你的人，哪怕他是一位「作惡多端」的人，只要你對他擁有一顆寬容善待的心，若能加以正確引導和啟發，則往往會使他「化敵為友」，說不定還會成為你成功道路上的知己和夥伴。

　　因為你應該明白：一味敵視別人或不能原諒別人，實際上你是能不原諒自己，在給你自己製造煩惱，傷害了別人，同樣也傷害了自己。

　　家庭生活中如此，社會工作、交際現實更是如此。世界上的人和事，各有各的妙用，任何事物都可以活用，都可以協調。俗話說：人上一百，形形色色；樹林子一大，什麼鳥都有。彼此的和諧生活就需要彼此都擁有寬容的心態，堅持自己的個性，也承認他人的脾氣。一位公共關係專家告訴我們：

「面對千差萬別的現實世界，寬容是我們現代人適應時代社會的必備素養，是我們的必然選擇。對於所謂的『異己』，在不涉及大是大非的前提下，打擊、貶抑、排斥就是置之死地而後快的行徑，你沒有那般本事做，只有徒添煩惱；而是應當學會寬宥、包容、讚美和與其和諧相處。只要你生存在這個世上，你就沒有辦法逃避如何對待『異己』的問題。寬容心態的培養，主要在於，把自己看作是一個平凡的人，把自己看做是社會中的一分子，想到能與他人相處共事是一種幸福的緣分，盡力消除自我中心自私的心理傾向，對世界心存感激，念及他人的優點和好處，你的寬容心的波長和別人的波長就會一致。只有透過這種心的『廣播電台』，你才能和別人交換資訊和意見，並化敵為友，增添你人生中很多的朋友和夥伴。」

寬容別人即寬容自己

你的寬容和愛心的人生感情只要肯付出給別人，也終究會回報自己。寬容別人，實際上是為了得到別人對你更多的寬容。

相容原則是商界人際關係中一條十分重要的原則。你與其他同事之間能不能處理好關係，能不能和平共處，能不能避免衝突，基本上取決於你的相容性如何。

相容性包含以下三層涵義：

(1)　是心胸寬廣：心胸寬廣的人豁達，開朗，大事清楚，小事糊塗，把主要精力放在大事情上，不斤斤計較，不會為一點雞毛蒜皮的小事而大傷腦筋，更不會做損人利己或損人不利己的事。因此，其情緒總是積極樂觀的。

(2)　是待人寬容：對人寬容的人能夠容忍別人的缺點和不足，能體諒別人的失誤，能接納別人，尊重別人，把對方作為一個整體系統來看；不去批評別人、指責別人，更不會去誹謗別人。

(3)　是忍耐性強：忍耐性強的人能夠控制自己的脾氣，善於忍耐，對別人的無禮和攻擊不計較，不因一點小事跟別人爭吵。古語云：「小不忍則亂大謀。」在小事情上不能忍耐的人，缺乏涵養，容不得別人細微的嘲笑、譏諷，從而造成人際關係破裂。

正是因為相容包含著以上三方面的內涵，因此它是同事之間相處應該遵循的一個極為重要的原則。能不能做到相容，直接關係到你人際關係的好壞。

不具有相容性的職員在平時工作中最易導致同其他職員的爭執和爭論。而一旦出現這種場面的最終結果是：任何人都贏不了爭論，只能使雙方比以前更加相信自己是絕對正確的。有人也許會很不理解：「只要我占理，怎麼會贏不了爭論呢？」試想一下：要是輸了，當然你就輸了；要是你認為贏了，也是一樣輸了。就算是你表面看上去是個勝利者，對方的觀點被你駁得千瘡百孔，證明他一無是處，那又能怎樣？你或許會為此而一時洋洋得意，但雙方都任職於一家公司，低頭不見抬頭見，多麼難堪的場面！況且只因圖一時口舌之快，你又多樹一個強敵。而他呢，你使他自慚，在其他同事面前丟了面子，傷了他的自尊心，他絕對會對你產生忌恨的。

「一個人雖然口服，但心裡服不了，因此從爭論中獲勝的唯一祕訣就是避免爭論」。

在這個問題上，以下幾點建議有助於你避免同其他同事產生無謂的爭論，從而建立良好的人際關係：

1. 虛心接受不同的意見

聽到不同意見往往是你避免重大錯誤的最好時機，一個人考慮問題往往不周到，這時聽一下別人的不同意見，或許會達到意想不到的作用。請記住：不同的意見，恰恰是你沒想到的。

2. 不要輕易相信自己的直覺

所謂直覺也就是第一感覺。當別人提出不同意見的時候，人們的第一反應是自衛，即保護自己的想法和自尊心。這種自衛常常缺乏科學性，並在同事的眼裡留下個狂妄自大、氣量短淺、聽不得不同意見的印象，更談不上有自我批評的精神了。

3. 控制自己，別亂發脾氣

在這點上你必須明白的是：發脾氣根本不能幫你解決任何問題，相反這樣只能激怒對方，加劇雙方的防衛和對抗。如果你和同事之間造成這種局面，是無法正常工作的，其他的就更談不上了。

4. 先聽為上

人緣關係再好的職員，在公司裡都會有反對派。一旦對立派有所舉動，你切不可立即做出反應，而是應給反對者有個說話的機會，讓他把話講完，不要拒絕或爭辯。否則，只會增加彼此溝通的障礙。只有先聽，聽到對方的意見、指責後，才能發現問題所在，才有可能溝通，不聽也就失去了溝通的基礎和依據。

5. 尋找你同意的地方

當你聽完反對者的陳述後，要先看哪些是你同意的地方，努力去尋找共同點。有了共同語言，溝通起來也就容易多了，你和你的反對者之間就有可能成達共識，化干戈為玉帛。

6. 誠實的自我批評

當你發現自己錯了，就不要再掩蓋自己的錯誤，要誠實而虛心承認。這樣的做法，不僅可以樹立起自己知錯就改的強者形象，還有利於解除反對者的武裝，減少他們的自衛心理。

7. 同意仔細考慮反對者的意見

同意是出於真心。如果有朝一日反對者對你說：「我早就告訴你了，你就是不聽。」那時你就難堪了。如果他說錯了，你不必指責，他非但不會聽你的，還會被你傷了自尊心，導致人際關係更為緊張。

8. 為反對者關心你的事情而真誠的感謝他們

肯花時間表達不同意見的同事，必然和你一樣對同一事情表示極大的關心，這說明你倆人有共同的興趣。因此，與其把他看做「敵人」，不如看做志同道合的朋友，齊肩並進。

9. 延緩採取行動

這樣雙方都有時間把問題考慮清楚。要學會反覆問自己：「反對者的意見可不可能是對的？」、「我的反應是否有助於解決問題？」等等。在經過這樣

的判斷之後再做出決定，這是比較成熟的表現。

　　能熟練應用以上九點的職場人士，在公司裡能遊刃有餘地處理好同事關係，因為他能化敵為友，極盡可能消除對立面。

生活中寬容的力量

　　阿拉伯著名作家阿里，有一次和吉伯、馬沙兩位朋友一起去旅行。3人行經一處山谷時，馬沙失足滑落，幸而吉伯拼命拉他，才將他救起。馬沙於是在附近的大石頭上刻下了：「某年某月某日，吉伯救了馬沙一命。」

　　3人繼續走了幾天，來到一處河邊，吉伯和馬沙為了一件小事吵起來，吉伯一氣之下打了馬沙一個耳光。馬沙跑到沙灘上寫下：「某年某月某日，吉伯打了馬沙一個耳光。」

　　當他們旅遊回來之後，阿里好奇的問馬沙為什麼要把吉伯救他的事刻在石上，將吉伯打他的事寫在沙上。馬沙回答：「我永遠都感激吉伯救我，至於他打我的事，我會隨著沙灘上字跡的消失，將其忘得一乾二淨。」

　　生活中慷慨的行為總是難以得到真誠的感恩。事實上，我們每個人每天的生活都依賴他人的奉獻，只是很少有人會想到這一點。記住別人對我們的恩惠，洗去我們對別人的怨恨，在人生的旅程中才能自由翱翔。學學上文中那個智者的樣子，將不值得銘記的事情統統交給沙灘吧。漲潮的時候，海水會捲走那些不快，伴隨著新一輪朝日誕生的，是你無憂的笑臉無瑕的心。

　　孔子說：「君子坦蕩蕩，小人常戚戚。」心胸平坦寬蕩，心寬體胖，才能寢食無憂，與人交而無怨，是做人寬容的處世藝術。有諺語說：「月過十五光明少，人到中年萬事和。」其中「和」字的確意味深長，它能容事容人，故可

致樂致祥。人生本不必過於苛人苛己，得寬容處且寬容，何苦雙眉擰成繩。寬容不僅是人與人之間交往的一種藝術，也是立身處世的一種態度，更是一種人格的涵養。寬以待人，不僅可以消災彌禍，還可以遠避羞辱。如果自己沒做錯什麼，別人侮辱自己，那與己無關，不算是真正的侮辱；如果自己做錯了什麼，別人侮辱了自己，那是自取其辱，就更應該寬容別人。

寬容他人對自己的反感

也許沒有人能夠贏得所有人的好感，因為我們無法改變他人對我們的成見和看法。面對各種非議和反感，我們要用寬容之心來對待，這樣，你就會得到解脫，甚至能快樂起來，改變這種窘迫的境地。以職場為例，剛走上工作職位的職場紅人，都應該注意與上司相處的問題。

剛進入職場的成大事者逐漸熟悉情況，適應工作，並融入既定的人際關係網路的一個關鍵性時期。如果你做得得體、適當，便會很快被所在公司的上司和同事所接受，成為他們的人，從而為你施展自己的才華鋪平了道路。而如果你做的有失策略，則會給人留下不好的印象，為既定的組織所排斥，那你工作起來自然就不會很順心了。

這裡，我們將向那些剛走上工作職位或即將走上工作職位的成大事者，提出一些忠告和建議，以便使他們能汲取前人的經驗教訓，少走彎路，盡快的適應新的工作環境，做出成績並能處理好與上級的關係。

被稱之為全世界最偉大的礦務工程師的哈曼，他畢生的事蹟，每一則對我們都很有啟發意義。現在我們就舉一個當年他找尋第一份職業的故事。

哈曼是耶魯大學畢業的學生，而後又在德國的菲萊堡研讀三年。學成後

歸國，開始謀求他的第一個職業。於是，哈曼就找到當時美國西部的大礦產業主哈斯特先生。哈曼運用了一個小計謀，終於使自己得到了這項工作。

據福貝恩說：「哈斯特是個性情執拗，重視實際的人。他一向不信任那些斯文秀氣專講述理論的礦務工程師。因此，這位執拗粗暴的哈斯特便對哈曼說：『我不錄用你，只因為你曾在菲萊堡研究過，腦子裡滿是一些幼稚的理論。我可不需要文質彬彬的工程師！』於是，哈曼就回答說：『如果你答應不告知我的父親，我想向你說句實話。』哈斯特爽快的答應了。哈曼便說：『其實，我在菲萊堡一點學問都沒學到。』結果，哈斯特大笑著說：『好！很好！你明天就來上班吧！』」

哈曼是如何使一位非常執拗的人，輕易的讓他達到目的？原來，他只運用了一個非常平凡的計謀而已，就是大家所謂的「稍微讓步」這種計策。

如何應付一些意外的反對意見之最佳決策，就是靜聽他人的陳訴，以表示雖然我們並不苟同，但亦能尊重你的見解。

然而，在某種情況下，我們的策略又得更深一層：有些反對的意見。我仍必須採取自動退讓的方法，否則便難以遏止。心中多慮、機警的人，在應付反對意見之時，總會盡量的主動讓步。凡有爭執產生的時候，他們的心裡總想著：如果稍微讓步，應該不會有何大礙吧？

許多人對於自以為是的論點，總要堅持己見，不肯妥協。但是，那些自以為是的論點，對他人而言，常常是無關緊要的論調而已。正如，哈曼從哈斯特的口中了解他有所偏見一樣。通常上司只需要他人能尊重他的意見，維持他的「自尊心」罷了。

當羅斯福繼麥金萊而就任美國總統之後，他的老友弗萊齊到華府拜謁他。而後弗萊齊自述他到總統的府邸謁見羅斯福的情形：「我那位老友站著向

我微笑，把手搭在我肩上，說：『你需要什麼？』當他問我此話時，哈哈大笑起來。但是，我覺得他這一笑是為了掩飾一些厭惡。或許我不是唯一急於躋身政治生涯的人……因此，我也笑著表示，我並不需要什麼。他顯然寬心多了，說道：『怎麼可能！你是這班人中唯一的人才，其他人不是做官升遷，就是入了監獄。』當時我認為，我到此拜謁已令他十分高興了。雖然我知道我時刻都可獲得一個好差事，但是，我認為假如我能無求於他就告辭了，那麼，我與羅斯福的交情將會更進一層。因此，我就此告退了。我帶著一本西班牙文的自修字典，回到家中開始準備外交的職務。大約一年之後，我從報紙上看到一則要派遣一位美國的第一公使前往古巴哈瓦那的公告。這是一個非常有利的機會，我一向對古巴頗為熟悉，而且我一直在研讀西班牙文，我認為我早已非常熟悉那個地方了，其餘的事情就更容易，我只需再到華府，把我的衷心希望及以往的研究告訴羅斯福即可。果然我的目的實現了。」

這就是弗萊齊之因此能出任古巴公使，繼而得以展開他歷久且光輝的外交事業的緣故，也是他用以毛遂自薦的另一種方式。當初，他感到羅斯福的心中隱約藏有一份莫名的反感，於是，立即伺機引退，以等待另一個時機。這就是他於日後自我推薦得以成功的妙策。而他只帶著一本西班牙文的字典回去自修，準備外交上的事務，也就是他順利的擔任古巴公使的基礎。

由於時機不宜，上司表現得有抗拒、反感之意，這類的障礙是時有之事。然而，遇有此種障礙之時，有遠見的下屬必定立即設法迴避。在許多事件中，能夠稍微的退讓一步，反倒是使他達到真正的需求和興趣的妙策。

弗萊齊說：「我不願意做別人也想做的事情，但是，我常參照別人的方法去完成我想做的事情。」這句話正是我們所謂的「讓步」訣竅的最好的詮釋了。

領導人物的最終目的，是在於引發他人自願的臣服於他們，以達到合作愉快的境界。當然，對方所引起的偶爾反感，均可能造成不悅的摩擦。但是，他們都了解這點，假若執意的藐視對方的抗議，即使一時勝利了，而所得的成就仍是極為微薄。

想要取得上司的認同，最好的方法，就要懂得如何站在上司的立場，為上司著想。自己所堅持或是爭取的事情，如果也保障上司的權益，當然就容易取得上司的認同。

在這個世界上，任何一件事情都是相輔相成的，因此就要換位思考，如果換作是我，在什麼樣的情況之下我才會被認同？只有在上司的支持下，一切事情才有可能在良性循環的軌道上順利進行。

寬容朋友射向自己的黑槍

這是一個讓人靈魂震撼的故事。第二次世界大戰期間，一支部隊在森林中與敵軍相遇，經過一場激戰後，有兩名來自同一個小鎮的士兵與部隊失去了聯繫。他們倆相互鼓勵，相互寬慰，在森林裡艱難跋涉。十多天過去了，仍然沒有與部隊聯繫上。他們靠身上僅有的一點鹿肉維持生存。再經過一場激戰，他們巧妙的避開了敵人。剛剛脫險，走在後面的士兵竟然向走在前面的士兵安德森開了槍。

子彈打在安德森的肩膀上。開槍的士兵害怕得語無倫次，他抱著安德森淚流滿面，嘴裡一直說著自己母親的名字。安德森碰到開槍的士兵發熱的槍管，怎麼也不明白自己的戰友會向自己開槍。但當天晚上，安德森就寬容了他的戰友。

後來他們都被部隊救了出來。此後 30 年，安德森假裝不知道此事，也從不向人提及。

安德森後來在回憶起這件事時說：戰爭太殘酷了，我知道向我開槍的就是我的戰友，知道他是想獨吞我身上的鹿肉，知道他想為了他的母親而活下來。直到我陪他去祭奠他的母親的那天，他跪下來求我原諒，我沒有讓他說下去，而且從心裡真正寬容了他，我們又做了幾十年的好朋友。

在牛津英文字典裡，「寬容」的意思是原諒和同情那個受自己支配且無權要求寬大的人。

安德森在得知自己的戰友對自己開了黑槍之後，完全可以報復他，將他置於死地，或者在日後的法庭上控訴凶手。

但安德森竟然從戰爭對人性的扭曲、人求生存求團圓的天性上原諒了他的戰友，依然與曾經想殺害自己的人做了一生一世的朋友。

寬容者原諒了別人時，他也得到一個輕鬆的自我 —— 沒有抱負，自在上路。

寬容能獲得巨大的財富

在現代社會，人們為了競爭和利益，通常是你死我活各不相讓，寬容似乎很少為人提及了，然而，對成大事者的那種寬容心的培育卻是獲得財富和幸福為核心內容。莎士比亞之因此被稱為最偉大的仁者，就在於寬容。在莎士比亞的 36 部戲劇中，「寬容」一詞在 33 部中共出現了 94 次。從莎士比亞的作品中。我們能夠清晰的辨別出，莎士比亞幾乎對所有的生物（不管是人還是動物）都無限的寬容。

《聖經》上一個故事說，有個人招待了一群客人，等客人離去，才發現他們原來是上帝派來的使者。從此做父母的就教導孩子們說，碰到衣衫破爛或長相醜陋的人，切不可怠慢，而要幫助他，因為他可能是天上的仙人。這種故事生活中真能發生。

一個陰雨密布的午後，大雨突然間傾瀉而下，行人紛紛逃進就近的店鋪躲雨。這時，一位渾身溼淋淋的老婦人，步履蹣跚的走進費城百貨商店。看著她狼狽的姿容和簡樸的衣裙，所有的售貨員都對她不理不睬。

只有一個年輕人熱情的對她說：「夫人，我能為您做點什麼嗎？」老婦人莞爾一笑：「不用了，我就在這裡躲會雨，馬上就走。」但是，她的臉上明顯露出不安的神色，因為雨水不斷的從她的腳邊淌到門口的地毯上。

正當她無所適從時，那個小夥子又走過來說：「夫人，您一定有點累，我給您搬了一把椅子放在門口，您坐著休息就是了。」兩個小時後，雨過天晴，老婦人向那個年輕人道了謝，並隨意的向他要了張名片，就顫巍巍的走了出去。

幾個月後，費城百貨公司的總經理詹姆斯收到一封信，寫信人指名要求這位年輕人前往蘇格蘭收取裝潢一整座城堡的訂單，並讓他負責自己家族所屬的幾個大公司下一季度辦公用品的採購任務。詹姆斯震驚不已，匆匆一算，只這一封信帶來的利益，就相當於他們公司兩年的利潤總和。

當他以最快的速度與寫信人取得聯繫後，才知道這封信是一位老婦所寫，就是幾個月前曾在自己商店躲雨的那位老太太 —— 而她正是美國億萬富翁「鋼鐵大王」卡內基的母親。

詹姆斯馬上把這位叫菲利的年輕人推薦到公司董事會。毫無疑問，當菲利收拾好行李準備去蘇格蘭時。他已經是這家百貨公司的合夥人了。

那年，菲利才 22 歲。

不久，菲利應邀加盟到卡內基的麾下。隨後的幾年中，菲利以他一貫的踏實和誠懇，成為「鋼鐵大王」卡內基的左膀右臂，在事業上扶搖直上、飛黃騰達，成為美國鋼鐵行業僅次於卡內基的靈魂人物。

不管這個故事的真假已沒有任何意義，但它表述的道理卻千真萬確：要想獲得，就必須先給予；而最難得的，是那種不求回報的給予，因為它是以愛和寬容為基礎。

就是這麼簡單的道理，與別人為善，就是與自己為善，與別人過不去，就是和自己過不去。

寬容避免致命的誤解

如果你具備了寬容的能力和習慣，時時刻刻先替他人考慮一下，致命的誤解將是可以避免的。

早年在美國阿拉斯加某個地方，有一對年輕人結婚了。但婚後生育時太太因難產而死，留下一個孩子。小夥子又忙生活又忙事業，因沒有人幫忙看孩子，他就訓練了一隻狗，那狗聰明聽話，能照顧小孩，咬著奶瓶餵奶給孩子喝，撫養孩子。

有一天，主人出門去了，叫牠照顧孩子。

他到了別的鄉村，因遇大雪，當日不能回來。第二天才趕回家，狗立即聞聲出來迎接主人。他把房門打開一看，到處是血，抬頭一望，床上也是血，孩子不見了，狗在身邊，滿口也是血，主人發現這種情形，以為狗性發作，把孩子吃掉了。主人大怒之下，拿起刀來向著狗頭一劈，把狗殺死了。

之後，他忽然聽到孩子的聲音，又見孩子從床下爬了出來，於是抱起孩子；雖然孩子身上有血，但並未受傷。

他很奇怪，不知究竟是怎麼一回事，再看看狗，腿上的肉沒有了，旁邊有一隻死狼，口裡還咬著狗的肉。狗救了小主人，卻被主人誤殺了，這真是天下最令人驚奇的誤會。

誤會的事，往往是人在不了解真相、無理智、無耐心、缺少思考、未能體諒對方、反省自己的情況之下發生。誤會一開始，即一直只想到對方的千錯萬錯，誤會越陷越深，弄到不可收拾的地步。人對無知的動物小狗發生誤會，而且會有如此可怕嚴重的後果，人與人之間的誤會，則其後果更是難以想像。

從容看待世事沉浮

時間有驚喜也有驚愕，有繁榮也有危機。看透了一切起起伏伏，也就從容了心態，也就釋然了人生。

尤利烏斯是一個畫家，而且是一個很不錯的畫家。他畫快樂的世界，因為他自己就是一個很快樂的人。不過沒人買他的畫，因此他想起來會有些傷感，但只是一會兒。

「玩玩足球彩券吧！」他的朋友勸他，「只花兩馬克就可以贏得很多錢。」

於是尤利烏斯花兩馬克買了一張彩券，並真的中大獎！他賺了50萬馬克。

「你瞧！」他的明友時他說，「你真是走運啊！現在你還經常畫畫嗎？」

「我現在就只畫支票上的數字！」尤利烏斯笑道。

尤利烏斯買了一幢別墅並對它進行了一番裝潢。他很有品位，買了很多東西：阿富汗地毯，維也納櫃櫥，佛羅倫斯小桌，邁森瓷器，還有古老的威尼斯吊燈。

尤利烏斯很滿足的坐下來，他點燃一支香菸，靜靜享受他的幸福，突然他感到很孤單，便想去看看朋友。他把菸蒂往地上一扔，在原來那個石頭畫室裡他經常這樣做，然後他出去了

燃著的香菸靜靜躺在地上，躺在華麗的阿富汗地毯上……一個小時後別墅變成火的海洋，它被完全燒毀了。朋友們很快知道這個消息，他們都來安慰尤利烏斯。

「尤利烏斯，真是不幸啊！」他們說。

「怎麼不幸啊？」他問。

「損失啊！尤利烏斯，你現在什麼都沒有了。」

「什麼呀？不過是損失了兩馬克。」

天有不測風雲，人有旦夕禍福。你有可能一夜致富，一夜成名，也有可能會在一小時或一分鐘內破產，陷入窘境。生活中總是存在太多未知數。因此，當聞達時，不要過度歡喜；當你落魄時，不要過於悲傷，從容看待這世界的沉沉浮浮。

寬容嫉妒自己的人

俗話說：吃虧是福。這種吃虧，其實就是一種寬容的智慧。寬容不是遷就，也不是軟弱，而是一種充滿智慧的處世之道。它以一種博大的胸懷和真誠的態度寬容別人，就等於送給了自己一份神奇的禮物。

在美國一個市場裡，有個婦人的攤位生意特別好，這種情況引起其他攤販的嫉妒，大家常有意無意的把垃圾掃到她的店門口。

這個婦人只是寬厚的笑笑，不予計較，反而把垃圾都清掃到自己的角落。旁邊賣菜的墨西哥婦人觀察了她好幾天，忍不住問道：「大家都把垃圾掃到你這裡來，你為什麼不生氣？」

婦人笑著說：「在我家鄉的習俗，過年的時候，都會把垃圾往家裡掃，垃圾越多就代表會賺很多的錢。現在每天都有人送錢到我這裡，我怎麼捨得拒絕呢？你看我的生意不是越來越好嗎？」

從此以後，那些垃圾就不再出現了。

婦人用寬容寬恕了別人，也為自己創造了一個融洽的人際環境和商業氛圍，這種化詛咒為祝福的智慧確實令人驚嘆。當然，也有人擔心過於寬容，會引起混亂或被認為是示弱行為或怕丟臉的想法都是不正確的，幾乎所有這樣的擔心都是多餘的，毫無必要。

清朝時期，宰相張廷玉與一位姓葉的侍郎都是安徽桐城人。兩家毗鄰而居，都要起房造屋，為爭地皮，發生了爭執。

張老夫人便修書傳至北京，要張宰相出而干預。這位宰相到底見識不凡，看罷來信，立即作詩勸導老夫人：「千里家書只為牆，再讓三尺又何妨？萬里長城今猶在，不見當年秦始皇。」張母見書明理，立即把牆主動退後三尺；葉家見此情景，深感慚愧，也馬上把牆讓後三尺。

這樣，張葉兩家的院牆之間，就形成了六尺寬的巷道，成了有名的「六尺巷」。張廷玉失去的是祖上的幾分宅基地，換來的卻是鄰里的和諧氣氛，當然很值。

從對手身上吸取營養

越是睿智的成大事者，越具有胸懷寬廣，大度從容的心態。因為成大事者洞明世事、練達人情，看得深、想得開、放得下。

18 世紀的法國科學家普魯斯特和貝索勒是一對論敵，他們對關於定比這一定律爭論了長達 9 年之久，各執一詞，誰也不讓誰。最後的結果，是以普魯斯特勝利而告終，普魯斯特成為了定比這一科學定律的發明者。普魯斯特並未因此而得意忘形，據大功為己有。他真誠的對曾激烈反對過他的論敵貝索勒說：「要不是一次次的責難，我是很難深入的研究這個定比定律的。」同時，他特別向大眾宣告，發現定比定律，貝索勒有一半的功勞。

允許別人的反對，並不計較別人的態度，充分看待別人的長處，並吸收其營養。這種寬容，不僅是胸懷、氣度，也是智慧，就猶如一泓溫情而透明的湖，讓所有一切映在湖面上，天方雲色、落花流水，都蔚為壯觀。

寬容冒犯自己的人

「我從未遇見過一個我不喜歡的人。」威爾‧羅起士說。這位幽默大師能說出這麼一句話，大概是因為很少有不喜歡他的人。羅起士年輕時有過這樣一件事，可為證明。

1898 年冬天，羅起士繼承了一個牧場。有一天，他養的一頭牛，因衝破附近農家的籬笆去齧食嫩玉米，被農夫殺死了。按照牧場規矩，農夫應該通知羅起士，說明原因，但農夫沒這樣做。羅起士發現了這件事，非常生氣，便叫一名傭工陪他騎馬去和農夫論理。

他們半路上遇到寒流，人、馬身上都掛滿冰霜，兩人差點凍僵了，抵達

木屋的時候，農夫不在家。農夫的妻子熱情的邀請兩位客人進去烤火，等她丈夫回來。羅起士在烤火時，看見那女主人消瘦憔悴，也發現五個躲在桌椅後面對他窺探的孩子也消瘦不堪。

農夫回來了，妻子告訴他羅起士和傭工是冒著狂風嚴寒來的。羅吉上剛要開口跟農夫論理，忽然決定不說了。他伸出了手。農夫不能確定羅起士的來意，便和他握手，留他們吃晚餐。「二位只好吃些豆子，」他抱歉的說，「因為剛剛在宰牛，忽然起了風，沒能宰好。」

盛情難卻，兩人便留下了。

在吃飯的時候，傭工一直等待羅起士開口講起殺牛的事，但是羅起士只跟這家人說說笑笑。看著孩子一聽說從明天起幾個星期都有牛肉吃，便高興得眼睛發亮。

飯後，朔風仍在怒號，主人夫婦一定要兩位客人住下。兩人於是又在那裡過夜。

第二天早上，兩人喝了黑咖啡，吃了熱豆子和麵包，肚子飽飽的上路了。羅起士對此行的來意依然閉口不提。傭工就責備他：「我還以為你為了那頭牛大興問罪之師呢。」

羅起士半晌不作聲，然後回答：「我本來有這個念頭，但是我後來又盤算了一下。你知道嗎，我實際上並未白白失掉一頭牛。我換到了一點人情味。世界上的牛何止千萬，人情味卻稀罕。」

一個人冒犯你或許會有某種值得同情的原因，羅吉土面對善良的農夫和他的妻子，徹底原諒了他們。在牛與人情味之間，羅起士更珍視後者。

那麼，你呢？有時候一點物質上小小的損失讓我們得到人情味的話，這個損失是值得的。

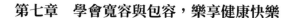
總統寬容曾經讓他身處地獄的人

寬容是一種博大，它能包客人世間的喜怒哀樂；寬容是一種境界，它能使人生躍上新的台階。前南非的曼德拉，因為領導反對白人種族隔離政策而入獄，白人統治者曾經把他關在荒涼的大西洋小島羅本島上 27 年。當時儘管曼德拉已經高齡，但是白人統治者依然像對待一般的年輕犯人一樣虐待他。

但是，當 1991 年曼德拉出獄當選總統以後，他在總統就職典禮上的一個舉動震驚了整個世界。

總統就職儀式開始了，曼德拉起身致辭歡迎他的來賓。他先介紹了來自世界各國的政要，然後他說，雖然他深感榮幸能接待這麼多尊貴的客人，但他最高興的是當初他被關在羅本島監獄時，看守他的 3 名前獄方人員也能到場。他邀請他們站起身，以便他能介紹給大家。

曼德拉博大的胸襟和寬宏的精神，讓南非那些殘酷虐待了他 27 年的白人汗顏得無地自容，也讓所有到場的人肅然起敬。看著年邁的曼德拉緩緩站起身來，恭敬的向 3 個曾關押他的看守致敬，在場的所有來賓都靜下來了。

後來，曼德拉向朋友們解釋說，自己年輕時性子很急，脾氣暴躁，正是在獄中學會了控制情緒才活了下來。他的牢獄歲月給了他時間與激勵，使他學會了如何處理自己遭遇苦難的痛苦。他說，感恩與寬容經常是源自痛苦與磨難的，必須以極大的毅力來訓練。

他說起獲釋出獄當天的心情：「當我走出囚室、邁過通往自由的監獄大門時，我已經清楚，自己若不能把悲痛與怨恨留在身後，那麼我其實仍在獄中。」

我們之因此總是煩惱纏身，總是充滿痛苦，總是怨天尤人，總是有那麼

多的不滿和不如意，是不是因為我們缺少曼德拉的寬容和感恩呢？

記住曼德拉 27 年牢獄生活的總結：感恩與寬容經常是源自痛苦與磨難的，必須以極大的毅力來訓練自己。

第二次世界大戰結束後不久的一次大選中，邱吉爾落選了。他是個名揚四海的政治家，對他來說，落選當然是件極狼狽的事，但他卻極為坦然。當時他正在自家的游泳池裡游泳，祕書氣喘吁吁的跑來告訴他：「不好了，邱吉爾先生，您落選了。」不料邱吉爾聽了卻爽朗的一笑說：「好極了，這說明我們勝利了，我們追求的就是民主，民主勝利了，難道不值得慶賀嗎？朋友，勞駕，把毛巾遞給我，我該上來了。」邱吉爾是那麼從容，那麼理智，只說了一句話，就成功的表現了一種寬容豁達的大政治家的風範。

什麼是寬容？法國 19 世紀的文學大師雨果曾說過這樣一句話：「世界上最寬闊的是海洋，比海洋更寬闊的是天空，比天空更寬闊的是人的胸懷。」在生活中學會寬容，你便能明白很多道理。

寬容的薦舉人才

寬容他人需要一種氣度，寬容別人方能與之建立起良好的關係，像班超、歐陽修一樣，寬容他人的過錯，就會贏得朋友，贏得別人的佩服與尊敬。寬容別人可以消除彼此之間的怨恨。原諒他人的錯誤可以創造一個寬鬆的工作環境。

「不責人小過，不發人隱私，不念人舊惡，三者可以養德，亦可以遠害。」

寬容他人，需要自己有度量。何謂「度量」？度量，原本是指計量長短和

容積的標準。人們後來拿它喻指人的器量胸襟。柳宗元在《柳常詩行狀》中道：「唯公質貌魁傑，度量宏大。」就是這個喻義了。

「將軍額上能跑馬。宰相肚裡能撐船。」藺相如位尊人上，廉頗不服，屢次挑釁，但他仍以國家利益為主，以社稷為重，處處忍讓，是度量大的表現。三國時期的蔣琬，身為尚書令，找一個部下談話，那人不理他，他不計較，還有下屬在背後說他的壞話，認為他做事不行，不如前人。有人向他告發，他也毫不介意，還說那人說得對，自己確實不如前人。能做到這樣大度，歷史少有。

有些人卻氣量狹窄，錙銖必較，小肚雞腸，不能容事。西方近代天文學之父第谷就曾是一個度量狹小的人。他在學校讀書時，因為一個數學問題與一個同學發生爭執，他竟然決定與人決鬥。決鬥中，第谷的鼻子被對方削掉，只好在下半輩子戴著個假鼻子度日。

看來，氣量狹窄不僅於人於事有害，還對自己有害。《三國演義》中，諸葛亮氣死周瑜、罵死王郎，這兩個人怎麼這麼容易就死了？皆因為氣量狹窄。漢代的才子賈誼，他的《過秦論》、《論積貯疏》以及大賦名滿天下，流傳至今，可是他卻在 32 歲那年，因遭權貴的誹謗、排擠，憂憤而死。為什麼會這樣呢？氣量小啊。一個人度量的大小，根本原因就在於是否志存高遠。有遠大抱負的人，是不會計較眼前的得得失失、個人榮辱的，因胸懷大志，才胸襟開闊。再如宋代的歐陽修，他在朝中擔任要職時，薦舉王安石、呂公著、司馬光三人可以當宰相，而這三人對歐陽修可以說都很不敬。歐陽修因為欣賞王安石的才華，曾贈詩王安石，希望他在政治、文學上能取得卓越超群的成就。而王安石卻沒把他放在眼裡，還回贈詩：「他日倘能窺孟子，此身要敢望韓公。」給歐陽修吃了一個閉門羹。呂公著是前朝宰相呂夷簡的兒子，

他們父子二人都曾攻擊過歐陽修,歐陽修貶官滁州,就是他們父子從中推波助瀾。司馬光與歐陽修也不睦,還當面頂撞,指責他。但是歐陽修覺得此三人有才學,有能力勝任宰相一職,認為他們能為國家做一些事情,因此以如海的度量舉薦這三個人。

若沒有為社稷著想、以國事為重的觀念,怎能如此薦舉不避「仇」?而歐陽修也以其寬廣的胸懷為後人所稱道。

鼠肚雞腸、氣度狹小,因一件小事就耿耿於懷的人終究成不了大氣候,難成大業。縱有雄心壯志,也是枉然。

自命清高是大毛病

對於一些人來說,最大的毛病就是自命情高,不合群,難與他人相處。事實上,犯這種毛病的人最多的,恐怕還是知識分子。當然,並不是說,讀多了書,就一定會自以為是,目空一切,但是,相比之下,讀書人愛犯這種毛病,是千真萬確的事實。

其實不自覺的自視過高,大多出於生理原因,即人總是以自我作為判定和衡量是非、優劣的基礎,一切由我出發,一切以我為準,這無疑是最自然、最方便的。在正常情況下,這是自信心的表現,在非正常情況下,就很容易變成不恰當的自我估計。

自覺的自視過高,大多出於心理原因,其動力就是虛榮心和護短。有人說虛榮是落後的根源、驕傲的根源,並非沒有道理,正是虛榮心的作怪,人才往往欺騙自己,做出睜著眼睛說瞎話的傻事。不管是自覺的自視過高,還是未被察覺的不自覺的自視過高,都屬於自己未能真正了解自己的範疇。這

種現象，表現在對於社會要求方面，就是對社會的期望過高，盲目的要求它有自己本不存在的種種優點和能力，能有理想中的回報。但是，由於這種期望本來就是建立在虛假基礎上的，因此最終的結果必然是難圓好夢，要求落空。隨之而來的，就是懊惱、不平以及對於社會和各種機遇與人際關係的詛咒與抗爭。這種情況，在文學領域可能早就屢見不鮮了。

李白當然不能說是無才，更不能說是愚盲，但他自恃才高蓋世，目空一切，與人不相容，鑽進了自以為一能百能、一通可通、「天生我才必有用」的死路，捲入政治渦流之中又難以自拔，因此也就必然要陷入孤芳自賞的迷魂陣，最後只能以悲劇而告終了。

清初有位頗具天賦的詩人黃仲則，本來他如果能夠苦心創作，將會在詩壇上大有作為，但是他卻一直為了自己在仕途上所遇多岐，未能受到所謂康乾嘉盛世的惠賜而憂鬱不平，牢騷滿腹，由羨生妒，產生了一種極為強烈的反向心理，直接影響了自己的身體與情緒，最後貧病交加，只活到 35 歲就含恨以歿了。

看過《三國演義》和聽過京劇《失街亭》、《空城計》、《斬馬謖》的人，想必都熟悉馬謖這個志大才疏、自命清高，最終禍及自身的人吧。

馬謖是「馬氏五常」之一，幼負盛名，一直驕傲自滿，不可一世。劉備早就看出了這一點，因此在白帝城向諸葛亮託孤之時，就曾提出了「馬謖言過其才，不可大用。」可是諸葛亮卻沒有看透這位誇誇其談的紙上軍事家，就在與勁敵司馬懿交兵時，派他去負責軍事要地街亭的指揮工作。不過諸葛亮終究是諸葛亮，在馬謖出兵之前，他不但指派「老成持重」的王平當馬謖的助手，而且一再囑咐他；「街亭雖小，關係甚重。」並且請他安排就緒之後，立刻畫一張地理圖來，但馬謖自恃才高，一到街亭，他就大發議論，說是：

「此等易守難攻之地，何勞丞相如此費心！」同時決定：就在山頂紮營。早把諸葛亮的囑咐丟到腦後了。

王平提醒馬謖不要忘記丞相的指示，按照街亭的情況來看，若紮營於山頂，實是死地。因為如果一旦魏軍切斷了我們汲水之道，大家成了「涸轍之鮒」，那就「不戰自亂了。」但馬謖板起臉孔，擺出一副教師爺的身分，訓斥王平：「你懂什麼？如果魏軍真的圍困我們，並斷了汲水之道，那我們就是『置之死地而後生』了」。結果，魏軍一到，果然切斷水路，圍困馬謖，馬謖失去水源，久奪不得，後來無奈失去街亭，被諸葛亮斬首。自古以來，讀書人之中像馬謖之流可謂多矣。古語道：「秀才造反，十年不成。」這是因為人們知道一些人缺乏務實經驗，紙上談兵尚可，如果務實，恐怕得考慮考慮了。

寬容必能得到善報

嫉妒是由心理上的自卑和不平衡導致的，失敗者不寬容，而成功者總是對別人有興趣、關心別人。他們體諒別人的困難和要求。他們維護人性的尊嚴，和別人打交道時把他們當做人來看待，而不是當做遊戲時的賭注。他們承認，每個人都有值得尊重和敬佩的獨特個性。

人們對自己的感情常常與對他人的感情一致，一個人對別人寬容時，他們必定對自己寬容。

在美國經濟大蕭條時期，有位 17 歲的女孩好不容易才找到一份在高級珠寶店當售貨員的工作。在耶誕節前一天，店裡來了一個三十歲上下的顧客，他衣著破舊，滿臉哀愁，用一種不可企及的目光，盯著那些高級首飾。

女孩要去接個電話，一不小心把一個碟子碰翻，六枚精美絕倫的鑽石戒指落在地上。她慌忙撿起其中的五枚，但第六枚怎麼也找不到了。這時，她看到那個三十歲左右的男子正向門口走去，頓時意識到戒指一定被他拿去了。當男子將要觸及門把時，她柔聲叫道：

「對不起，先生！」

那男子轉過身來，兩個人相視無言，足有幾十秒。

「什麼事？」男人問，臉上的肌肉在抽搐，再次問：「什麼事？」

「先生，這是我頭一回工作，現在找個工作很難，想必您也深有體會，是不是？」女孩神色黯然的說。

男子久久的審視著她，終於一絲微笑浮現在他臉上。他說：「是的，確實如此。但是我能肯定，你在這裡會做得不錯。我可以為您祝福嗎？」他向前一步，把手伸給女孩。

「謝謝您的祝福。」女孩立刻也伸出手，兩隻手緊緊握在一起，女孩用十分柔和的聲音說：「我也祝您好運！」

男人轉過身，走向門口。女孩目送他的身影消失在門外，轉身走到櫃檯，把手中握著的第六枚戒指放回原處。

這個小女孩很會照顧對方的情面。那男子也很珍惜沒有出醜丟臉的時機，非常體面的改正了自己的錯誤。這不正是寬容所給人們帶來的回報嗎？

那種在心靈深處覺得「並不重要」的人不可能深深的尊重自己和關心自己。因為他自己也是「人」，他對別人所做的評價，無形中也就是對自己的評價。製造寬容一個最著名的方法就是不在你心中譴責別人，不要評價別人，不要因為他們的錯誤而責怪和憎惡他們。要製造對別人的寬容的另一個方法是要人正視現實。人是重要的，不能永遠被當做動物或者機器，不管是在家

裡、在事業上或者是在人與人之間的關係上。除此之外要努力透過認清別人的真實面目而真正認識人的價值，要注意留心其他人的感情、觀點、欲望和需求。多考慮其他人要做些什麼、有什麼感受。

一位朋友常跟他妻子開玩笑，每次她問，「你愛我嗎？」他就對她說，「每次我留心想一想，我的確是愛你的。」這句話很有道理。除非留心想一想別人，否則就感覺不到他們身上的一切。最後要懂得待人接物要想到別人是重要的，也應該把別人當做重要的人來對待。你與人相處時要考慮對方的感情。怎樣對待別人，也會同樣去考慮別人。

退一步海闊天空

人生就如同是一塊肥沃的土地，它既種植希望和成功，也會播種仇恨。但你要記住，最好不要在有限人生中播種下仇恨的種子。生活的經驗告訴人們，不管理由如何，仇恨總是不值得的。潛留在內心裡的侮辱，永難平復的創傷，都能損壞生活中的許多可愛的事物。人們被鎖在自己的苦惱的深淵裡，甚至無法為別人的幸運而愉快。仇恨就如同侵害血液、細胞的毒素一樣，影響、吞蝕著人的生命。

有位朋友曾接到一封愛發牢騷的親戚寫來的信，他說：「我永遠記得，我新婚的嫂嫂和哥哥在我生日的那天一同外出旅行，而沒有對我說一句祝賀生日的話。」這句話的言語之中就埋著仇恨的種子，而這通常也是毒害他身體的毒藥的種子。

據研究顯示，頭痛、消化不良、失眠和嚴重的疲倦等，是懷恨的人常有的生理症狀。某醫學院曾做過一次調查，報告中說：「與心情較為愉快的人相

比，心存怨恨的人更經常進醫院。」醫務人員所做的試驗顯示，患心臟病的人常常不是工作辛勞的人，而是抱怨工作辛勞的人。最足以引起高血壓的原因，莫過於外表好像很安靜，內心裡卻被強烈的怨恨所煎熬。怨恨甚至會造成意外事件，交通問題專家告誡我們說：「發怒的時候永遠不要開車。」

愛與同情則有激發活力的作用。正如一位健康學博士所說：「寬宏大量是一帖良藥。」

與仇恨情緒作戰的第一步；便是先要確定仇恨情緒的來源。如果能坦白的檢討，十次之中有九次，會發現其來源是很接近於自己這方面的。忽略自己的缺陷與弱點，乃是人之常情。在任何可能的時候，人們總會把自己的短處變成別人的錯處，而後加以無以名狀的仇恨。例如：在每一椿離婚案件中，幾乎很明顯的，所謂無辜的一方往往並不如其所描述的那般無辜。

心理學家說：「這是很奇怪的現象。我們自己的過錯好像比別人的過錯要輕微得多。我想，這是由於我們完全了解有關犯下錯誤的一切情形，於是對自己多少會心存原諒，而對別人的錯誤則不可能如此。」

仇恨的根由發現了之後，務須盡全力去對付之，第一件要做且是最有效的事便是忘記它。有理智的人並不僅以把夙願轉變為滿足，他們還經常用新的夢想和熱誠填進他們生活中的窪地。據心理學家說，人們不能同時擁有兩種強烈的情感，既要愛又要恨，那是不可能的。仇恨大部分是以自我為中心的，因此要想忘記自己，最好的方法便是幫助別人。

在幫助別人之後，會發現在這個世界，善意總是多於惡意的。一所大學的研究結果顯示，一種真正以友誼待人的態度，65% ～ 90% 的高比率，是可以引起對方友誼的反應的。因此，人們常說：「愛產生愛，恨產生恨。」

寬容是一種強大力量

寬容和諒解是一種很強大的力量，它能使人們被你吸引，使別人愛戴你、信服你，並願意幫助你。尤其是作為領導人物，如果要想取得成功那麼就要在任何時候都以寬容之心待人。

日本電影《幸福的黃手帕》，描述了一位刑滿釋放的丈夫懷著忐忑不安的心情踏上回家路，但不知妻子是否還能愛他。因此事先通知妻子，如接受他回家，便請在門口掛一條黃手帕，否則他將繼續遠行，浪跡天涯。當他到達家門外時驚奇的發現無數條黃手帕在樹上迎風招展。這個故事不知感動了多少人。生活中也確有相似的事例。

一個年輕的工人由於對工作不負責任，在生產的關鍵時刻馬馬虎虎，造成了重大責任事故，他被捕入獄了。獄中，他後悔莫及，但他沒有消沉，認真的反省自己的過錯。快要出獄前夕，他給廠長寫了封信，信中說：「我清楚自己的罪過，很對不起大家。我即將出獄重新開始生活，我將在後天搭火車路過我們的工廠。作為原來的一名職工，我懇切請求你在我路過工廠附近的車站時，揚起一面旗子。我將見旗下車，否則我將去火車載我去的任何地方⋯⋯」那天，火車臨近車站了，他微微閉上雙目，默默的為命運祈禱。當他睜開雙眼時，他看到了許多面旗子，是他的那些工友們在舉著旗子呼喊著他的名字。他熱淚滿面，沒等車停穩就跳到接他的人群中去了。後來他成了一名最優秀的工人。

他的廠長是一位有著寬容諒解的心。

第七章　學會寬容與包容，樂享健康快樂

第八章　做個知足常樂的人

人生在世，各有各的位置，各有各的價值，我們每個
人都不必拿自己不當人，也不應當拿自己太當一回事。因
為知足才能常樂。

幸福跟著心態走

幸福是一種內心的滿足感，是一種難以形容的甜美感受。它與金錢地位都無關，你擁有良好的心態，就可以觸摸到幸福的雙手。

一個充滿嫉妒的人是不可能體會到幸福的，因為他的不幸和別人的幸福都會使他自己萬分難受。

一個虛榮心極強的人是不可能體會到幸福的，因為他始終在滿足別人的感受，從來不考慮真實的自我。

一個貪婪的人是不可能體會到幸福的，因為他的心靈一直都在追求，而根本不會去感受。

幸福是不能用金錢去購買的，它與單純的享樂格格不入。比如你正在大學讀書，每月只有七八十元，生活相當清苦，但卻十分幸福。過來人都知道，同學之間時常小聚，一瓶二鍋頭、一盤花生米、半斤豬頭肉，就會有說有笑。彼此交流讀書心得，暢談理想抱負，那種幸福之感至今仍刻骨銘心，讓人心馳神往。昔日的那種幸福，今天無論花多少錢都難以獲得。

一群西裝革履的人吃完魚翅鮑魚笑眯眯的從五星級酒店裡走出來時，他們的感覺可能是幸福的。而一群外地民工在路旁的小店裡，就著幾碟小菜，喝著啤酒，說說笑笑，你能說他們不幸福嗎？

因此，幸福不能用金錢的多少去衡量，一個人很有錢，但不見得很幸福。因為，他或者正擔心別人會暗地裡算計他或者為取得更多的錢而處心積慮，許多人都在追求金錢，認為有了錢就可以得到一切，那只是傻子的想法。

其實，幸福並不僅僅是某種欲望的滿足，有時欲望滿足之後，體驗到

的反而是空虛和無聊，而內心沒有嫉妒、虛榮和貪婪，才可能體驗到真正的幸福。

　　有個小城鎮裡，有這樣一家人，父母都老了，他們有三個女兒，只有大女兒大學畢業有了工作，其餘的兩個女兒還都在上高中，家裡除了大女兒的生活費可以自理外，其餘人的生活壓力都落在了父親肩上。但這一家人每個人的感覺都是快樂的。晚餐後，兩個女兒都去了學校上自習。她們不用擔心家裡的任何事。父母則一起出去散步，和鄰居們聊天。到了節日，一家人團聚到一塊，更是其樂融融。家裡時常會傳出孩子們的打鬧聲、笑聲，鄰居們都羨慕的說：「你們家的幾個閨女真聽話，功課又好。」這時父母的眼裡就滿是幸福的笑。其實，在這個家裡，經濟負擔很重，兩個女兒馬上就要考大學，需要一筆很大的開支。家裡又沒有一個男孩子做依靠，但女兒們卻能給父母帶來快樂，也很孝敬。父母也為女兒們撐起了一片天空，他們在飛出家門之前不會感受到任何淒風冷雨。因此，他們每個人都是快樂和幸福的。蘇轍說：「月有陰晴圓缺，人有悲歡離合，此事古難全。」既然「古難全」，為什麼你不去想一想讓自己快樂的事，而去想那些不快樂的事呢？一個人是否感覺幸福，關鍵在於自己的心態。

　　法國雕塑家羅丹說過：「對於我們的眼睛，不是缺少美，而是缺少發現。」生活裡有著許許多多的美好、許許多多的快樂，關鍵在於你能不能發現它。

　　如果今天早上你起床時身體健康，沒有疾病，那麼你比其他幾百萬人更幸運，他們甚至看不到下週的太陽了。

　　如果你從未嘗試過戰爭的危險、牢獄的孤獨、酷刑的折磨和飢餓的滋味，那麼你的處境比世界上其他五億人更好。

　　如果你能隨便進出教堂或寺廟而沒有被恐嚇、暴行和殺害的危險，那麼

你比世界上其他三十億人更有運氣。

如果你在銀行裡有存款，錢包裡有鈔票，抽屜裡有點心，那麼你屬於世界上百分之八最幸運之人。

如果你父母雙全，沒有離異，且同時滿足上面的這些條件，那麼你的確是那種很稀有的地球人。

這時，你就會發現生活中，其實你也很幸福！

走好自己的路

一個人在一生中總會遭到這樣或那樣的批評，越是做大事為眾人所矚目，遭到的批評就越多。但你絕不能因為別人的批評，就懷疑自己，只要你確信自己是對的，就該堅定的一直走下去。

1929 年，美國發生一件震驚教育界的大事，美國各地的學者都趕到芝加哥去看熱鬧。在幾年之前，有個名叫羅勃‧郝金斯的年輕人，半工半讀的從耶魯大學畢業，當過作家、伐木工人、家庭教師和賣成衣的售貨員。現在，只經過了 8 年，他就被任命為美國芝加哥大學的校長。他有多大？ 30 歲！真教人難以相信。老一輩的教育人士都搖著頭，人們的批評就如同風雨一樣一齊打在這位「神童」』的頭上，說他太年輕了，經驗不夠；說他的教育觀念很不成熟……甚至各大報紙也參加了攻擊。

在羅勃‧郝金斯就任的那一天，有一個朋友對他的父親說：「今天早上我看見報上的社論攻擊你的兒子，真把我嚇壞了。」

「不錯，」郝金斯的父親回答說，「話說得很凶。可是請記住，從來沒有人會踢一隻死了的狗。」是的，沒有人去踢一隻死狗。別人對你的批評往

往從反面證明了你的重要性。你的成就引起了別人的關心。因此，在你被別人批評、品頭論足、無端誹謗時，你無須自卑，走好自己的路，讓他們去說吧。

馬修‧布拉許當年還在華爾街 40 號美國國際公司任總裁的時候，承認說對別人的批評很敏感。他說：「我當時急於要使公司裡的每一個人都認為我非常完美。要是他們不這樣想的話，就會使我自卑。只要哪一個人對我有一些怨言，我就會想法子去取悅他。可是我所做的討好他的事情，總會使另外一個人生氣。然後等我想要取悅這個人的時候，又會惹惱了其他的一兩個人。最後我發現，我越想去討好別人，以避免別人對我的批評，就越會使我的敵人增加，因此最後我對自己說：『只要你超群出眾，你就一定會受到批評，因此還是趁早習慣的好。』這一點對我大有幫助。從那以後，我就決定只盡我最大能力去做，而把我那把破傘收起來。讓批評我的雨水從我身上流下去，而不是滴在我的脖子裡。」

狄姆士‧泰勒更進一步。他讓批評的雨水流進他的脖子，而為這件事情大笑一番 —— 而且當眾如此。有一段時間，他在每個禮拜天下午的紐約愛爾交響樂團舉行的空中音樂會休息時間，發表音樂方面的評論。有一個女人寫信給他，罵他是「騙子、叛徒、毒蛇和白痴」。

泰勒先生在他那本叫做《人與音樂》的書裡說：「我猜她只喜歡聽音樂，不喜歡聽講話。」在第二個禮拜的廣播節目裡，泰勒先生把這封信宣讀給好幾百萬的聽眾聽 —— 幾天後，他又接到這位太太寫來的另外一封信，「表達她絲毫沒有改變她的意見。她仍然認為，我是一個騙子、叛徒、毒蛇和白痴。」泰勒先生說。

面對他人的品評、批評，誰都不可能沒有壓力，關鍵是看你如何對待。

第八章　做個知足常樂的人

如果你在心裡接受了別人的批評，並暗示自己在別人眼裡是多麼的不完美，被人鄙視。自卑就會像一個影子隨時跟著你，影響你。如果你能將別人的不公正的批評置之腦後，繼續走自己的路，那麼所有的事情都會不攻自破。如果你能對他們笑一笑，受害的人就不會是你。

查爾斯・舒偉伯對普林斯頓大學學生發表演講的時候表示，他所學到的最重要的一課，是一個在鋼鐵廠裡做事的老德國人教給他的。「那個老德國人進我的辦公室時，」舒偉伯先生說，「滿身都是泥和水。我問他對那些把他丟進河裡的人怎麼說？他回答說：『我只是笑一笑。』」

舒偉伯先生說，後來他就把這個老德國人的話當作他的座右銘：「只笑一笑。」

當你成為不公正批評的受害者時，這個座右銘尤其管用。別人罵你的時候，你「只笑一笑」，罵你的人還能怎麼樣呢？

林肯要不是學會了對那些罵他的話置之不理，恐怕他早就受不住壓力而崩潰了。他寫下的如何處理對他的批評的方法，已經成為一篇文學上的經典之作。在第二次世界大戰期間，麥克阿瑟將軍曾經把這個抄下來，掛在他總部的書桌後面的牆上。而邱吉爾也把這段話鑲了框子，掛在他書房的牆上。這段話是這樣的：

「如果我只是試著要去讀 —— 更不用說去回答所有對我的攻擊，這個店不如關了門，去做別的生意。我盡我所知的最好辦法去做 —— 也盡我所能去做，而我打算一直這樣把事情做完。如果結果證明我是對的，那麼即使花十倍的力氣來說我是錯的，也沒有什麼用。」

別人的批評無論對錯，你都無法制止。尤其是你位高權重、知名度高時，你更需面對這樣的輿論。笑一笑，你無須關心太多，更無須為他人的輿

論自卑。

人生不需要炫耀

如果你有才能，不要驕傲自滿，以為全世界數自己最聰明；同樣，如果你有足夠的錢財，也不要恃財自傲。

自古以來，金錢就是一個人身分和地位的象徵。有道是「財大氣粗」，很多富人就常常自以為有了誇耀的本錢，不分場合和地點的炫耀自己，這就是我們常說的「露富」。事實上，一個人不可盲目露富，否則會傾家蕩產甚至引來殺身之禍。

有一個成語叫「靜水深流」，簡單的說來就是我們看到的水平面，常常給人以平靜的感覺，可這水底下究竟是什麼樣子卻沒有人能夠知道，或許是一片碧綠靜水，也或許是一個暗流湧動的世界。無論怎樣，其表面都不動聲色，一片寧靜。大海以此向我們揭示了「貴而不顯，華而不炫」的道理，也就是說，一個人在面對榮華富貴、功名利祿的時候，要表現得低調，不可炫耀和張揚。

沈萬三是元末明初人，號稱江南第一豪富。原名沈富，字件榮，俗稱萬三。萬三者，萬戶之中三秀，因此又稱三秀，作為巨富的別號。

沈萬三擁有萬貫家財，但他卻不懂得「靜水深流」的道理。為了討好朱元璋，給他留個好印象，沈萬三竭力向剛剛建立的明王朝表示自己的忠誠，拼命的向新政權輸銀納糧。朱元璋不知是捉弄沈萬三呢，還是真想利用這個巨富的財力，曾經下令要沈萬三出錢修築金陵的城牆。沈萬三負責的是從洪武門到水西門一段，占金陵城牆總工程量的三分之一。可是他不僅按質按量

提前完了工，而且還提出由他出錢犒賞士兵。沈萬三這樣做，本來也是想討朱元璋的歡心，沒想到弄巧成拙。朱元璋一聽，當下火了，他說：「朕有雄師百萬，你能犒賞得了嗎？」沈萬三沒有聽出朱元璋的話外之音，面對如此刁難，他居然毫無難色，表示：「即使如此，我依然可以犒賞每位將士銀子一兩。」

　　朱元璋聽了大吃一驚，在與張士誠、陳友諒、方國珍等武裝割據集團爭奪天下時，他就曾經由於江南豪富支持敵對勢力而吃盡苦頭。現在雖已立國，但國強不如民富，這使朱元璋感到不能容忍。更使他火冒三丈的是，如今沈萬三竟敢越俎代庖，代天子犒賞三軍，仗著富有將手伸向軍隊。朱元璋心裡怒火萬丈，但他並沒有立即表現出來，在心底決定要找機會治治這沈萬三的驕橫之氣。

　　一天，沈萬三又來大獻殷勤，朱元璋給了他一文錢。朱元璋說；「這一文錢是朕的本錢，你給我去放債。只以一個月作為期限，初二起至三十日止，每天取一對合。」所謂「對合」是指利息與本錢相等。也就是說。朱元璋要求每天的利息為 100%，而且是利上滾利。

　　沈萬三雖然滿身珠光寶氣，但腹內卻沒有裝多少墨水，財力有餘，智慧不足。他心裡一盤算，第一天 1 文，第二天本利 2 文，第三天 4 文，第四天才 8 文嘛。區區小數，何足掛齒！於是沈萬三非常高興的接受了任務。可是回到家裡再仔細一算，不由得就傻眼了。第十天本利還是 512 文，可到第二十天就變成了 52 萬多文，而到第三十天也就是最後一天。總數竟高達 5 億多文。要交出如此多的錢，沈萬三就是傾家蕩產也不一定夠啊。

　　後來，沈萬三果然傾家蕩產，朱元璋下令將沈家龐大的財產全數抄沒後，又下旨將沈萬三全家流放到雲南邊地。這一切都是他不知富不能顯、富

不能誇，為富要自持、謙恭，才能長久保持富貴的道理造成的。真正有錢的人是從來不露富的，真正有品味有等級的人，都是從來不招搖的。你看比爾·蓋茲、李嘉誠什麼時候炫耀過？也只有那些愛慕虛榮不知自己幾斤幾兩的人，戴著粗俗的金項鍊大街炫耀，甚至喜歡在 FB、IG 炫富，最後被歹徒盯上的大有人在。

別拿自己太當回事

有人感嘆說：「人啊，別拿自己不當人，也別拿自己太當人。」乍聽起來，似乎不通，但細細琢磨，大有深意。不拿自己當人，是嚴重的自卑；拿自己太當人，則是典型的自負。前者自輕自賤、妄自菲薄、自我否定，好像生來就不如人，時時不如人，處處不如人。後者妄自尊大、目空一切、自我膨脹，好像生來就高人一等，無人可比。後者很明顯是屬於虛榮心過強的一類人。

這類人在虛榮心的促使下，失去了對自我的客觀評價，他們覺得這個世界上「天下我最牛」，「捨我其誰」，一副不知天高地厚的樣子，說大話，吹大牛，以示自己是多麼的與眾不同和出類拔萃。

有一隻黑雁從小生長在雁群中，但是後來牠覺得自己和其他夥伴越來越格格不入了。隨著黑雁不斷長大，牠的身軀變得比一般的夥伴都要龐大，而且牠是一身黑色，這樣看來，牠簡直就是這個群體中的異類了。

同伴們並沒有因為牠的與眾不同而排擠牠，但是牠卻開始瞧不起自己的同伴了。

「牠們一個個那麼瘦小，真是可悲，而且顏色還那麼難看，哪有我這種黑

第八章　做個知足常樂的人

色高貴！哦！生活在這樣一個家庭裡真是太不幸了，我本來應該和黑色的烏鴉生活在一起的……」

黑雁覺得烏鴉的生活很有情調，就如同一位高貴的黑衣婦人，可以整天什麼都不做，閒的時候還可以唱唱歌。於是，黑雁一心一意想要搬去和烏鴉同住。可是，烏鴉發現黑雁長得和自己不一樣，而且聲音也不一樣，因此不想讓牠和自己一起住。

烏鴉帶著厭惡的口氣說：「難道你不知道嗎？你和我根本就不是同一類，你再怎麼高貴也只是一隻大雁，我不會喜歡你的……」

吃了閉門羹的黑雁無可奈何只好回頭去找牠原來的夥伴。

「你不是看不起我們嗎？和我們在一起會給你丟臉的，你還是走吧，這裡沒有人歡迎你！」

於是黑雁只好孤單的離開了雁群，在天空中發出淒涼的叫聲。生活中，類似黑雁的的人還真不少。有些人剛當上個小小的什麼官，就彷彿做了皇帝；有些人剛發了一點小財，就彷彿成了億萬富翁；有些人剛有了點小名氣，就以為「老子天下第一」。這種人妄自尊大、目空一切、自我膨脹，好像生來就高人一等，無人可比。

如果一個人太自負了，就容易陷入一種莫名其妙的自我陶醉之中，變得不切實際的自高自大起來。他無視所有人對他的不滿和提醒，終日沉浸於自我滿足之中，對一切功名利祿都要捷足先登，這樣的人得到的永遠都是大家對他的不屑和蔑視。

因此，眾叛親離是對愛慕虛榮和忘本之人的懲罰。清楚的認識你自己，不要過於傲慢，否則你會處處遭到別人的排斥。

有一個自以為很有才華的人，一直得不到重用，為此，他愁腸百結，異

常苦悶。有一天，他去質問上帝：「命運為什麼對我如此不公？」

上帝聽了沉默不語，只是撿起了一顆不起眼的小石子，並把它扔到亂石堆中。上帝說：「你去找回我剛才扔掉的那個石子。」

結果，這個人翻遍了亂石堆，卻無功而返。這時候，上帝又取下了自己手上的那枚戒指，然後以同樣的方式扔到了亂石堆中。結果，這一次，他很快便找到了那枚戒指，因為那是枚金光閃閃的金戒指。

上帝雖然沒有再說什麼，但是他卻一下子醒悟了。你之因此得不到重用，那是因為你還是一顆石子！工作中，我們常常聽到有人說：「公司根本就不了解我的實力。」「上司沒有眼光，因此我再努力也得不到他的賞識。」「那個大案子，如果老闆讓我去談，我一定能搞定。」

然而問題是，事實果然是這樣，這真的都是別人的錯嗎？千萬不要做一個自己沒有實力卻怪別人沒眼光的人。不要自我傲慢，別人對你的評價不應輕看。

許某因為工作的變動，到了一個全新的部門，這個部門似乎沒有以前的職位風光，也沒有以前的地位顯赫。雖然是正常的工作調動，但他總是擔心別人會懷疑他是不是犯錯，出問題了等等。因此，他好長時間都不敢參加聚會了。

有一天，他在街上碰到一位老同學小韓，同學問：「聽說兄弟混得不錯啊，現在調到哪裡了？」小趙說：「哪裡，剛調辦事處去了。」小韓拍著他肩膀說：「好呀，祝賀你了。」兩人又寒暄了幾句就分手了。許某後來就老琢磨著小韓的話，越琢磨越覺得他是在笑話自己。

沒想到過了幾天，在商場又遇到了小韓，他笑著說：「聽說你調到新的部門了？調到哪裡了？」

　　許某心想：這人怎麼這樣，不是和你說過了嗎？真是貴人多忘事啊。但他沒有表現出自己的不滿，只是淡淡說：「我調辦事處去了。」

　　小韓聽了，一拍腦門好像一下恍然大悟的說：「哎喲，我記憶真不好，你上次和我說過一次了，實在對不起。」

　　許某心裡一下子輕鬆了不少，原來沒有人像自己想像的那樣在意自己啊。自己整天擔心別人說什麼，是太在意自己了。此後他再也不因為自己工作的調動問題而不敢參與聚會了。其實，所有的不堪和煩惱，所有的擔心和疑惑，只是自己杯弓蛇影的自戀而已。在別人心中，自己並不是那麼的重要。

　　一個著名作家，在一小女孩的書上簽上自己的大名，卻被小女孩擦掉了，還怪作家弄髒了她的書。作家很驚訝，由此得出一結論：別把自己太當一回事。的確是這樣，當你自我感覺良好、自命不凡的時候，也許別人根本就沒把你看在眼裡！

　　人生在世，各有各的位置，各有各的價值，我們每個人都不應拿自己太當一回事。

順其自然

　　清明過後的一天午後，一位母親帶著一家大小到山上賞花。天氣分外晴朗，賞花的人好像比山上的花還要多。人影在花叢中攢動，有照相的，有吃東西的，有談天說地的，信步走著，看在眼裡真的富有趣。

　　女兒在前頭蹦著跳著，太陽照著滿山的櫻花、杜鵑，照著來往穿梭著的賞花的人流，讓人不由得感嘆生活的美好。

不知何時，女兒扯住媽媽的衣袖，不停的搖動，她的另一隻小手指著一叢紅豔的杜鵑，說：「媽媽，為什麼那個花不香？」

母親愣了一下，但隨意答道：「哪個花？哦！這是好看的，不太香。」

她不服氣也不滿意的噘起小嘴說：「花都應該是香的嘛！」

回家之後，女兒的聲音繚繞在母親心頭，久久不散：花都應該香嘛！究竟這有沒有道理？我們不是也常想：男人都該是魁武君子，女人都該是賢妻良母嗎？我們又對不對呢？坐下來，環視滿庭花草，靜靜的想一想：花和草長了一院子，可是杜鵑、山茶、桂花、百合、向日葵、蘭花……沒有一樣是跟別的花草相同的，它們都各有特色。看見迎春花便可以嗅到初春的氣息；看見石榴花便知是五月榴花照眼明；桂花和紅葉捎來秋意；蒼松和臘梅象徵冬寒。

如果我們順著自然去要求，那麼一定可以心滿意足；可是，若要在夏天賞梅，春天看紅葉，想必會大失所望。人是自然的產物，也和大自然中其他生物一樣各具特色，這個人適合統領三軍，那個人精於舞文弄墨，各有天賦，各有使命。

人若能知道植物花草的特長，加以妥善運用，不僅能使環境增輝，更能美化生活，增添情趣。人若能像順應花草的自然天性一樣去順應自己的能力和體力，不在自己力所不能及的事情上強出頭，就能營造自己理想中的生活，展現自己理想中的自我。當然每個人都渴望擁有理想的生活，但他們認為主要問題在於生活得過於緊張，讓人總覺得生活充滿十萬火急的緊急情況，似乎一週不工作 90 小時以上，就做不完應該做的事，甚至覺得會比別人少得到什麼。

連大多數家庭主婦也感到人生的困惑，她們經常抱怨：「除非這房子裡只

剩我一人，否則它永遠都乾淨不起來！」面對家常瑣事，她們表現得過於緊張，從早到晚忙得腰痠背痛，卻總有做不完的事 —— 買菜、煮飯、洗碗、洗衣、打掃房間、帶孩子⋯⋯似有一支無形的手槍指著自己的後腦，一個聲音命令道：「立即收拾好每一個碗碟，折好每一件衣服⋯⋯」她們總是暗示自己：情況緊急，必須立即做完每一件事！她們經常責怪家人不主動分擔家務事，卻不考慮他們一天工作後的疲勞。

　　其實，有許多事情完全不必要立刻做，完全可以放到明天再做。而且某些事情也許不適合你做，這時你完全可以將它忽略掉，給自己一點鬆弛。應該學會輕鬆的享受生活。想要做到內心平和、生活愉悅，第一步必須承認：在大多數情況下，人們是在自造緊張情緒，生活原本不必如此忙亂；第二步，試著躺在沙發上懶洋洋的看電視，別擔心如此度過週末是在浪費時間。當你學會了從容平靜的度日，順應自然並順應天性，不去勉強別人，也不強求自己，你會發現事情不照自己的計畫進行，地球照樣轉，生活也照樣繼續。

逍遙自在樂事多

　　人們都渴望自由自在，無拘無束，逍遙的境界令人心馳神往。

　　逍遙之境是什麼樣？莊子是這樣描寫的：逍遙之境，至廣至大，超越無限，入無窮之門，以遊無極之野，與日月參光，與天地為常。逍遙之境內外兼忘，物我合一，不知有生，不知有死，超凡脫俗，遊心於無窮。逍遙之境悠閒而自得，恬然而自適，泰山不為大，芥子不為小；四時不為久，暫態不為暫；喜怒由己，進退自如。

　　逍遙的境界是精神大解脫、大自由的境界，這樣的境界拋棄了神靈的虛

構，萬物造化，自生自滅。這樣的境界，擺脫了人為的造作和虛飾，自然純真，素樸天成。這樣的境界，沒有了繁文縟節，率性正直，至情至性。這樣的境界，沒有了功名利祿、鉤心鬥角，超然物外，析萬物之理，判天地之美。這樣的境界超越了是非、善惡、彼此、生死的區別對待，得自然之道，遊於無窮。逍遙境界是立於天地之間的博大和超越，「上游蒼穹，下攬萬物」，「怒而飛，不知幾千里」，這種境界特別表現出對個體、部分、有限的超越，對無限、無恃的嚮往。

逍遙境界還有悠然自得的一面。物物皆有其性，能任性自得，能順其本然，發揮自我的本性，就是逍遙，因此「任性即逍遙」、「自在即逍遙」。它是一種超越功名利祿的純粹的審美體驗。把自然百態、人間萬象等一切都視為審美對象，視為人生的舞台，從而得以獲取一種自由感、超越感。

不要讓自己陷入無聊的瑣碎事務糾紛當中，只有心靈世界的豐富才能感知外在世界的豐富，狹隘「無明」與偏執者走不出自身世界的洞穴。只有好奇的眼睛才能感知世界的新奇，不願深入探究的人眼裡永遠是單調的色彩。襟懷坦蕩者能逍遙天地之間，蠅營狗苟者永遠是擔心受怕、提心吊膽。

入逍遙境界，作逍遙之遊，一是需要超越世俗的桎梏，超脫「塵垢」的羈絆。只有精神的博大才能超越個體的小我，才能超越形骸、名利的束縛，從狹隘的小知小我中提升出來，不為美言而動心，不為美貌而迷惑，喜怒哀樂不入於胸中。

二是超越精神的負累，破除私我和現實對精神的束縛，達到無己、無功、無名、無欲無求，清靜自然。無心無情，超脫生死，虛靜安然，怡然自得，外在的任何變化都不傷於心，不累於懷。成為與萬物為一，與天地同生的大心胸。

三是超越精神的局限。超越相對、有限的分別和執著，齊萬物、和是非、超善惡、忘生死，人無限之門，得自由之境。

四是與造化為友。自然是造化的象徵，也是道的精髓。天地造化萬物，天聲無息，又無處不在、無所不備，造化鐘神秀，這造化的神妙就是道。悟道之人不再計較於一時名利的得失，不再糾纏於一時一地的是非，不再限於一草一木之情，不再陷於個體生死之境。

無所為才能有所為

做人，當學學老子的「無為」。說起「無為」，人們自然想到老子和莊子，自然想到那種隱匿山林與世無爭的思想。有人認為老莊的思想太消極，其實這是對老子的一種誤解。老子比一般人看得更遠、更深。也有人認為老子的「不爭，故天下莫能與之爭」、「無私歟，故能成其私」與「將欲取之，必固與之」之類的精闢之論是一種陰謀家的學問。其實陰謀不陰謀就看誰來用、為誰而用，以及怎樣用了。以陰謀境界看無為之論，最多搞幾手陰謀還搞不太像，陰謀家是沒有無為而治的這種氣魄、這種靜謐、這種虛懷若谷與這種海闊天空的。還有人認為老莊提倡無為，屬隱世哲學，這與儒家主進取，宣導人世哲學相左，其實不然，兩者異曲同工相輔相成，成為古代士大夫的一種處世哲學，即「以出世的態度做人世的事業」。進而求取功名兼濟天下，退則隱逸山林修身養性。

「無為」並非是「無所作為」、「碌碌無為」，什麼事也不做，只是不做那些愚蠢的、無效的、無益的、無意義的，乃至無趣無聊，而且有害有傷有損有愧的事。回首平生，一個人可能經歷了許多事情，聊以自慰的是自己做出

了一點成績，做出了一點有意義的事，可讓自己唏噓不已的更多，那就是自己也做了很多的蠢事糊塗事以及一些無意義的事。比如說不搞無謂的爭執，還有庸人自擾的患得患失、大話連篇的自吹自擂、吹鬍子瞪眼的裝腔作勢；還有小圈子裡的唧唧喳喳、長篇累牘的空話虛話；還有不信任人的包辦代替（其實是包而不辦，代而不替），以及許多許多的根本實現不了的一廂情願，及為這種一廂情願而付出的巨大代價。無為，就是不做這樣的事。無為，誠如王蒙所言，就是力戒虛妄，力戒急躁，力戒脫離客觀實際，搞形式主義。這樣就可把有限的精力時間節省下來，才可能做一點事，這也就是有為。無為展現了一種效率原則。

　　無為是一種超然的智慧，它又展現為一種快樂原則。因為只有無為才能擺脫世俗名利的纏繞和羈絆，才會不為名利所累，金錢所惑，才不會自尋煩惱。當然這裡並不是說，人們不應該去追求功名。無論是為官從政，還是經商下海，人人都想功成名就，這是正當的追求，無可厚非。說無為，是「而治」的無為，在名利問題上，要拿得起，放得下，一邊享受著名利，一邊又不為名利所困擾，所羈絆。莊子曾堅辭楚王千金重禮，卿相高爵不受；因為他深明「飛鳥盡，良弓藏；狡兔死，走狗烹」之理，不想去充當君王祭祀天地的犧牲的那頭牛，寧願在田野裡自由自在，無拘無束。

　　無為的要義在於有所不為而不是無所不為，這樣，才能使自己脫離低級趣味，不糾纏於雞毛蒜皮之事，不醉心於蠅營狗苟之當。一個事無鉅細都上心都操勞的人不會有成績，一個斤斤計較於蠅頭小利的人不會有作為，一個熱衷於關係學的人不會有真正的建樹，一個拼命做表面文章的人不會有深度，一個孜孜求成的人反而成功不了。一定要放棄許多誘惑，不僅是聲色犬馬消費享樂的誘惑，而且是小打小鬧急功近利竅門捷徑事半功倍的做事

的誘惑，才能有所為。有意栽花花不活，無心插柳柳成蔭，這正好說明強求而不得。

大智若愚，藏鋒露拙

大智若愚，字面上的意思是指真正有智慧之人表面都顯得很愚笨。歷史記載孔子去訪問老子，老子對孔子說：「君子盛德，容貌若愚。」這句話的意思是指那些才華橫溢的人，外表上看與愚魯笨拙的普通人毫無差別。

大智若愚，在外表的愚笨之後，隱含無限巧計，如同大巧無術一般，愚能後面隱含著大徹大悟、大智大慧。大智若愚，藏鋒露拙，實在是一種智者的行為，用以修身養性，則是一種智慧人生。用來處人待世，則是一種智慧之術。用它可以保全自己，免遭滅頂之災。

常言道：木秀於林，風必吹之；行高於岸，流必湍之。如果一個人鋒芒畢露，一定會遭到別人的嫉恨和非議。這種例子在現實生活中比比皆是。在整個自然界中，各種昆蟲被人們視作最無能、最讓人任意宰割的生命體了。殊不知昆蟲自有一套避凶趨吉的妙法，這就是他們的保護色和偽裝術。如變色龍的身體顏色會隨著環境的顏色而改變。竹節蟲爬附在樹枝上如同竹節一般，以此來騙過天敵的眼睛；枯葉蝶在遇到天敵時會裝成枯黃的樹葉，它的天敵哪裡會想到這枯黃的樹葉竟然是他苦苦尋找的美味，還有的動物遇危險時裝死以迷惑敵人。在人們看來，這些方法未免太低級了，可是正是這些看似無能的方法使動物種群得以生存和發展。

在古代，皇帝跟前的王公大臣，可以說是伴君如伴虎，稍有不慎，便有性命之憂，時時刻刻都在戰戰兢兢，如臨深淵，如履薄冰。在這種情況下，

大智若愚的人才能獨保其身。商紂王在歷史上是個有名的暴君，終日飲酒作樂，不理朝政，竟然弄不清年月日，問左右的人也都說不清楚。紂王又派人問箕子，箕子是很清醒的人，他知道這件事後，悄悄對自己的弟子說：「做天下的大王而使國家沒有了日月概念，國家就危險了。而一國的人都不知道時日，只有我一個人知道，那麼我也就很危險了。」於是箕子也假裝酒醉，推說自己也不知道今天是幾月幾日，因此而得以保命。

大智若愚，不僅是一種自我保全的智慧，同時也是一種實現自己目標的智慧。俗語說「虎行似病」，裝成病懨懨的樣子正是老虎吃人的前兆，因此聰明不露，才有任重道遠的力量。這就是所謂「藏巧於拙，用晦如明」。現實中，人們不管本身是機巧奸猾還是忠直厚道，幾乎都喜歡傻呵呵不會弄巧的人，因為這樣的人不會對對方造成巨大的威脅，會使人放鬆戒備和設防。因此，要達到自己的目標，沒有機巧權變是不行的，但又要懂得藏巧，不為人識破，也就是「聰明而愚」。

大智若愚並非讓人人都去假裝愚笨，它強調的只不過是一種處世的智慧即要謹言慎行，謙虛待人，不要太盛氣凌人。這並不是一種消極被動的生活態度。倘若一個人能夠謙虛誠懇的待人，便會得到別人的好感；若能謹言慎行，更會贏得人們的尊重。

聰明反被聰明誤

人在許多方面不及動物。比奔跑之快不及馬，比力氣之大不及大象，比視力之遠不及空中的老鷹，比靈活不及水中的小魚，但人又能駕馭萬物，為萬物之靈長，這是為什麼呢？法國哲人巴斯卡說：「人只不過是大自然中最柔

第八章　做個知足常樂的人

弱的蘆葦，但他是會思想的蘆葦。」蘆葦極易受到風雨摧折，正如人人都難免要老病衰亡，但是人能夠思想，具有聰明智慧，由此而改變了一切。

　　人類的歷史，實際上就是人類用自己的聰明才智克服重重困難，不斷尋找最佳生活方式的歷史。和原始初民相比，今天的人類正享受著自己創造的文明：火藥的發明、電的發現、印刷術與電腦的創造，都給人類帶來了光明。人類插上了自己創造的翅膀，上可九天攬月，下可五洋捉鱉，可以棲居在現實和虛擬兩個世界當中。人類似乎變得越來越聰明了，並且也形成了這樣一種假象：人無所不能、無所不知。難免不發出這樣的感嘆：人是多麼神聖與偉大！他是天地孕育的精華，是大自然的精靈和主宰。

　　但是，在這個世界上，有的事人能夠做到，但有的事人卻難以做到。這就是那句古話：「謀事在人，成事在天。」如果人過於依靠自己的聰明，則極容易聰明反被聰明誤，這種聰明就會成為一種糊塗。

　　人有聰明和糊塗之分，同樣為聰明人，又有大聰明和小聰明之分；同樣為糊塗人，則又有真糊塗和假糊塗之分。糊塗往往給人以愚拙的印象。因為或智或愚對人一生的命運關係極大，因此人們大都以聰明為美，表現自己聰明的一面隱瞞自己笨拙的一面。

　　有些人的確很「精」、「很聰明」，處處展現出一種實用主義的色彩，用得著你時，好話說盡，將人說得心花怒放，為他去服務，然而用過之後，就判若兩人。此類人的「精」，使人寒心。還有一種人的「精」，「勢利眼」得很，將人分成三六九等，對那些有權有勢的人、現在或將來自己「用得著」的人，就一副肉麻諂媚樣，令人很不舒服。而對那些普通人或「用不著」的人，就一百個瞧不起，愛理不理的模樣，讓他人有一種受侮辱、受損害的感覺。此種人自以為很「精」，實是很傻，因為他（她）們的那種「勢利眼」和「看人

頭」的處世方法實際上是在為自己尋找更多的「反對者」。因此亞里斯多德說：聰明人並不一味追求快樂：而是竭力避免不愉快。「勢利眼」者實質是為自己製造更多的「不愉快」。

真正聰明的人卻不這樣做。他們信奉大智若愚、大巧無術，他們以大智若愚為美。聰明人幾乎都取大智若愚的方式來保護自我。嫉賢妒能，幾乎是人的本性，因此《莊子》中有一句話叫「直木先伐，甘井先竭」。一般所用的木材，多選挺直的樹木來砍伐；水井也是湧出甘甜井水者先乾涸。人也如此。有一些才華橫溢的人，因為鋒芒太露而遭人暗算。三國時的楊修就是因才蓋過主而遭殺身之劫。《紅樓夢》中的王熙鳳正是「機關算盡太聰明，反誤了卿卿性命」。還是那句千古名訓「大智若愚」為妙。

有時，糊塗一點，反而是一種聰明與智慧，甚至是一種大聰明和大智慧。聰明人是不犯重大錯誤同時又能容易而迅速的糾正錯誤的人。真正的「精」者，既能明白他周圍所發生現象的是是非非，也非常明白自己身上弱點所在。他們善於與他人合作，善於吸收他人的優點來豐富自己、彌補自己的不足。他們從不用語言來顯示自己，總使人有一種謙虛、實在的感覺。因而真正的「精」者，永遠是生機勃勃的，富於進取精神的。

樹大招風，鋒芒不要太露

孔子曾經拜訪過老子，向他問禮。智者告誡仁者說：一個聰明而富於洞察力的人身上會潛藏著危險，那是因為他喜歡批評別人。雄辯而學識淵博的人也會遭遇相同的命運，因為他暴露了別人的缺點。因此，一個人還是有所節制為好，採取謹慎的處世態度，不可處處占上風。如果一個人鋒芒畢露，

一定會遭到別人的嫉恨和非議。就如同出頭的椽子會先爛掉，太高的樹容易遭大風折斷。這樣的例子在現實生活中很多。

世上的高人往往其貌不揚，由於不太搶眼，可以避免別人的注意力，所謂真人不露相，露相非真人；練就一筆好字的人謊稱不會書法，這樣可以推掉許多違心的差事；力大無比的人往往裝成手無縛雞之力，緊急時才能夠出乎意料的打敗來犯者。做人，鋒芒太露，就等於把自己的底細給對方交代得一清二楚，一旦交起手來，就首先輸掉了一半，實難收到突見奇功的效果。

但做人又不能不露鋒芒或藏而不露。不露鋒芒、藏而不露，總給人一種遮遮掩掩、躲躲藏藏的感覺，讓人覺得你這人虛偽無比。不可不露，卻又不能太露或亂露，那就只有深藏不露。深藏不露的真諦就在於，不刻意顯露。有能力終究是要露出來的，只要時機、地點、人事三者合適。如果有一樣不合適，那就不要亂露，以免招來不必要麻煩，徒然增加自己的苦惱。

這種深藏不露的處世智慧與西方張揚個性注重表現有所不同。西方教育注重「表現」，主張「有能力就要表現出來，有一手就要露出來」，否則和沒有能力沒有什麼兩樣。西方人不但好表現，到處表現，而且還要隨時告訴別人自己表現了些什麼東西，甚至隨身攜帶一些以資佐證的資料，證明自己確實如此。東方人當然也明白「表現」的道理，知道「老虎不發威，很容易被當做病貓」。不過我們更了解「虎落平陽被犬欺」的慘痛苦境，在表現之前，先做好「等到達那裡，先打聽一下當地的情況，再做打算」的準備工作。因此兩者的區別不在於表現不表現，而是怎樣表現。前者是捨身哲學，主張能露就露，露光了就走路，後者是守身哲學，主張先打聽一下，看一看露到什麼程度最合理，然後才合理的顯露。

深藏不露是為了看一看有沒有比自己更合適的人走出來。若大家都爭著

要露，特別是那些才能平庸，又缺乏自知之明的人，其結果只能是埋沒了真正的有才華的人，阻礙了他們的道路。不強出頭，其實就是在不應該自己出頭的時候千萬不要出頭，一定要出頭不可，也應該設法讓別人先出頭。萬一讓不過，才抱著我是不得已而為之的心情來出頭。當然，沒有什麼本領的人無需講究什麼深藏不露。因為自己很平庸，就算利用深藏不露來「藏拙」，充其量也只能隱瞞一時，最終會被人識破，結果原形畢露。

能屈能伸，學會低頭

大凡英雄豪傑，胸懷大志，打算做一番轟轟烈烈的事業的人，都能屈能伸。這就好比一個矮小的人，要登高牆，必須要尋找一個梯子作為登高的台階，假如一時尋找不到梯子，那麼，即使旁邊有一個馬扎，未嘗不可利用作為進身的階梯。假如嫌它小，就爬不到高牆上去。當初，張良、韓信就是劉邦的梯子，韓林兒就是朱元璋的馬扎。

韓信年少時曾受過胯下之辱，但他並不是懦夫。他之因此忍受這樣大的屈辱，是因為他的人生抱負太大了，沒有必要小不忍則亂大謀。後來跟隨劉邦逐鹿中原，風雲際會，先後作過齊王和楚王。在他與部下談起這件事時說：難道當時我真沒有膽量和力量殺那個羞辱我的人嗎？而是如果殺了他，我的一生就完蛋了，我忍住了，才有今天這樣的地位和成就。

人們在制定理想目標時，往往在實踐過程中都會遇到各式各樣的困難和挫折，致使你氣憤、膽怯、自卑、情緒衝動、灰心喪氣、意志動搖等，立志越高，所遇到的困難就越大，猝然臨之而不驚，無故加之而不怒，這就是大丈夫能屈能伸、樂觀堅毅精神的表現。

第八章　做個知足常樂的人

　　苦難是一種前兆，也是一種考驗，它選擇意志堅韌者，淘汰意志薄弱者。要達到奇偉瑰怪的人生境界，要成就任重道遠的偉業，必須具有遠大的志向和極端堅韌的素養。

　　一場大雪過後，樹林子出現了有趣的現象，只見榆樹的很多枝條被厚厚的積雪壓得折斷了。而松樹卻生機盎然，一點也沒有受到傷害。原來榆樹的樹枝不會變曲，結果冰雪在上面越積越厚，直到將其壓斷，實在是備受摧殘。而松樹卻與之相反，在冰雪的負荷超過自己的承受能力時，便會把樹枝垂下，積雪就掉落下來。松樹樹枝因能向下，使雪易滑落，因此枝幹依舊挺拔，巍然屹立。能屈能伸，剛柔相濟，正是這種氣度和風範使松樹經受了一場暴風雪的洗禮。

　　人世間的冷暖是變化無常的，人生的道路是變化無常的，當你在遇到困難走不通時，或許退一步就會海闊天空；當你在事業一帆風順的時候，一定要有謙讓三分的胸襟和美德，應該把功勞讓與別人一些，不要居功自傲，更不要得意忘形。該進則進，該退則退，能屈能伸。

　　一個人要想在世上有所作為，「低頭」是少不了的。低頭是為了把頭抬得更高更有力。現實世界紛紜複雜，並非想像得那麼一帆風順，面對人生旅途中一個個低矮的「門框」，暫時的低頭並非卑屈，而是為了長久的抬頭；一時的退讓並非是喪失原則和失去自尊，而是為了更好的前進。縮回來的拳頭，打起人來才有力。只有採取這種積極而且明智的初始方法，才能審時度勢，透過迂迴和緩而達到目的，實現超越。對這些厚重的「門框」視而不見，傲氣不斂，硬碰硬撞，結果只能是頭破血流，成為擺在風車面前的「唐詰訶德」。

是非成敗轉頭空

　　電視劇《三國演義》的主題歌曲慷慨、激昂、悲壯，尤其是詞中「是非成敗轉頭空」這七個字，頗能表達人們偶爾對人生所興起的感觸。三國中無論是足智多謀的諸葛亮、勇猛豪爽的張飛、義薄雲天的關羽、還是雄姿英發的周瑜、雄才大略的曹操等無數英雄豪傑都隨滾滾長江向東流去，縱橫馳騁的戰場早已硝煙散盡，空空如也。藝術家的彩筆為我們道盡人世的悲歡離合，但終如南柯一夢。人生無常，是非成敗轉頭空。

　　人生無常，無物永駐。天下沒有什麼事物、對象、情勢、局面是永遠不變的。明月曾經照古人，古人不見今世月；好花不常開，好景不常在；年年歲歲花相似，歲歲年年人不同。人無百日好，花無千日紅。物有生、死、毀、滅；人有生、老、病、死。盛極必衰、否極泰來；月有陰晴圓缺，人有悲歡離合；天下大勢是分久必合，合久必分；官無常位，境遇常變；三十年河東三十年河西，風水輪流轉。老子說：「金玉滿堂，也無法永遠守住。」人生聚散、浮沉、榮辱、福禍，這一切都在不斷的轉化，相輔相成。「百年隨手過，萬事轉頭空。」明白此理，你就會視一切變化為正常，就會對一切事情的發生有思想準備，就不會呼天搶地，不撞南牆不回頭與天道（客觀規律）死頂下去。做人，不能逆天道（客觀規律）而行事。

　　人生無常還指事物變動的不可遠見、偶然性，事情的不期而遇。俗話說天有不測風雲，人有旦夕禍福；福無雙至，禍不單行；運去金成土，時來土做金；屋漏偏逢連夜雨，船遲又遇頂頭風……人生之中不可預測的事太多太多。

　　人生無常，天道有常。人生無常，正是天道有常的表現。對於那些覬覦

權勢、玩弄陰謀的人來說，既有小人得志飛黃騰達之時，也有時運不濟，栽跟斗之日。秦檜玩弄詭計、陷害忠良，落得個無窮罵名；嚴嵩專橫跋扈、不可一世，終落得滿門抄斬。多行不義必自斃，逞一時之能稱一世之雄又能存於幾時？爬得越高跌得越慘。也許對爬得高的這個人來說，這是他人生際遇的無常，對於群體和社會來說則正是有常的表現。一個肆無忌憚，傷天害理的人早晚會受到客觀規律的懲罰，一個霸主早晚有稀哩嘩啦那一日。這對於他本人是天道無常的表現，對於別人則恰恰證明了天道有常。正所謂天網恢恢，疏而不漏。

感嘆人生之無常，並不完全出自無奈的悲愁，相反，它可能出自人心對幸福的追求與對永恆的嚮往。哲學家努力透視人生真諦，幫助人們建構精神家園。

聰明的人總是在變化無常中力爭主動，在變化之前或之初看到變化的端倪，去把握有常，居安思危，未雨綢繆，處變不驚，臨危不懼，從而在惡劣的處境下，能登高望遠，看到轉機，看到希望，有所準備，不失時機的轉敗為勝，扭轉乾坤。

唐伯虎詩中說：「釣月樵雲共白頭，也無榮辱也無憂；相逢話到投機處，山自青青水自流。」如果人人都能了然於山自青青水自流，就自然會寵辱不驚，物我兩忘，也不會去徒自貶抑，自尋煩惱了。

學會放棄

每一次高傲的老鷹去獵食野鴨，牠都要惱火。那些聰明的野鴨每次都把牠當作傻瓜似的戲弄，到了最後一刻，就潛進水裡去，留在水下，比牠能在

天空中翱翔著等候牠們的時間還要長。

　　有一天早上，老鷹決心要再試一次。牠張開翅膀在天空盤旋了一陣，觀察好形勢，小心的挑選好要捕捉的野鴨。這高傲的肉食鳥，就如同一塊石頭似的，直墜而下。但野鴨子比牠更快，把頭一鑽，就潛進水裡去了。

　　「這次我可不放過你啦？」老鷹惱火的喊叫道，也跟著插入水裡去。

　　野鴨一見老鷹栽進水裡，就一擺尾巴，鑽出水面，張開牠的兩翼，開始飛走。老鷹的羽毛全被水泡溼了，牠飛不起來。

　　野鴨子在牠頭上飛過，說：

　　「再見吧，老鷹！我能夠飛上你的天空，但在我的水底下，你就要淹死啦？」

　　每個人都有自己的強項和弱項，強項是用來發揮的，弱項是用來規避的。用你的弱項去對抗對手的強項無異於坐以待斃，最好的方法就是放棄這塊肥肉。

坦然面對「不完美」

　　有一個圓，被切去了好大一塊的三角形，想自己恢復完整，沒有任何殘缺，因此四處尋找失去的部分。因為它殘缺不全，只能慢慢滾動，因此能在路上欣賞花草樹木，還和毛毛蟲聊天，享受陽光。它找到各種不同的碎片，但都不合適，因此都留在路邊，繼續往前尋找。

　　有一天，這個殘缺不全的圓找到一個非常合適的碎片，它很開心的把那碎片拼上，開始滾動。現在它是完整的圓了，能滾得很快，快得使它注意不到路邊的花草樹木，也不能和毛毛蟲聊天。它終於發現滾動太快使它看到的

世界好像完全不同，便停止滾動，把補上的碎片丟在路旁，慢慢滾走了。

人生太完美了，也就沒有了生活的樂趣，因此殘缺也是一種美，是一種展現真實的美。

著名的音樂家湯瑪斯‧傑佛遜其貌不揚，他在向他的妻子瑪莎求婚時，還有兩位情敵也在追求瑪莎。一個星期天，傑佛遜的兩個情敵在瑪莎的家門口碰上了。於是，他們準備聯合起來羞辱傑佛遜。可是，這時門裡傳來優美的小提琴聲，還有一個甜美的聲音在伴唱。如水的樂曲在房屋周遭流淌著，兩個情敵此時竟然沒有勇氣去推瑪莎家的門，他們心照不宣的走了，再也沒有回來過。

傑佛遜並不完美，也不出眾，但是他有了小提琴和音樂才華，他就不可戰勝了。生活中，對自己的缺陷和弱點，不同的人會採取不同的辦法，傑佛遜是小提琴，我們呢？其實我們都有發現自己優點的武器。

對於每個人來講，不完美是客觀存在的，但無需怨天尤人，在羨慕別人的同時，不妨想想，怎樣才能走出盲點。或用善良美化，或用知識充實，或用自己一技之長發展自己。生命的可貴之處，在於看到自己的不足之處之後，能坦然面對。

等待 3 天

應邀訪美的女作家在紐約街頭遇見一位賣花的老太太。這位老太太穿著相當破舊，身體看上去很虛弱，但臉上滿是喜悅。女作家挑了一朵花說：「你看起來很高興。」

「為什麼不呢？一切都這麼美好。」

「你很能承擔煩惱。」女作家又說。然而，老太太的回答令女作家大吃一驚。當我遇到不幸時，就會等待 3 天，一切就恢復正常了。

「等待 3 天」，這是一顆多麼普通而又不平凡的心。我們從來就不應該承認與生俱來的命運，只要相信人生並非盡是事事如意，總要伴隨著幾多不幸，幾多煩惱。這樣一來，人生旅途豈不美好之至。

看淡得失皆隨意

清代紅頂商人胡雪巖破產時，家人為財去樓空而嘆惜，他卻說：「我胡雪巖本無財可破，當初我不過是一個月俸四兩銀子的夥計，眼下光景沒什麼不好。以前種種，譬如昨日死；以後種種，譬如今日生吧。」胡雪巖的這種得失心當數「糊塗之極」，然而，失去的已經不再擁有，再去計較又有何用？因此，還是糊塗一點好。

人生的許多煩惱都源於得與失的矛盾。如果單純就事論事來講，得就是得到，失就是失去，兩者涇渭分明，水火不容。但是，從人的生活整體而言，得與失又是相互連繫、密不可分的，甚至基本上，我們可以將其視為同一件事情。我們不認真想一想，在生活中有什麼事情純粹是利，有什麼東西全然是弊？顯然沒有！因此，智者都曉得，天下之事，有得必有失，有失必有得。

在人生的漫長歲月中，每個人都會面臨無數次的選擇，這些選擇可能會使我們的生活充滿無盡的煩惱和難題，使我們不斷的失去一些我們不想失去的東西，但同樣是這些選擇卻又讓我們在不斷的獲得，我們失去的，也許永遠無法補償，但是我們得到的卻是別人無法體會到的、獨特的人生。因此面

第八章　做個知足常樂的人

對得與失、順與逆、成與敗、榮與辱，要坦然待之，凡事重要的是過程，對結果要順其自然，不必斤斤計較，耿耿於懷。否則只會讓自己活得很累。

俗話說「萬事有得必有失」，得與失就如同小舟的兩支槳，馬車的兩隻輪，得失只在一瞬間。失去春天的蔥綠，卻能夠得到豐碩的金秋；失去青春歲月，卻能使我們走進成熟的人生……失去，本是一種痛苦，但也是一種幸福，因為失去的同時也在獲得。

一位成功人士對得失有較深的認識，他說：得和失是相輔相成的，任何事情都會有正反兩個方面，也就是說凡事都在得和失之間同時存在，在你認為得到的同時，其實在另外一方面可能會有一些東西失去，而在失去的同時也可能會有一些你意想不到的收穫。

人之一生，苦也罷，樂也罷，得也罷，失也罷，要緊的是心間的一泓清潭裡不能沒有月輝。哲學家培根說過：「歷史使人明智，詩歌使人靈秀。」頂上的松蔭，足下的流泉以及坐下的磐石，何曾因寵辱得失而拋卻自在？又何曾因風霜雨雪而易移萎縮？它們踏實無為，不變心性，方才有了千年的閱歷，萬年的長久，也才有了詩人的神韻和學者的品性。終南山翠華池邊的蒼松，黃帝陵下的漢武帝手植柏，這些木中的祖宗，旱天雷摧折過它們的骨幹，三九冰凍裂過它們的樹皮，甚至它們還挨過野樵頑童的斧斫和毛蟲鳥雀的齧啄，然而它們全然無言的忍受了，它們默默的自我修復、自我完善。到頭來，這風霜雨雪，這刀斧蟲雀，統統化做了其根下營養自身的泥土和涵育情操的「胎盤」。這是何等的氣度和胸襟？相形之下，那些不惜以自己的尊嚴和人格與金錢地位、功名利祿作交換，最終腰纏萬貫、飛黃騰達的小人的蠅營狗苟算得了什麼？且讓他暫時得逞又能怎樣！

人生中，得與失，常常發生在一閃念間。到底要得到什麼？到底會失去

什麼？仁者見仁，智者見智。不可否認的是，人應該隨時調整自己的生命點，該得的，不要錯過；該失的，灑脫的放棄。

不要乙太過認真的態度計較得失，人生才能有更多的風景呈現。

第八章　做個知足常樂的人

第九章　換個角度看幸福

　　生活其實就如寫文章一樣，當你發覺筆下的那一句不是自己最滿意的言語，甚至是敗筆的時候，那你就暫時停筆思考一下，甚至不妨換個角度重新書寫，直至精彩的華章湧向筆尖。

換個角度看自己

　　現實生活中，也許你是一個始終與「第一名」無緣的人，眼看著別人表現出色，自己卻永遠居於人後，心裡會不會覺得有些自卑呢？其實你大可不必為此煩惱，一個人成功與否有很多不同的判斷標準，只要你願意換個角度，你也可以位列第一。

　　惲壽平是清代最著名的畫家之一，他早期是畫山水的，從見到王石谷之後，自以為山水畫不能超過他。於是專攻花卉。或為海內所宗。在更早以前的唐代也有一位以畫火聞名的張南本，據說原來是與一畫家孫位一起學畫山水，也因為自認不能超過孫位而改習畫火，終於獨得其妙。

　　藝術家追求完美，難免有傲骨，恥為天下第二名手，不願落人之後，像前兩者真有才能，舍他人既行的道路，自辟蹊徑，獨創一家固然最好。但如果不能認清自身的能力，只因恥為人後，就放棄學習，自己又找不到適當的方向，到頭來則難免什麼都落空了。

　　俊峰是一個魅力四射、才華橫溢的年輕人，經常是社團中令人注目的熱點，認識俊峰的人幾乎都可以感受到他熱情的付出。在得知他交了女朋友後，他的一個朋友開玩笑似的問他：「那現在我在你心中排第幾呀？」他想也不想，便答：「第一。」朋友不相信的看著他，問：「怎麼可能啊，你女朋友應該排在第一位。」俊峰狡點的一笑，然後說：「你當然排第一，只不過是另一個角度而已。」俊峰的話說得多好啊！生活中，在各行各業中，每個人都期望得到第一的位置，其實要拿到第一也容易，就看你願不願意換個角度── 只要「換個角度」，每個人就都是第一了，而這個世界，自然少了許多莫名的地位紛爭，這不是很好嗎？

周平生性好強、不甘平庸，但造化弄人，他卻偏是一個平淡無奇的小人物，他的理想是成為一個無冕之王──新聞記者，然而大學畢業後他卻成了一名高中教師，而且在學校裡也並不太受學生歡迎。看著昔日的同窗今日都已登上高位，周平心裡彆扭極了。賢慧的妻子見他這樣子，就勸他說：「人比人，氣死人！反正現在情況已經是這樣了，你又何必偏拿自己的短處去比人家的長處呢？你難道就不能找找你自己的優點嗎？」妻子的話點醒了周平，他決定憑著自己流暢的文筆闖出一片天地。周平選擇了當地一家頗有影響力的報社，然後便大量向那家報社投稿，絲毫不計較稿費的高低。這家報社開了不少副刊，周平悉心加以研究後，專門為它們量身訂做寫文章，因此他的作品幾乎篇篇都被採用，甚至還創造過這樣的奇蹟：有一次，他們的副刊總共只有 8 篇稿子，其中 4 篇都是周平的「大作」，只是署名不一樣。

周平的作品被這家報社的編輯競相爭搶，常常是剛應付完文學版的差事，雜文版的又來了。有時他因學校有事創作速度稍慢一點，那些編輯就會心急如焚的打電話催稿。終於有一天報社的上司坐不住了，他們給周平打電話──只要周平願意，他現在就可以去報社上班。

周平成功了，我們可以從周平的經歷中得到一個很重要的啟示：生活的路不只一條，如果你不甘於平庸，你完全可以換個角度再起飛，得到你想要的成功。古今還有很多名人經過重新給自己定位而取得令人矚目的成就。

阿西莫夫是一個科普作家，同時也是一個自然科學家。一天上午，他坐在打字機前打字的時候，突然意識到：「我不能成為一個第一流的科學家，卻能夠成為一個第一流的科普作家。」於是，他幾乎把全部精力放在科普創作上，終於成了當代世界最著名的科普作家。

在生活中，誰都想最大限度的發揮自己的能力。但是，由於種種原因，

第九章　換個角度看幸福

你無法在自己從事的行業裡取得令人滿意的成就。還有許多人是在自己並不喜歡甚至厭惡的職位上，做並非自己所願意做的工作。在這種情況下，還是不要著急為好。生活其實就如寫文章一樣，當你發覺筆下的那一句不是自己最滿意的言語，甚至是敗筆的時候，那你就暫時停筆思考一下，甚至不妨換個角度重新書寫，直至精彩的文章湧向筆尖。

別太在意天生的容貌

每個人容貌是與生俱來的，是父母給的。有些人漂亮，有些人醜陋，也有些人，既不美麗，也不醜陋，屬於普通的那種。

一個人的容貌本來也沒什麼，可是人是一種追求完美的高級動物。況且，人還有意識，總希望自己眼前的東西能夠「賞心悅目」，因此容貌的美醜就極為重要了。

其實很多人都承認，無論容貌好與壞，帶給人的煩惱往往是一樣多的。

容貌美麗者有容貌美麗者的煩惱，這往往是容貌平平的人所體會不到的。美好的容貌，可能給你帶來幸運，卻不一定能帶給你幸福。而容貌美麗者往往又體會不到容貌平平所帶來的煩惱，整日生活在「求美無小事」中，或梳妝，或保養，日子久了，難免生出些煩悶。

不過常人並不管這麼多，尤其是那些容貌平平者和容貌醜陋者。常言道：「郎才女貌」，「窈窕淑女，君子好逑」，可見，容貌的美醜對於女人更為重要。

既然有美醜之分，就少不了有個標準。

古時說書的形容美人是這樣的：瓜子臉，柳葉眉，丹鳳眼，櫻桃小嘴，

體形也是不高不矮，不肥不瘦，「增一分則長，減一分則短」，美妙絕倫。

美麗的標準也不是絕對的，單就歷史而言，歷朝歷代對美的認識就不統一，甚至有可能相互衝突。「楚王好細腰」，因此，趙飛燕的細腰傾倒全國的男子。到唐朝，就以胖為美了，楊貴妃的模樣是當時婦女的「崇拜偶像」。但到宋朝，就又變為以瘦為美了。

但不論怎樣，沒人否定愛美這一點。愛美之心，人皆有之。孔子尚且說道：「食色，性也」。就是說喜愛美麗的事物和喜愛食物一樣，是人的本能。

美麗，不僅能讓別人賞心悅目，更能增加自己的自信。競爭激烈的現代社會，尤其證明了這一點。因此那些即將畢業，忙於找工作的同學，更不忘把自己打扮得美麗一些，因為「美麗」方可「動人」。

美，是一種至高無上的東西。追求美，無可厚非。從古至今，人都在追求著美。美，有心靈之美，有容貌之美。心靈之美，是見不著的，容貌之美是形諸於外均，是隨時隨地可見的。因此，人更多的是注重自己的外在美。甚至可以為了保存自己的外在美，而放棄內在的東西。這種極致，為威脅利誘以達到某種目的提供了依據。

但人畢竟有美醜之分，美人也會有一點點缺陷，醜人想要美一點，美人想要更美一點，這樣，「求美」就出現了。求美，是人的一種天性。就說外在美吧，外在美有天生之美與人工之美之分。當天生容貌不能與別人相比時，就會求助人工美，進行美容或整形。醫美，就是針對人的這一心理而興起的一門行業。就是試圖改變一個人的外在形象，改變自己與生俱來的不足。

記得那位替父從軍，南征北戰的巾幗英雄花木蘭吧？馳騁沙場多年的她，回到家中做的第一件事，就是「開我東閣門，坐我西閣床」，然後，從容的「對鏡貼花黃」。目的很簡單，用些裝飾品，把自己打扮得漂亮一些，還我

女兒裝。

　　古時的女人們，就已經很會「求美」了，可以修剪眉毛，帖花黃（就是把一些有顏色的紙剪成星月等形狀，貼在額頭上），可以給臉上擦胭脂，嘴上塗唇膏，頭上別上各式各樣的簪子。

　　時至今日，求美的方式就更多了，對普通容貌的人而言，變成美人已經不再是一個遙不可及的夢想。現代的整容手術，能讓你不敢相信自己的眼睛，還有整形手術，也能讓「醜人」大飽眼福。而且基因技術已經給我們預示了美好的未來。可以在父母親交合的那一刻，修改不滿意容貌的基因，比如：把單眼皮的基因修改成雙眼皮的基因，把矮個子基因修改成高個子基因，把黑頭髮基因修改成黃頭髮基因。如此一來，我們可真要生活在一個賞心悅目的世界裡了。

　　不過，真到那時，也還有美中不足，就是美的標準問題。如果有個統一的標準，那麼，滿眼的美女中，就很難分清楚這個「美人」和那個「美人」了。

別讓年齡問題困擾自己

　　樹有樹輪，人有人齡。萬物蒼生，都有它發生、發展和死亡的過程。年齡對我們每一個人來說，都熟悉得不能再熟悉了。誰能沒有年齡呢？可是，又有誰真正的考慮過年齡這個問題？

　　小孩常會問爸爸媽媽：「我什麼時候才能長大？」在孩子的眼中，長大意味著可以自己決定去什麼地方玩，穿什麼衣服，自己決定做什麼或不做什麼。長大，在他們眼裡意味著自由與獨立；在少男少女的眼中，年齡意味著

美麗，意味著熱情與活力；在青年的眼中，年齡意味著成熟，意味著權利，是一切可以驕傲的資本的根源；在中年人眼中，年齡意味著不斷失去的過去，意味著負擔、壓力，意味著責任與義務；在老年人眼中，年齡意味著美好的過去和難以預測的未來，意味著生與死交換的界限。

在年齡面前，人是無能為力的，因為它既不會因為孩子的企求而加快腳步，也不會因為老人的感慨而放慢腳步。它平等的對待每一個人，無論是總統，是科學家還是罪犯，它就如同一個忠誠的僕人，一絲不苟的記錄著你所走過的每一分、每一秒，一旦走過，再好的化妝品也無法掩蓋歲月寫在臉上的滄桑，再注重保養的身體也無法避免衰弱的命運。

年齡，人們之因此在乎它，是因為人們在乎它背後的生命，在乎它帶給人的心理的舒適與滿足。

老人的生命必然是在走向衰退，這種衰退是人所難以接受的，因此他們希望忘記自己的年齡，而年輕人的生命正是輝煌的時候，因此他們希望留駐年齡，兒童的生命正在走向希望，這種希望給人力量，因此他們渴望成長自己的年齡。

任何事物的存在都有一個過程，事物與事物之間就存在個先後、大小的問題。年齡大的在年齡小的之前而出現，這似乎是再明白不過的道理了。

因此，年齡在基本上，也意味著一種資本。年齡大的人一般會有更多的經歷，也就有了較深的閱歷，這本無可厚非，但也給人一種錯覺，覺得年齡大的人懂得的當然要多些，處理事情要妥當些，有些所謂「大人」就據此倚老賣老，擺老鳥：「你小小年紀，懂什麼？」好像年齡大就有資格、有條件去教訓別人一樣。年齡成了一個人的權力、權威、威嚴等的象徵，成了可以隨意教訓人的唯一資本。

第九章　換個角度看幸福

在我們這個以尊重老人為美德的國度裡，傳統道德潛移默化的影響著人們。在老人面前，我們習慣於恭恭敬敬，習慣於唯命是從，於是，年輕的在年紀大的人面前、在權威面前唯唯諾諾，不敢大聲，不敢思想。順著年紀大的人的思想向下走，失去了一個年輕人應有的熱情與活力，失去青年時代最可寶貴的東西——熱情的創造。

年輕人做錯事，尤其沒有按上一輩意思去做的時候，經常會被罵「不聽老人言，吃虧在眼前」。年輕人好像註定是老年人的出氣筒。

小的總想著長大，「三十年媳婦熬成婆」，可以說：「我吃過的鹽比你吃過的飯都多，走過的橋比你走過的路還要多。」年輕人容易把年齡和青春容貌畫等號，中年人為小的欣喜，為即將來臨的老而內心發毛，老人卻想著能有朝一日「返老還童」，再活他一朝。

「長江後浪推前浪，世上新人換舊人。」老的終將逝去，小的也會變老。

年齡猶如四季。不能春光永駐是一種遺憾，可是倘若永遠生活在春天裡，沒有機會品味夏日的茂盛，秋色的燦爛，冬雪的綺麗，也會是一種遺憾。

有這樣一個寓言，講的是，未來的一天，地球人的代表來到太空，他向太空酋長提出抗議：「地球人的壽命實在太短暫了，我們要求長生不老。」無奈之中，太空酋長帶他到天鵝星上，指給他看地上密密麻麻的白毛般的生物告訴他：「這些生物已經存在了兩萬年了，他們的文明高度發展，他們的人口密度也遠超過極限，但因這些貪婪的生物都想永遠占有自己所得到的一切，他們都不願意去死，我就把長生不老的祕方給了他們，這樣，他們再也沒人死掉，但他們活得更痛苦，沒有死亡也沒有了希望，他們又懷念有死亡存在的日子，但他們已不可能去死，連自殺也不可能，你看，他們正在強烈懇求

我賜予死亡呢。地球人看罷，心生恐懼，便匆匆回去覆命了。因此，人類依然有年齡，有生老病死。

同樣的年齡，有些人要比實際年齡蒼老許多，有些人卻要比實際年齡年輕許多。一張蒼老的臉上，寫滿的是逝去的流金歲月和歷經的人世間的滄桑；一張光潔的臉上，感悟到的是生活是夢想，年輕是夢，年老是回憶。

年輕人在夢中醒著，老年人在醒中夢著。

我們無法抗拒容顏的衰老，卻可以抗拒心靈的衰老。活出你自己來，保持著一顆永不衰老的心，世界才真正在你的年齡中掌握。

缺陷也是一種美

卡絲‧黛莉頗有音樂天賦，然而她卻長了一口暴牙。第一次上台演出的時候，為了掩飾自己的缺陷，她一直想方設法把上唇向下撇著，好蓋住暴出的門牙，結果她的表情看起來十分好笑。

她下台後一位觀眾對她說：「我看了你的表演，知道你想掩飾什麼。其實這又有什麼呢？暴牙並不可怕，儘管張開你的嘴好了，只要你自己不引以為恥，投入的表演，觀眾就會喜歡你。」

卡絲‧黛莉接受了這個人的建議，不再去想那口牙齒。從那以後，她關心的只是聽眾，像一切都沒有發生那樣張大了嘴巴盡情歌唱，最後成為了一位非常優秀的歌手。

一口暴牙並沒有給她帶來任何不良影響，相反還成了她形象的一大特色。人們接受甚至喜歡上了她的暴牙，就如同喜歡她的歌聲一樣。從某種意義上說，外露的牙齒和她的歌聲一起，才構成了一個完整的卡絲‧黛莉。

我們常常抱怨自己時運不濟，覺得自己不能脫穎而出。把眼光低下來，看看自己的平庸之處，甚至有缺陷的部分 —— 說不定在那裡，我們也會發現那些一直深藏著而有價值的東西。沙裡淘金，你自身的優勢就會被一點一點挖掘出來。

務實最重要

最好明天就賺夠 1000 萬，買房子、買汽車……如果你有這樣的想法？你一定是個不務實的。

即使自身具備再優越的條件，一次也只能腳踏實的邁一步。這是十分簡單的道理，然而，很多初入社會的年輕人，在步入社會後，卻把這麼簡單的道理忘記了。他們總想一步登天，恨不得第二天一覺醒來，搖身一變成為貝佐斯及伊隆·馬斯克一樣的成功人物。他們對小的成功看不上眼，要他們從基層做起，他們會覺得很丟臉，他們認為憑自己的條件做那些工作簡直是大材小用。他們有遠大的理想，但又缺乏踏實的精神，最終只能四處碰壁。

任何一個人的成功都不是靠空想得來的，只有踏踏實實一步一腳印的去嘗試、去體驗，才能最終取得成功。不管你擁有過怎樣知名學府的畢業證書，也不管你獲得過怎樣高的獎勵，你都不可能在踏出校門的第一天就獲得百萬年薪，更不可能開上公司所配的「BMW」跑車，這些都需要你踏踏實實的去做，去爭取。如果你不能改掉眼高手低的壞毛病，那麼，不但初入社會就遭遇挫折，以後的人生旅程都將布滿荊棘。

1970 年代，麥當勞公司看好了市場，決定在當地培訓一批高級管理人員。他們最先選中了一位年輕的企業家。但是，商談了幾次，都沒有定下

來。最後一次，總裁要求那個企業家帶上他的夫人來。當總裁問道：「如果要你先去打掃廁所，你會怎麼想？」那個企業家立即沉思不語，臉上還現出了尷尬的神情。他在想：要我一個小有名氣的企業家打掃廁所，大材小用了吧？這時他的夫人卻說道：「沒關係，我們家的廁所向來都是他打掃的！」就這樣，那個企業家才通過了面試。

讓那個企業家沒有想到的是，第二天一上班，總裁就先讓他去打掃了廁所。後來他晉升為高級管理人員，看了公司的規章制度後才知道，麥當勞公司訓練員工的第一課就是先從打掃廁所開始的，就連總裁也不例外。

年輕人只有沉下心來才能成就大事。無論你多麼優秀，到了一個新的領域或新的企業，剛出校門就只想做企劃、做管理，可是你對新的企業了解多少？對基層的員工了解多少？沒有哪個企業敢把重要的位置讓剛剛走出校門的人來掌管，那樣做無論對企業還是對畢業生本人都是很危險的事情。因此，要想獲得事業的成功，就先去掉身上的浮躁之氣，培養起務實的精神，扎扎實實打好基礎，基礎打好了，你事業的大廈才可能拔地而起。

戒掉浮躁之氣並不困難，只需把自己看得笨拙一些。這樣你就很容易放下什麼都懂的假面具，有勇氣袒露自己的無知，毫不忸怩的表示自己的疑惑，不再自命不凡，自高自大，培養起健康的心態。這有利於更快更好的掌握處理業務的技巧，提高自己的能力，還能給上司和同事留下勤學好問、嚴謹認真的好印象。

擁有笨拙精神的人，可以很容易的控制自己心中的熱情，避免設定高不可攀、不切實際的目標，不會憑著僥倖去瞎碰，也不會為了瀟灑而放縱，而是認認真真的走好每一步，踏踏實實的善用每一分鐘，甘於從不起眼的小事做起，並能時時看到自己的差距。

認真扎實的去做基礎工作，是培養務實精神的關鍵。越是那些別人不屑去做的工作，你越要做好。工作能力是有層級的，只有從基礎做起，處理好小事，才能打好根基，培養起處理大事的能力。

你還要保持一顆平常心，坦然的去面對一切。如果小有成就，也不需太得意，如果遇到挫折，也不要消極失望。「不以物喜，不以己悲」的心態，會使你更加關心自己的工作，並集中精力做好它。

此外，還要切忌急於求成。事業的成功需要一個水到渠成的過程，急於求成可能導致一事無成。

人的成長是需要一個過程的，這個過程不是任何文憑、學位可以縮短或替代的，否則就會出現斷層，就會成為空中樓閣。「沒有人能隨隨便便成功」，這是一句歌詞，也是一條真理。「隨便」是指空想、浮躁，懼有去掉這些，發揚務實的精神，萬丈高樓才能拔地而起。初入社會是一個人的素養和生涯定格的時期，如果你能在這個時期樹立起務實的精神，扎扎實實的練就基本功，那麼還有什麼能阻礙你成功呢？

不管你從事哪一行哪一業，成功都自有其既定的路徑和程序，一步一步的來，成功自然會在不遠的地方等著你，想一步登天，成功就會跑得比你更快，你永遠都追不上。

欣賞自己的不完美

人生確實有許多不完美之處，每個人都會有這樣或那樣的缺憾。其實，沒有缺憾我們無法去衡量完美。仔細想想，缺憾其實不也是一種美嗎？

一位心理學家做了這樣一個實驗：他在一張白紙上點了一個黑點，然後

問他的幾個學生看到了什麼。學生們異口同聲的回答，看到了黑點。於是，心理學家得到了這樣的結論：人們通常只會注意到自己或他人的瑕疵，而忽略其本身所具有的更多的優點。是呀，為什麼他們沒有注意到黑點外更大面積的白紙呢？

有這樣一位女子，她喜歡自助旅行，一路上拍了許多照片，並結集出版。她常自嘲的說：「因為我長得醜。因此很有安全感，如果換成是美女一個人自助旅行，那就很危險了。我得感謝我的醜！」

英國有位作家兼廣播主持人叫湯姆·撒克，事業、愛情皆得意，但他身高只有 130 公分，他不自卑。別人只會學「走」，他學會了「跳」，因此，他成功了。他有句豪語：「我能夠得到任何想要的東西。」

其實，在人世間，很多人註定與「缺陷」相伴而與「完美」相去甚遠的。渴求完美的習性使許多人做事比較小心謹慎，生怕出錯，因此，必然導致其保守、膽小等性格特徵的形成。在現實生活中我們不難發現，有些人長得一表人才，舉止得體，說話有分寸，但你和他在一起就是覺得沒意思，連聊天都沒有絲毫興致。這些人往往是從小接受了不出「格」的規範訓練，身上所有不整齊的「枝杈」都給修剪掉了，於是便失去了個性獨具的風采和神韻，變得乾巴、枯燥，沒有生機，沒有活力。

不僅人自身是不完美的，我們生活的世界也是布滿缺憾的。比如：有一種風景，你總想看，它卻在你即將聚焦的時候巧妙的隱退；有一種風景，你已經厭倦。它卻如影隨形的跟著你；世界很大，你想見的人卻杳如黃鶴；世界很小，你不想看見的人卻頻頻進入你的視線；有一種情，你愛得真、愛得純，愛得你忘了自己，而他（她）卻視如垃圾，如果能夠倒過來，多好，可以不讓自己再忍受痛苦。世上有許多事，倒過來是圓滿，順理成章卻變成了

遺憾。然而，世上的許多事情正是在順理成章的進行著，我們沒辦法將它倒過來。

　　缺陷和不足是人人都有的，但是作為獨立的個體，你要相信，你有許多與眾不同的甚至優於別人的地方，你要用自己特有的形象裝點這個豐富多彩的世界。也許你在某些方面的確遜於他人，但是你同樣擁有別人所無法企及的專長，有些事情也許只有你能做而別人卻做不了！

　　學會欣賞自己的不完美，並將它轉化成動力，才是最重要的。

　　古代哲學家楊子曾對他的學生們說：有一次，我去宋國，途中住進一家客棧裡，發現人們對一位醜陋的姑娘十分敬重，而對一位漂亮的姑娘卻十分輕視。你們知道這是為什麼嗎？學生們聽了之後說什麼的都有。楊子告訴他們，經過打聽才知道，那位醜陋的姑娘認為自己相貌差而努力工作而且品格高尚，因此得到人們的敬重；那位漂亮的姑娘則認為自己相貌美麗，因而懶惰成性且品行不端，因此受到人們的輕視。

　　其實，做人的道理也是這樣，是否被人尊敬並不在於外貌的俊與醜。美貌不只是表面的，而有著更深層次的內涵。如果表面的美失去了應該具有的內涵，就會為人們所捨棄，那位漂亮姑娘就是最好的例證。勤能補拙，也能補醜，這是那位醜姑娘給我們的啟示。

　　欣賞自己的不完美，因為它是你獨一無二的特徵。欣賞自己的不完美，因為有了它才使你不至於平庸。不完美使你不同於人，世界也因你的不完美而多了一點色彩。

天才不等於全才

齊國有個人很會識別狗的優劣。

於是有人託他買一隻能捉老鼠的狗。這個人費了很長時間才把這樣的狗找到。託他買狗的人將狗帶回家後，而那隻狗卻不捉老鼠，於是就來請教那個給他找狗的人。那個人說：「這的確是隻好狗。牠想捕的只是獐麇一類的野獸，而不管捉老鼠這樣的事。如果你真要牠去捉老鼠，除非把牠的腳捆綁起來。」

於是，那人回到家就將狗的腿捆了起來，這隻狗也只好捉老鼠了。

好刀一定得用到刃上。每一個人都是天才，但每一個人卻不一定是全才，你要做的是什麼時候應該出手。如果捆住自己透過束縛而去實現價值，只能在委屈中多管閒事。

正視你的缺陷，突出你的優點

對於一個普通人來說，缺陷確實是一件非常殘酷的事情，可是你不能因此而自卑消沉。既然缺陷無法改變，那麼就要正視它，把它當成前進的動力。這樣一來，缺陷也就有了價值。

美國的國會議員愛爾默·湯瑪斯曾說：「我 15 歲時，常常為憂慮恐懼和一些自卑所困擾。比起同齡的少年，我長得實在太高了，而且瘦得像支竹竿。我有 189 公分高，體重卻只有 53 公斤。除了身體比別人高之外，在棒球比賽或賽跑各方面都不如別人。他們常取笑我，封我一個『馬臉』的外號。我的自卑感特強，不喜歡見任何人，又因為住在農莊裡，離公路遠，也碰不到幾個陌生人，平常我只見到父母及兄弟姐妹。

第九章　換個角度看幸福

　　如果我任憑煩惱與自卑占據我的心靈，我恐怕一輩子也無法翻身。一天24小時，我隨時為自己的身材自憐。別的什麼事也不能想。我的尷尬與懼怕實在難以用文字形容。我的母親了解我的感受，她曾當過學校教師，因此告訴我：『兒子，你要去接受教育，既然你的體能狀況如此，你只有靠智力謀生。』

　　可是父母無力送我上學，我必須自己想辦法。我利用冬季捉到一些貂、浣熊、鼬鼠類的小動物，春天來時出售得了4美元。再買回兩頭豬，養大後，第二年秋季賣得40美元。以這筆錢，我到印第安那州去上師範學校。住宿費一週1.4美元，房租每週0.5美元。我穿的破舊襯衫是我媽媽做的（為了不顯得看起來髒兮兮，她特意用咖啡色的布），我的外套是父親以前的，他的舊外套、舊皮鞋都不合我用。皮鞋旁邊有條鬆緊帶，已經完全失去了彈性，我穿著走路時，鞋子會隨時滑落。我沒有臉去和其他同學打交道，只有成天在房間裡溫習功課。我內心深處最大的願望是，有一天我能在服裝店買件合身而體面的衣服。」

　　想想當時愛爾默‧湯瑪斯面臨的處境是多麼悲慘，生理的缺陷和生活的貧窮同時困擾著他。但湯瑪斯沒有消沉，在克服了自卑之後他的人生之路越來越順利，50歲那年，湯瑪斯成了奧克拉荷馬州的國會議員。

　　越研究那些有成就者的事業，你就會越加深刻的感覺到，他們之中有非常多的人之因此成功，是因為他們開始的時候有一些會阻礙他們的缺陷，促使他們加倍的努力而得到更多的報償。正如威廉‧詹姆斯所說的：「我們的缺陷對我們有意外的幫助。」

　　不錯，很可能密爾頓就是因為瞎了眼，才下決心寫出更好的詩篇來，而貝多芬是因為聾了，發誓做出更好的曲子。

海倫‧凱勒之因此能有光輝的成就，很大程度是因為她瞎和聾，才促使她奮鬥。

「如果我不是有這樣的殘疾，」那個在地球上創造生命科學基本概念的人寫道，「我也許不會做到我所完成的這麼多工作。」

達爾文坦然承認他的殘疾對他有意想不到的幫助。

在現實之中，我們不能不承認自己在某些方面「不如人」，這是很自然的事。

但是，這種現實的差距並不代表我們就是一個沒有能力的「低能兒」，更不應把這種差距變為自己失敗的藉口。

每個人都不會是「十分完美」的。

思想健康最重要

我們的身體，是為我們的思想所支配的。身體是和諧抑或紊亂、是健康抑或疾病，全以我們日常的思想為轉移。

我們大都嘗到過一種驟然的心靈更新的經驗 —— 那突如其來驅除我們心胸中的一切陰霾，照人歡愉幸福的陽光，至少在暫時可以改變我們對於生命意義的看法。

在我們心情沮喪而周遭的一切都顯出黑暗、慘澹的時候，假如有某種大幸運突然來臨，或者有一位渴念已久的親愛知己突然來訪，或者到田野間去散了一會步，則我們的一切精神創傷，可以被那種新的啟示完全治癒。

或者在旅行時，我們遇見了一片令人目眩心迷的景色，抑或見了某種我們聞名已久、急欲一觀的藝術作品；在那時候，一種強烈的羨慕和興趣，一

種優美、崇高的暗示會暫時把我們心中的煩悶、恐懼等等情緒，以及那在不久以前還盤踞在我們中、毀滅我們幸福的思想全部趕走。

許多人往往一方面感覺到自己具有相當才能，而同時又自己覺得在某一種或在某幾種品性或機能上有缺陷。這種缺陷的存在是很有害的，因為它能消滅我們的自信，而自信正是要成就大事業的必需的條件。

在一定的條件下，人的思想是由於每個人所處的環境及鍛鍊之不同，其發達程度才有所差異的。

假如你在某種品性或機能上有缺陷、有弱點，需要謀求補救，你就應經常把你的思想集中在那種品性或機能上。思想常常集中在那一方面，則那一部分的腦細胞會漸漸的轉強，漸漸的發達。懷著積極的、樂觀的、堅定的思想，可以使我們的精神機能加強；反之，懷疑與缺乏自信的思想，可以使之轉弱。

假如你有不夠堅定與寡斷的毛病，你只要常常懷著一種堅決的精神態度，相信自己能夠做敏捷聰明堅定決斷的人，不要以為你是弱者或你不能決斷。

不但我們的精神缺陷可以補救，弱點可以克服，暗示的力量還可以增加我們一般的能力。我們的各種精神品性或精神機能，其易於改變、易於進步、易於發達的程度，簡直是令人吃驚的。

許多人的心胸，都為「無知」與「迷信」所拘束，為煩悶、恐懼、不安的思想所蹂躪，使他們的腦部不能發揮出 1/10 以上的力量。他們的精神不能完全自由，他們的心被各種恐懼、憤怒、煩悶等等情感所控制著，因此健全的思想便消失了。

思想健康最重要

別讓壞情緒影響你的健康

失眠、憂鬱、自卑、暴躁……身體的每個器官
都在反映著你的心情

作　　者：安旻廷，禾土

發 行 人：黃振庭

出 版 者：崧燁文化事業有限公司

發 行 者：崧燁文化事業有限公司

E-mail：sonbookservice@gmail.com

粉 絲 頁：https://www.facebook.com/
　　　　　sonbookss/

網　　址：https://sonbook.net/

地　　址：台北市中正區重慶南路一段六十一號八
　　　　　樓 815 室

Rm. 815, 8F., No.61, Sec. 1, Chongqing S. Rd.,
Zhongzheng Dist., Taipei City 100, Taiwan

電　　話：(02) 2370-3310

傳　　真：(02) 2388-1990

印　　刷：京峯彩色印刷有限公司（京峰數位）

律師顧問：廣華律師事務所 張珮琦律師

定　　價：399 元

發行日期：2022 年 03 月第一版

◎本書以 POD 印製

國家圖書館出版品預行編目資料

別讓壞情緒影響你的健康：失眠、
憂鬱、自卑、暴躁 …… 身體的每
個器官都在反應著你的心情 / 安旻
廷，禾土著 . -- 第一版 . -- 臺北市：
崧燁文化事業有限公司 , 2022.03
　面；　公分
POD 版
ISBN 978-626-332-057-4(平裝)
1.CST: 心理衛生
172.9　　111001319

電子書購買

臉書